Liese Hoefer · Atmende Erde

Geh und stelle dich
wie ein Baum in die Landschaft.
Laß deine Wurzeln wachsen,
erlebe deine Krone.

Über dir ist blauer Himmel
(auch wenn es regnet).
Gott hat ihn blau gemacht,
weil er sich über dich als Baum freut.

Ulrich Schaffer

Liese Hoefer

Atmende Erde

Wiederkehr der Hoffnung im Jahreskreis

Mit Fotos von Ulrich Schaffer

Herausgegeben von der
Westfälischen Diakonissenanstalt Sarepta

Kreuz Verlag

CIP-Titelaufnahme der Deutschen Bibliothek

Hoefer, Liese:
Atmende Erde : Wiederkehr der Hoffnung im Jahreskreis /
Liese Hoefer. Hrsg. von d. Westfäl. Diakonissenanst. Sarepta.
Mit Fotos von Ulrich Schaffer. – 1. Aufl., 1.–12. Tsd. –
Stuttgart : Kreuz-Verl., 1989
ISBN 3-7831-0996-5

1. Auflage (1.–12. Tausend)

Umschlaggestaltung: Jürgen Reichert, Kornwestheim
Umschlagfoto: Ulrich Schaffer
Herstellung: Brigitte Gnieser
Satz: Typobauer Filmsatz GmbH, Ostfildern
Herstellung: Ebner Ulm
ISBN 3 7831 0996 5

Inhalt

Vorwort

Jeder von uns ist in den Alltag eingebunden. Dieser fordert unsere Zeit, unsere Kräfte und Gedanken. Mitten darin sind wir betroffen von der Frage: »Wie wird das Leben auf dieser Erde weitergehen?« Wir sind in Gefahr, uns abzuschirmen oder zu resignieren. Aber unüberhörbar begegnet uns allen dieser Anruf auch bei den Menschen, denen unser Dienst gilt. Jeder ist ein Fragender, ein Suchender, jeder ist gefragt: Welche Antwort gibt dir der Glaube in den großen Herausforderungen unserer Zeit?

Wir erkennen, wir alle müssen umdenken, umkehren, den uralten Schöpfungsauftrag des Menschen besser verstehen: Was heißt es heute, die Erde »zu bebauen, zu bewahren«? Wir spüren, wir brauchen eine neue, tiefe Verbundenheit mit der Erde und das Wissen um unsere Verantwortung für die Schöpfung. So werden unsere Augen, unsere Sinne geöffnet für die Wunder, die es noch gibt, auch in einer der Natur entfremdeten Welt.

Wir werden viele Geheimnisse neu entdecken, Ströme, aus denen Leben wieder gesunden kann, die großen Rhythmen erfahren, wie Tag, Nacht, Sommer, Winter; Kräfte, die helfen, im Alltag zuversichtlicher zu leben. Neu begegnen wir dem inneren Zusammenklang der Schöpfung mit den Festen, die die Kirche im Jahreskreis feiert: die Botschaft neuen Lebens für den fehlsamen Menschen, die Hoffnung auf göttlichen Geist, der die Erde erneuert.

So stellt uns der Glaube mitten in die Fragen der Zeit! Wir alle müssen uns auf den Weg machen, Quellen der Hoffnung neu erfahren, um das Leben zu bewahren! Jedem wird sich dabei ein ihm eigener Weg eröffnen.

Mit diesem Buch, das im Lebensbereich einer evangelischen Schwesternschaft entstand, möchten wir ermutigen, Schritte der Hoffnung zu tun.

Im Namen der Diakonissenschwesternschaft Sarepta

DIAKONISSE MARIE-LUISE BEILFUSS
PASTOR WOLFGANG FINGER

Atmende Erde – Wiederkehr der Hoffnung

Texte und Bilder wollen uns durch das Jahr begleiten, zum Innehalten anregen und helfen, auf die »Musik der Dinge« zu hören, feinfühlig zu sein für alles, was uns umgibt.

Das farbige Titelbild zeigt wandernde Wolken mit Licht und Schatten. Wir sehen weite Äcker, blühende Rapsfelder, maigrünen Wald. Das Leben ist neu erwacht. In den Bäumen steigt der Saft. Knospen springen auf und verströmen ihren Duft. Im Boden wimmelt es von kleinstem Leben, das zum Lichte drängt. Immer neu steigt erwärmte Luft auf, bilden sich Wolken, wird Regen niedergehen. Die Erde atmet, atmet dem hohen Himmel entgegen.

Lassen wir uns Zeit, vor unserem inneren Auge diese Landschaft im Ablauf des Jahres zu sehen, im Sommer, im Herbst. Im Winter sind die Bäume kahl und Äcker und Wiesen vom Schnee bedeckt. Das Leben zieht sich ins Verborgene zurück. Die Erde liegt still wie in einem großen Einatmen. Tief steht die Sonne am Himmel. Und in der dunkelsten Nacht feiert der Mensch Weihnachten, das Fest »Ewigen Lichtes«. Neu beginnt das Jahr. Die Sonne steigt und weckt neue Hoffnung. Spüren wir den inneren Zusammenklang mit der Osterbotschaft? Sie kündet vom endgültigen Sieg des Lebens über den Kreislauf der Vergänglichkeiten und zeichnet so dem Leben eine tiefere Hoffnungsstruktur ein.

Jeden Morgen erfahren wir es wie im Gleichnis: Wenn im Osten das Licht steigt, wird Leben neu erweckt; jeden Abend sinkt es in den Schlaf zurück, und aus Tiefen der Müdigkeit erwachen wir zu befreitem Aufatmen. Mit jedem Atemzug erneuern sich unsere Kräfte im Austausch mit dem Leben um uns. Der atmenden Erde entspricht der atmende Mensch.

So gewinnt das alte Bild, daß der Mensch aus dem Atem Gottes sein Leben empfängt, neu an Aussagekraft. Seine Lebenszuversicht erwächst daraus, daß er sich diesem Geschehen immer wieder öffnet und darauf vertraut, daß Gottes Schöpfergeist weiterhin die Welt durchweht und ihre Gestalt erneuern will. Um ihm darin zu dienen, wurde dem Menschen die Erde anvertraut.

Anvertraute Erde: Auf dem Bild erkennen wir unter den wandernden Wolkenschatten die Zeichen der Zeit, Folgen intensivsten Ackerbaus. Wir vermissen Hecken, den sich schlängelnden Bach, blühende Wegraine, weidende Kühe. Von der Höhe aus sehen wir die ausufernde Stadt, hören wir den Verkehrslärm der Autobahnen: eine vom Menschen ausgebeutete Erde.

Für die drohenden Schatten sind unsere Augen geschärft, eine Voraussetzung allen Umdenkens. Aber öffnen wir sie zugleich weit für alle Zeichen der Hoffnung, des Lichts, für die Ordnung, die uns noch umgibt, für Ansätze neuen Tuns! Da sind die Anpflanzungen der Vogelschützer, der von der Jugend gereinigte Krötentümpel, da sind geistige und politische Entwicklungen, die wir kaum für möglich hielten. Erst seit wenigen Jahren wissen wir um die ganze Kostbarkeit und Verletzlichkeit unserer Erde: »Diese Schönheit unseres Heimatplaneten Erde raubte mir den Atem ... Um den Horizont zieht sich ein königsblauer Saum von hinreißender Schönheit. Er ist hauchdünn und wird von der Lufthülle gebildet ... von der alles Leben abhängt ... Angesichts der Zerbrechlichkeit unseres Planeten hatte die christliche Botschaft: ›Friede auf Erden!‹ für mich neue existentielle Dimensionen gewonnen.«

So schreibt der deutsche Astronaut Ulf Merbold, und der russische Kosmonaut German Titow erlebte es so: »Ich wußte, daß es so etwas wie Heimweh gibt, aber ich habe festgestellt, daß es auch ein Heimweh nach der Erde gibt. Ich weiß nicht, wie ich es nennen soll, aber es existiert. Es gibt nichts Herrlicheres auf der Welt als Mutter Erde, auf der man stehen, arbeiten, den Wind der Steppe atmen kann.«

Auch wir kennen Bilder unserer Erde, dieses kleinen blauen Planeten, der unter den Impulsen des Sonnenlichts atmet, dessen gefährdete Lufthülle im Sonnenwind schwingt, wenn er im Laufe eines Erdenjahres um die Sonne wandert. Damit Hoffnung wachse, ruft uns die atmende Erde zu verantwortlichem Handeln.

Leben in unserer Zeit

Dieses Buch könnte mit seinen Betrachtungen über die Jahreszeiten und die überlieferten Feste der Kirche als wehmütige, romantisch-konservative Flucht aus der Wirklichkeit gedeutet werden. Gerade das Gegenteil ist beabsichtigt! Wir haben uns unserer Zeit zu stellen, mit offenen Augen und in verantwortlichem Handeln.

Dazu sind wir alle aufgefordert. Wir wissen um die Gefährdung des Lebens. Wer diese Realität sieht, sich informiert, steht in Gefahr zu verzweifeln. C.F. von Weizsäcker sagt: »Ich kann mir nicht vorstellen, daß jemand den not-wendigen Bewußtseinswandel vollziehen kann, der nicht durch die Verzweiflung hindurchgegangen ist und den nicht die Nächstenliebe gerettet hat!« Aber wie kann es zu einer »Wiederkehr der Hoffnung« kommen? Wer nur auf Gefahr starrt, wird gelähmt. Wer aus vorgegebenem Optimismus nichts sehen will, wer in Geschäftigkeit oder privates Glück flieht, versagt sich rettendem Handeln.

Nur aus dem Zusammenwirken aller kann Veränderung wachsen. Die wesentliche Voraussetzung ist ein Wissen um unsere Verbundenheit mit allem Dasein und unsere Abhängigkeit von den natürlichen Lebensgrundlagen. Wo wir neu in ihnen wurzeln, erschließt sich in aller Gefährdung eine Quelle innerer Kraft und Lebensfreude. Wir dürfen nicht »Fahnenflüchtige der Erde« werden, nicht resignieren. Dazu möchten diese Texte über den Gang des Jahres beitragen.

Aber die Frage nach der Wiederkehr der Hoffnung wird sich noch existentieller stellen. Sie rührt an die Grundfrage nach dem Sinn des Seins und dem Sinn menschlichen Lebens. Der Biologe Monod sagt, daß der Mensch *allein* sei in der Unermeßlichkeit des Universums, aus dem er *zufällig* hervortrat und das gleichgültig ist gegenüber seinen Leiden und Hoffnungen. Ist alles »Spiel von Möglichkeiten«, zufällige Selbstorganisation des »Computers Universum«? Gibt es keinen Sinn in allem, kein Ziel der Entwicklung bis hin zum Menschen mit seiner einzigartigen Möglichkeit, in seinem Bewußtsein das Weltall widerzuspiegeln?

Ist der Glaube des Menschen an einen Sinn, an Gott, der Schöpfer des Seins ist, Illusion? Die Folgen der Technik für die Schöpfung sind drängende Anfrage an jeden. Daher brauchen wir eine neue Schöpfungs- und Verantwortungstheologie und ihr Gespräch mit den Naturwissenschaften.

Während der Arbeit an diesem Buch geschah »Tschernobyl« und stellte alles Bisherige in Frage. Nach langem Stummwerden war es schwer, Worte zu finden, die noch gesagt werden können. Wie lange gilt es noch, daß nicht aufhören soll Saat und Ernte, Sommer und Winter? Die Feste des Kirchenjahres sind Aussagen des Glaubens. Wie können wir heute von ihm sprechen, nicht in vorgefertigten Formeln, sondern so, daß Angefochtenen und Suchenden neue Zugänge erschlossen werden? Diese Fragen durchziehen das Buch und führten zu dem Titel: »Wiederkehr der Hoffnung«. Ich selbst erfuhr, wie ich bei meinem Weg durch die Jahreszeiten und den Festkreis der Kirche tiefer in Schöpfung und Glaube hineinwuchs und neue Kräfte fand, das Leben heute zu leben.

Weil es um das gelebte Leben geht, enthält jedes Kapitel ein Lebensbild. Sie sollen in Gegengewicht und Ergänzung zu allgemeinen Betrachtungen Beispiele sein, wie Menschen mit ihrem Leben auf die Herausforderung ihrer Zeit antworteten. Sie möchten Anstoß sein, heute unter den je eigenen Bedingungen verantwortlich Leben zu wagen.

»Es gibt Christen, die es für unfromm halten, auf eine bessere irdische Zukunft zu hoffen. Sie glauben an das Chaos, die Katastrophe als den Sinn des gegenwärtigen Geschehens und entziehen sich in Resignation oder frommer Weltflucht der Verantwortung für das Weiterleben, für den neuen Aufbau, für die kommenden Geschlechter. Mag sein, daß der Jüngste Tag morgen anbricht, dann wollen wir gern die Arbeit für eine bessere Zukunft aus der Hand legen, vorher aber nicht.«

DIETRICH BONHOEFFER

Freies Geleit

Mit schlaftrunkenen Vögeln
und winddurchschossenen Bäumen
steht der Tag auf, und das Meer
leert einen schäumenden Becher auf ihn.

Die Flüsse wallen ans große Wasser,
und das Land legt Liebesversprechen
der reinen Luft in den Mund
mit frischen Blumen.

Die Erde will keinen Rauchpilz tragen,
kein Geschöpf ausspeien vorm Himmel,
mit Regen und Zornesblitzen abschaffen
die unerhörten Stimmen des Verderbens.

Mit uns will sie die bunten Brüder
und grauen Schwestern erwachen sehn,
den König Fisch, die Hoheit Nachtigall
und den Feuerfürsten Salamander.

Für uns pflanzt sie Korallen ins Meer.
Wäldern befiehlt sie, Ruhe zu halten,
dem Marmor, die schöne Ader zu schwellen,
noch einmal dem Tau, über die Asche zu gehn.

Die Erde will ein freies Geleit ins All
jeden Tag aus der Nacht haben,
daß noch tausend und ein Morgen wird
von der alten Schönheit jungen Gnaden.

Ingeborg Bachmann

Winter

Leben in wachsenden Ringen

»Ich lebe mein Leben in wachsenden Ringen ...«

Im Ablauf der Jahreszeiten gehe ich immer wieder einen schmalen, abseitigen Weg durch ein kleines Waldstück. Nach den Pflichten des Tages suche ich frische Luft, Bewegung, Entspannen. Der Weg zeigt sich mir mit immer neuen Gesichtern, und ich freue mich daran. Jetzt arbeiten die Holzfäller hier. Der hohe Buchenwald muß ausgelichtet werden, damit die Bucheckern keimen und die Jungpflanzen Licht finden. Ich bleibe stehen. Über dem Weg liegt ein mächtiger Buchenstamm. Mein Blick fällt auf die von der Säge geglättete Baumscheibe. Da zeigt mir der Baum sein verborgenes Leben. Jedes Jahr fügte um den Kern einen neuen zweifachen Ring.

Ich kann sein Alter in den hellen und dunklen Linien abzählen und zugleich etwas von den »Jahreszeiten« seines Lebens verstehen lernen. In den hellen Ringen mit starkem Wachstum erkenne ich warme, feuchte Frühsommer, in hellen, schmalen Ringen magere, trockene Jahre. Daneben wird jedes Jahr ein schmaler, härterer dunkler Kreis durch Herbst und Winter eingezeichnet. Ich kann ablesen, wo von Süden her der Baum von der Sonne beschienen und wo er dem Nordwestwind ausgesetzt war und sich deshalb an der gegenüberliegenden Seite im Widerstand festigte. So offenbart mir der Baum durch die Jahresringe seine Lebensgeschichte. Wie alt ist er geworden? Wie hat sich in dieser Zeit die Welt verändert!

Ich setze mich auf den Baumstamm und taste mit der Hand über sein kühl-feuchtes Holz, rieche seinen frischen, etwas säuerlichen Geruch. Mir fällt ein Vers ein: »Ich lebe mein Leben in wachsenden Ringen!« Ich denke: Bruder Baum, deine Jahresringe haben mir von deinem Leben erzählt. Auch in mir werden Jahreszeiten des Lebens eingezeichnet und abzulesen sein: frohes, breites Wachstum, dunkle Zeiten mit harten, schwarzen Kreisen. Gaben sie meinem Leben Festigkeit, oder widerfuhr mir nicht gerade in diesen Zeiten ein mich weitendes, freimachendes Reifen? Zeichneten sich auch die Jahreszeiten eines Jahres ein? Bin ich offen für das aufbrechende Leben im Frühjahr, die Zeit der hellen Tage im Sommer, den Abschied im Herbst, die sammelnde

Stille im Winter? Hat das Leben mir wachsende Ringe geschenkt, oder bin ich in den Jahren enger, starrer, dunkler geworden? Was hat mich im Verborgenen geprägt? Wie wird sich mein Leben weiter gestalten?

Ich sehe zum Baum hin: Bruder Baum, jetzt liegst du da, gefällt. Im innersten Kern deines Holzes erkenne ich dunkle Stellen, die anzeigen, du bist alt geworden und morsch. Aber du lebtest dein Leben so selbstverständlich, in Einheit mit allem um dich herum. Und mir scheint, ich höre die Antwort: Menschenkind, du sitzt und sinnst, denkst meinen Jahresringen nach. Du mußt dein Leben selbst mitgestalten, bist verantwortlich dafür! Ich trage mein Lebensgesetz in mir, aus der Buchecker wird die große Buche, ich stehe, wo ich einmal gewachsen bin, und nun wurde ich gefällt, um jungem Leben Raum zu geben. Auch du bist eingebunden in dir Vorgegebenes, »in die Dinge«. Dich treffen wie mich Sonne und Sturm, Sommer und Winter. Aber für dich ist es ein Anruf: Gestalte etwas daraus, auch im guten Vertrauen auf starke Lebenskräfte in dir, die dich fördern wollen, die in dir zum Ganzen drängen, zur Heilung, zur guten Gestalt. Steh auf und geh deinen Weg! Sei bereit für helle und dunkle Tage, damit du feststehst auf dieser Erde und dich ausbreitest dem Himmel entgegen. Laß hoch in dir den Falken wohnen und singe im Sturm! Bleib lebendig, laß dich weiten und öffnen – lebe dein Leben in wachsenden Ringen!

»Ich lebe mein Leben in wachsenden Ringen,
die sich über die Dinge ziehen.
Ich werde den letzten vielleicht nicht vollbringen,
aber versuchen will ich ihn.

Ich kreise um Gott, um den uralten Turm,
und ich kreise jahrtausendelang;
und ich weiß noch nicht: bin ich ein Falke, ein Sturm
oder ein großer Gesang.«

RAINER MARIA RILKE

Neu steigt das Rad des Jahres

Unser Leben wandert Jahr für Jahr mit im großen Rund der Jahreszeiten, im Rad des Jahres:

Mir kommt ein Bild vor Augen. Ich sehe ein großes Wasserrad mit Speichen und Schaufeln, vom Wasser angetrieben. So kenne ich es aus Kinderzeiten von den Mühlrädern an den Bächen.

Mir scheint, ich höre heute noch das Rauschen und Brausen der Wasser, wenn sie hinter dem Wehr aus dem Mühlteich herabstürzten, ich höre das schwere Knarren des Rades, wenn es, durch das Wasser getrieben, sich drehte.

An der Donau, in Griechenland sah ich Schöpfräder, die sich in der Tiefe neu mit Wasser füllen, zur Höhe steigen und dann das Wasser in die Gräben ausschütten, um das Land zu bewässern.

Rad des Jahres – ist nicht die Winternacht, in Dunkel und Stille, eine solche Tiefe, in der Leben sich erneuert, Schöpfgefäße füllt und das Rad zur Sommerhöhe bewegt, um das Land zu bewässern – sind die Wasser nicht Ströme des Lebens?

Denn im Winter liegt ein Geheimnis der Verwandlung. Das herbstliche Welken und Vergehen wandelt sich, setzt sich um. Unter Schnee und Regen, in sonnigen und grauen Tagen bereitet sich neues Leben vor. So zeigt es sich, wenn um die Baumstämme der Schnee durch die wärmenden Lebensvorgänge in ihnen schmilzt. So beobachten wir es auf den Feldern, über der grünenden Saat schwindet der Schnee zuerst, während die nur gepflügten Felder noch lange weiß bleiben.

In diesen Wintertagen hat das Rad der Jahreszeiten den Kreislauf eines Jahres wieder durchwandert. Wenn seine Speichen die größte Tiefe erreicht haben, beginnt – zuerst fast unmerklich – das neue Jahr der Natur. Die dunkelste Nacht bringt die Wende: Die Sonne steigt! So ist die Wintersonnenwende am 21. Dezember zugleich Winteranfang und Beginn des Sommers. Neu steigt das Rad des Jahres.

Wie schön ist es, im steigenden Jahr zu merken, wie jeder Tag länger wird, wie schon im Januar und Februar die Sonne am Morgen früher aufgeht, ihren Tagesbogen ausweitet und jeden Mittag höher am Himmel steht. So steigt das Rad des Jahres durchs Frühjahr und den Frühsommer auf zur Höhe, um dann zur Sommersonnenwende am 21. Juni, zu Johannis, wieder zur Tiefe hinabzusinken.

Das kreisende Rad der Sonne ist ein Bild für das, was wir sehen. Aber wir wissen, es ist die Erde, die sich in einer große Ellipse um die Sonne dreht, sich im Sommer mit ihrer Achse zur Sonne hinwendet, im Winter in unseren Breiten von ihr abgewendet läuft.

In der Winterzeit können wir am Himmel vieles beobachten. Wie die kurzen Tage durch den niedrigen Sonnenbogen bestimmt werden, so die Nächte durch die schönsten, hellsten Sternbilder, zum Beispiel den Orion, in dessen Nebel wir mit dem Fernglas eine beginnende Sternengeburt beobachten können. Wir mögen in solchen Nächten uns den Weisen aus dem Morgenland verwandt fühlen, die suchend dem Stern nachgingen.

Aber haben wir schon einmal das nächtliche Gegenbild der Sonne, den Vollmond, zu Weihnachten beobachtet? Nie im Jahr steht er so hell, so hoch und in so großem Nachtbogen am Himmel, 17 Stunden lang! So wird die Winternacht durch die Sterne und den Weihnachtsvollmond erhellt. Auch das sind Gleichnisse, Geheimnisse des Jahres: Als ob Sonne und Mond nur geschaffen seien, um »den Reigentanz auszuführen für das Heil des Weltalls« (Origines, 185–254 n. Chr.).

»Wer da sucht,
der hört nicht auf zu suchen,
bis er findet:
und wenn er gefunden hat,
wird er staunen!«

Ausserbiblisches Jesuswort

Ein neues Kirchenjahr beginnt

Das Rad des Jahres wendet sich in der dunkelsten Nacht. Dort in der Tiefe bereitet sich neues Leben vor. Auch das Jahr der Kirche beginnt neu. Erinnern wir uns, wie das Kirchenjahr sich in geschichtlichen und kosmischen Zusammenhängen entwickelte. Weihnachten zeigt das in besonderer Weise. Die Geburtsgeschichten erzählten die Evangelisten als Theologen der Auferstehung. Es gab kein geschichtlich überliefertes Datum. So fragte man: Wann ist Christus geboren? Welche Zeit im Jahr sagt aus, was diese Geburt bedeutet?

Die Wintersonnenwende, als Wendepunkt im Jahr, wurde auch in Rom am 25. Dezember begangen (nach damaligem Kalender Datum der Sonnenwende). Sie wurde als Geburtstag des Kaisers gefeiert – er sei die unbesiegbare Sonne, Gott, Heils- und Friedensbringer –, um so die politische Macht zu stärken. Den Kaiser als Gott zu verehren verweigerten die Christen. Sie sagten: Nein, nicht die Mächtigen der Erde sind unsere »Herren«, nicht Waffen bringen Frieden, sondern Herr über alles ist der Gott, der in einem ohnmächtigen Kind in die Welt kommt. Im Jahr 354 wird zuerst in Rom von einem Geburtsfest Christi berichtet: Dies Kind bringt die Wende der Zeit, ist das unvergängliche Licht, dies Kind bringt den Frieden.

So ist alle Sehnsucht der Menschen nach Licht, nach Neubeginn, nach Bergung, nach Menschlichkeit und Frieden, nach dem Gott, der über allen irdischen Mächten steht, in diesem Fest zusammengeflossen.

Über die Jahrhunderte hinweg hat man von dieser Hoffnung gesprochen, und anscheinend hat sich nichts geändert. Aber liegt in ihr nicht der immer neue Impuls, sich mit Unmenschlichkeit nicht abzufinden?

Jahr für Jahr kommt Weihnachten auf uns zu. Jahr für Jahr erfahren wir es anders, entsprechend den wachsenden Ringen unseres Lebens, den veränderten Situationen der Zeit. Das Kirchenjahr ist nicht Wiederholung des Immergleichen, es ist wie eine wachsende Spirale, die immer neue Einsichten mit sich bringt.

»Sterne – die interessieren mich nicht!«

Sterne, die stehen ja immer woanders, was soll ich damit? So antwortete mir kürzlich eine junge berufstätige Frau. Mir wurde schmerzlich bewußt, was dem städtisch geprägten Menschen verlorengegangen ist. Wie viele Geschlechter haben zu den wandernden Sternen aufgesehen! Was merkt der Städter noch von den Jahreszeiten? In den Läden gibt es fast das ganze Jahr das gleiche Obst und Gemüse, die gleichen Blumen: weiße Herbstchrysanthemen zu Ostern, Erdbeeren zu Weihnachten. Viele Menschen müssen in fensterlosen klimatisierten Räumen unter Neonlicht arbeiten, vom Lärm der Lautsprecher umgeben. Wenn sie abends nach Hause gehen, haben sie im Winter nicht eine Minute das Tageslicht oder den Schneefall gesehen. Wahrscheinlich bleiben sie dann zu Hause vor dem Fernseher sitzen. Ob uns auch bald noch die Sonntagmorgenstille verlorengeht, dieser kostbare Rest vom kultisch-kosmisch geprägten Jahresrhythmus? Der Mensch begegnet fast nur noch selbstgemachten Produkten – wie soll er da staunen vor dem, was größer ist als er selbst? Er ahnt nicht, was er in seiner Naturentfremdung verlor, als ihm der tragende Lebensrhythmus der Jahreszeiten entglitt!

Hybris

Wir sind nicht mehr die gleichen.
Uns ätzte das Leben leer.
Es gibt keine mystischen Zeichen,
es gibt kein Geheimnis mehr.
Wir treiben durch luftlose Räume
erloschenen Angesichts.
Die Nächte verweigern uns Träume,
die Sterne sagen uns nichts.
Wir haben den Himmel zertrümmert.
Das Weltall umklammert uns kalt.
Der Tod läßt uns unbekümmert.
Wir haben Gewalt.

Dagmar Nick

Jahreszeiten des Lebens (Jahrgang 1920)

Ich denke an den Frühling zurück:
Das Kind im Geschwisterkreis, die Wärme der Eltern.
Behütete Spiele im Haus, Abenteuer im Wald und Garten.
Der Morgen, als ich das liebste Spielzeug vergrub
und Abschied nahm vom Kinder-Dasein.
Dann Jahre der Jugend, mit Liedern und Fahrten,
Durch alte Städte, bunte Wiesen, über blaue Berge.
Last und Freude der Schule. Menschen, die Wege wiesen.
Sich trennen vom Schwarm der vielen. Einsames Gehen,
den eigenen Weg zu suchen am Fluß entlang.
Und immer klang die Schicksalsglocke uns dazwischen,
mal laut, mal leise, bestimmend hier, bedrückend dort,
und der Frühling verblühte, es war Krieg.
Der Klang ging mit auf allen Wegen, bei allem Tun.
Er war dabei beim Tanz und dem Gespräch mit Freunden.
Die sind geblieben – in Rußland und den Ardennen.
Als es Sommer wurde über den Trümmern,
in der Hitze des Mittags, mußte neu begonnen werden.
Nähe, Miteinander von Mensch zu Mensch war Not wendend.
Da kam der Ruf zum Dienst am Nächsten –
war Antwort auf den im Geschehen verborgenen Gott.
Höhe des Lebens: menschliche Vielfalt, Erfüllung, Freude.
Sorgen und Fragen, Zweifel. Schlaflose Nächte.
Streit um den rechten Weg, schmerzliches Nichtverstehen.
Grenzen werden sichtbar. Das Leben war neu zu befragen.
Und nun, die Sommersonne hat den Zenit überschritten.
Der Weg geht den Berg hinab, schenkt weiten Blick.
Länger werden die Schatten. Wieder klingt die Glocke.
Langsamer sucht der Fuß den Halt.
Die Jungen springen vorüber im herbstlichen Wind.
Du weißt, es wird Zeit, den Weg ihnen freizumachen.
Schön im Westen der Abendglanz, es wird stiller.
Aber du weißt: Die Nebel kommen. – Darüber wird es hell!
Bald hat eine weiße Schneedecke alles Sichtbare verhüllt.
Darunter sprudeln Quellen, keimendes Leben drängt zum Licht.

In die Jahreszeiten hineinverwoben

Menschen, die erfahren, wie ihr eigenes Leben in die Jahreszeiten hineinverwoben ist, fühlen sich unverdient beschenkt. Das wandernde Jahr und die wechselnden Jahreszeiten werden zu sinngebenden Bildern, die heilend und erhellend das eigene Leben begleiten. So berichtet die Dichterin Christine Busta, die am *23. 4. 1913* in Wien geboren wurde und am *3. 12. 1987* starb, über ihr Leben:

»Gezeugt und geglüht hat mich der Sommer,
der Frühling geboren und wiedergeboren,
mein Taufstein war die Kelter des Herbstes,
aber der Winter hat mich verzaubert.
Kastanie und Lärche sind meine Bäume
und mein Gestirn heißt Sonnenblume.
Mein Bote und meine Botschaft ist Schnee.«

Dazu einige Erläuterungen über den Lebensweg der Dichterin:

Sommer – das ist ihr Lebensanfang! Ihre Existenz wird geglüht in Armut und Leid, in Mühsal ums tägliche Brot, aber wie die Sonnenblume immer wieder zur Sonne sich wendend.

Frühling – ihre Geburt, karges Licht der Welt erblickend, Wiedergeburt im Zeichen der Auferstehung: »Ich erwache aus der Ohnmacht der Kindschaft zur Brüderlichkeit unterm Kreuz.« Im Willen, das Leben zu bejahen, Leid und Freude anzunehmen, so wie die Mutter, die »auch im Regen sang«.

Herbst – Bild ihrer Taufe. Getauft sein auch durch den Schmerz, als der geliebte Mann im Krieg vermißt blieb, ein Leben lang als Kelter erlitten, bis spät im Alter neu Liebe erblüht. *Lebensfülle*, in allem dennoch erfahren: Blühende Kastanien, grünende Lärchen im Frühjahr, Sonnenblume des Sommers, lachende Lust an goldenen Blättern und Nadeln in den Herbstwäldern rings um Wien: »Wer hat mich so beschenkt?«

Winter – Glanz des Lichtes aus Tausenden von Sternen-Flokken. Schnee, der die »ärmlichsten Hütten füllt mit Geborgenheit und Einkehr«. Leicht liegt unter ihm Schmerz und Freude, das Licht der Sonne erwartend: »Der Schnee hat mich verzaubert!«

Leben im Kreislauf des Jahres

Dieses Buch möchte Freude daran wecken, den Weg des wandernden Jahres mitzugehen und dabei eigene Wege zu finden.

Wir werden aufmerksam auf Zusammenhänge: unsere *unbewußten* Rhythmen, Phasen von Aktivität und Ruhe, Stimmungen, unser inneres Werden, unser Lebenslauf insgesamt – all das ist hineinverwoben in die Jahreszeiten. Jeder Jahreskreis wandert durch Welken und Vergehen zu neuem Frühling. Jedes Jahr bringt uns eine Wiederkehr der Hoffnung. Wir spüren, die Erde atmet. Wir erfahren die erneuernde Kraft des Lebens.

Sich der Ganzheit der Schöpfung zugehörig zu fühlen, vom ruhigen Gang des großen Rades der Jahreszeiten mitgetragen zu sein, das ist für uns heute, die wir allem Natürlichen entfremdet leben, eine heilsame Erfahrung.

Aber wir können nicht übersehen, daß die Natur kein Idyll des Friedens ist: »Es fällt ein Reif in der Frühlingsnacht.« Wir sind erschrocken durch die Gefährdung aller Lebensgrundlagen. Unser persönliches Dasein bleibt widersprüchlich und voller Fragen. Wo wir nach der Bedeutung des einzelnen forschen, kann die Natur mit ihrem Jahreslauf uns keine Antwort geben. Menschsein bedeutet mehr, als nur »ein Blatt am Baum zu sein«. Immer wieder fragen wir über uns hinaus nach dem Sinn von allem. Darin zeigt sich der »doppelte Ursprung«: Wir Menschen, aus Erde gemacht, sind in die Entwicklung der Natur eingebunden, aber unser Menschsein ist erst lebendig geworden im Anhauch des Ewigen: »Zu dir hin hast du uns geschaffen, o Gott!«

So begegnet uns ein zweiter Jahreskreis. Neben das Naturjahr tritt das Kirchenjahr, gleichsam wie eine Antwort auf unsere Fragen. Es weist auf die Mitte des Daseins, auf den, der die wechselnden Zeiten schuf: »Unruhig ist unser Herz in uns, bis es ruhet in dir!« (Augustin 354–430 n. Chr.).

Ein Denker unserer Tage, Ludwig Wittgenstein, sagt es so:
»An einen Gott glauben, heißt sehen, daß es mit den Tatsachen der Welt noch nicht abgetan ist. An einen Gott glauben, heißt sehen, daß das Leben einen Sinn hat.«

Nicht nur der Ablauf der Jahreszeiten bestimmt den Kreis des Jahres. Unser Lebensrhythmus folgt weithin der Ordnung des Kalenders. Dieser macht deutlich: Wir leben nicht nur in *kosmischen*, sondern auch in *geschichtlichen* Zusammenhängen, wir sind Erben des Orients, der Antike, der frühen Christenheit. Aber wer ist sich noch der Herkunft der Namen unserer Wochentage (Planetenwoche) und der Monate bewußt? Wer denkt daran, daß Sylvester der Name eines frühen Papstes ist, daß der Sonntag in Rußland bis heute »Tag der Auferstehung« heißt? Noch immer wird das Jahr durch den Siebenerrhythmus der Woche gegliedert, wie er aus dem Judentum und dem Orient überliefert wurde als Rest des alten Mondjahres, dieser »Jahresuhr« (Monat = ein Mondumlauf in etwa viermal sieben Tagen). Den wechselnden Ostertermin empfinden viele als störend. Dabei fällt hier ein historisches mit einem äußerst interessanten kosmischen Datum zusammen! Das Passafest der Juden als Todestag Jesu wurde in der *Vollmondnacht* nach *Frühlingsanfang* (Tagundnachtgleiche) gefeiert. Wir begehen den Sonntag danach als Auferstehungstag. In einzigartiger Weise trifft hier noch das Mondjahr mit dem Sonnenjahr zusammen.

Unsere gesetzlichen Feiertage sind fast alle Festtage des Kirchenjahres und bringen auch dem Nutzen, der sich davon schon lange gelöst hat. Sie greifen tief in das Wirtschaftsleben, in Urlaubs- und Zeitplanung ein. Wie schön ist die Stille, wenn am Morgen eines Feiertages der Lärm erst spät einsetzt! Das bürgerliche Jahr ist nur wenig mit dem natürlichen Jahreskreis verbunden. Die großen Feste des Kirchenjahres aber stehen alle im Zusammenhang mit dem Naturjahr. Wie kommt es dazu? Sind das heidnische Überreste?

Nein! Der Mensch braucht, um von seinem Glauben sprechen zu können, Bilder und Symbole aus seiner täglichen Erfahrung. Er findet sie vor allem im Tages- und Jahresrhythmus.

Der Festkreis der Kirche entwickelte sich in den ersten Jahrhunderten nach Christi Geburt. Der Mensch der Antike fühlte sich noch tief in »kosmische« Zusammenhänge eingebunden: Der wechselnde Sonnenstand, Mond- und Planetenphasen, wandernde Sternpositionen waren Grundlage jeder Zeit- und Ernteberechnung, einzige Hilfe, sich unterwegs zurechtzufinden: »Himmelskompaß!« So bestimmten sie das Lebensgefühl. Im großen Umbruch der Zeit wuchs hieraus zunehmend eine tragische Weltsicht (auch bei den Germanen). Man fühlte sich dunklen Schicksalsmächten, drohenden Sternpositionen ausgeliefert, die politische Ordnung zerbrach. In dieser Hoffnungslosigkeit entstand eine tiefe Sehnsucht nach Sicherheit und Erlösung. Das zeigte sich in der Bedeutung mystischer Kulte und der Überhöhung der politischen Gewalten: der Kaiser als Gott und Retter.

Dem setzte die junge Christenheit ihre neue Hoffnung, ihr Lebensvertrauen entgegen: »Ich bin gewiß, daß weder Tod noch Leben, weder Engel noch Gewalten, weder Sternenmächte noch dunkle Tiefen die Macht haben, uns von der Liebe Gottes, die in Christus, unserem Herrn, ist, zu trennen«, schreibt Paulus im Jahr 55.

Da die Kirche in Ihm alle menschlichen Hoffnungen, Sehnsüchte und all ihre Mythen erfüllt sah, wurden ihre Feste gleichsam zu einer Antwort. So entstand der Zusammenhang zwischen dem Naturjahr, den Natur- und Kultfesten der Zeit mit dem Festkreis der Kirche. Sie deuteten sich gleichsam wechselseitig: Weihnachten und Sonnenwende, Ostern im aufbrechenden Leben des Frühlings: Christus bringt das wahre Leben!

Wir bedürfen der Einbettung in natürliche und geschichtliche Zusammenhäng, um das Heute zu bestehen. Das kann zu neuem Verstehen der Traditionen führen.

»Und der Mond muß scheinen zu seiner Zeit, die Monate unterscheiden und das Jahr einteilen. Nach dem Mond rechnet man die Feste; er ist ein Licht, das abnimmt und wieder zunimmt. Er gibt dem Monat seinen Namen; er wächst und verändert sich wunderbar.« JESUS SIRACH 43

So entstand das »heilige Jahr«, in dem der Mensch umfangen ist von einem sinnerfüllten Ganzen. Die Feste der Kirche feiern diesen Glauben: Mensch, Erde, Kosmos und Zeit sind Werke eines *Schöpfers*, der weiter wirkt. Sie sind geprägt vom Logos, dem »Wort«, dem Sinn, wie es das Johannesevangelium sagt: Alles, was ist, ist durch *Christus*, das Wort, geschaffen. *Jesu* geschichtliches Leben und Wirken gliedert den Jahreskreis und wird so immer neu vergegenwärtigt. Gottes schöpferischer *Geist* durchwaltet alles und will unser Leben und diese Erde erneuern.

Das Naturjahr bringt, sich immer wiederholend, den Kreislauf der Zeit. Die Kirche feiert nicht die »kreisende«, sondern die geschichtliche, die »gezielte« Zeit, die Anfang, Mitte und Ziel kennt. Jesus Christus ist kein überzeitlicher Mythos, kein Symbol des Frühlings wie Adonis, sondern Ereignis der Geschichte: »Mitte der Zeit«, Mensch unter Menschen und Ziel der Schöpfung, so wie es auch der Naturforscher und Theologe Teilhard de Chardin ausdrückt.

Die Feste der Kirche stellen Urerfahrungen menschlichen Lebens dar: Geburt, Tod, Liebe, Schuld, Freude, Leid, tägliches Handeln und die Fragen nach Sinn und Ziel des Lebens, nach der Bestimmung des Menschen. Sie möchten uns begleiten, unser Leben deuten. Sie wollen nicht dogmatisch belehren, sondern in ein ganzheitliches Geschehen einbeziehen, zum Beispiel in »Sterben und Auferstehen«. Der Einmaligkeit unseres Lebens begegnet Christus in der »Einmaligkeit« seines Lebens: »Was an Christus geschehen ist, soll an jedem Menschen geschehen!« (Teilhard de Chardin).

So hat man auch vom heilenden »Lebensdrama« gesprochen. Das »heilige Jahr« will zum heilenden Jahr, der »Heiland«, zum Heilenden und Friedensbringer werden. »Haben wir aus der Kraft des Bildes von Jesus als Erlöser heilbringende Kräfte erfahren? Haben wir in gnadenvollen Augenblicken die Angst unseres Herzens besiegt?« (Paul Tillich). Hören wir die Verheißung: »Friede auf Erden«? Diese Hoffnung gilt nicht nur dem einzelnen. Wir brauchen sie für uns alle und für unsere Erde!

Dezember

Verborgenes Leben

Verborgenes Leben

Das Bild, das in den Dezember einführt, wird sicher jeder mit Freude ansehen. So wünschten wir ihn uns, besonders in den Weihnachtstagen, aber selten erleben wir es so. Dies Bild ist aber mehr als ein schöner Anblick. Es ist wie ein Gleichnis: Es »zeigt« verborgenes Leben. Unter dem Schnee ist alles Grün versteckt, unter ihm wächst die Saat. Verborgen im Laub, an den Wurzeln, zwischen der Rinde, in Höhlen halten Tiere ihren Winterschlaf. In der schützenden Hülle der Knospe entwickelt sich neues Leben.

Verborgenes Leben, das ist oft auch »geborgenes« Leben. Sehnsucht nach Bergung ist der Winternacht eigen. Schützend steht der Baum über der Hütte, die an den Stall erinnert, in dem das Kind der Weihnacht geboren wurde. Es fand keinen »Platz in der Herberge«. Sehnsucht lebt in uns nach dem »Dach«, nach der Wärme des Feuers, nach dem Menschen, der Einsamkeit teilt, nach dem Licht im Haus – denn draußen ist Kälte und Nacht. Wir sehnen uns nach einem Zuhause: »Weh' dem, der keine Heimat hat.« Aber bedenken wir, das Bild ist Gleichnis, es zeigt eine Hütte, ähnlich einem Stall. Wir können Heimat nicht in ferner »Vollkommenheit« ersehnen, sondern nur in der alltäglichen, immer gefährdeten Wirklichkeit unseres Daseins neu finden und gestalten.

Das Bild ist auch ein Bild der Stille, diesem ursprünglichen Geheimnis des Dezembers. Stille, die wir brauchen, in der wir unseres Weges wieder bewußt werden; Stille, in der uns Gott erreicht. Stille, nach der wir uns sehnen und die wir so oft fliehen. Die kleine Hütte ist wie eine Klause in der Winternacht, in der sich Verwandlung vollzieht und Neues wächst.

Wenn wir in die Stille dieser Tage hineinhören, dann können wir merken, wie die Zeit mit dem Wandern der Sonne in ruhigen Rhythmen ihren Gang geht, gegliedert und vielgestaltig im Rad der Jahreszeiten. Heilsam ist es, sich dem auszuliefern. Denn in der dunkelsten Tiefe des Winters wendet sich das Jahr, neu steigt das Licht.

Nur Erinnerung
ist uns das Flöten
sommerlicher Vögel.

Die Wälder schweigen
oder singen
aus dunklem Mund,
langsam und schwer
und erfüllt von der duftenden Frucht
vergangener Tage,
vom seligen Traum
des Friedens, der kommt.

Unsere Frucht reift nun im Schnee
und kühleren Winden.
Fernes, süßes Erinnern
ist uns das Flöten
der Sommervögel.

SIEGBERT STEHMANN

Beschneite Wiesen,
Unter ihrer Decke
Alles Wurzelnde
Stumm behütend,
Bereitend den Aufbruch
Zum kommenden Frühlingstag

KÄTHE KAMOSSA

Advent, das heißt Ankunft

Draußen, vor dem Fenster, zeigt sich das Farbenspiel des Sonnenuntergangs. Er ist in den letzten Wochen weit nach Süden gewandert. Ein weinrotes Abendlicht glüht vor dem violett-blauen Horizont. Darüber steht ein Stern im lichtgrünen Himmel. Er glitzert durch die schwarzen, feinziselierten Zweige der Buchen. In den Häusern und auf den Straßen gehen die Lampen an. Ich fühle die Kühle des frühen Winterabends und der heraufsteigenden langen Nacht.

Nach altem Brauch will ich eine Kerze an dem Adventskranz anzünden. Da spricht es mich an: »Halt! Was tust du da?« Ich antworte: »In vier Wochen ist Weihnachten!« Und spüre, wie wenig ich dazu bereit bin. Wieder fragt die Stimme: »Was wird sein, wenn die Tannenzweige weggeräumt sind? Sind die Tage dann vorbeigegangen, ohne dich angerührt zu haben?« Ich werde nachdenklich: »Ja, ich sollte mir Zeit nehmen zum Innehalten, aus dem Gewohnten heraustreten, um nicht am Leben und seinen Geheimnissen vorbeizuleben.« Ich lege das Streichholz zur Seite. Ich höre es wie einen Zuspruch: »Du bist müde, leer und gehetzt. Fühlst du darin die Sehnsucht nach Freude, nach Erneuerung, nach Licht?« Ich denke an die letzten Wochen mit ihren dunklen Tagen und langen Nächten, an eigene Sorgen, an die Rätsel unserer Welt. Oft lag das schwer auf mir.

In meine Gedanken hinein kommt leise der Anruf: »Spüre den Lauf des Jahres, höre darauf, was der Advent dir bringt. Ein neues Jahr beginnt. In der Stille will es zu dir kommen, ein heimliches Geschenk.« Ich sehe hinaus aus dem Fenster. Es ist Nacht geworden. Über den Lichtern der Stadt blitzt noch der helle Stern. Mein Blick bleibt an ihm hängen. Sein Licht ist ein Gruß. Er erinnert mich an den Stern über Bethlehem. Die Weisen machten sich auf, ihn zu suchen. Sich aufmachen, Altes hinter sich lassen, Neues beginnen! Das Kind, im Stall geboren, ist Licht in der Dunkelheit. Geburt ist ein Neuanfang.

Ich höre: »Wenn erst der Altjahrsabend kommt mit lautem Betrieb und großen Worten, ist das eigentliche Wunder schon vorbeigegangen. Jetzt, wenn vier Wochen vor Weihnachten das

›heilige Jahr‹ neu beginnt, dann möchte es dich auf einen Weg mitnehmen, dich in der Tiefe anrühren. Bedenke es, und dann zünde die Kerze an! Dir will das Licht begegnen.«

Ich greife zum Streichholz, das Licht spiegelt sich im dunkel gewordenen Fenster. Der Duft der Tannen steigt auf. Ich horche auf die Stille. Ja, ich will mich für das verborgene Geheimnis dieser Tage öffnen: Wie ein Kind, das im Dunkeln vorsichtig die Tür einen Spalt öffnet, um sich des Lichtes dahinter zu vergewissern. Von seinem Widerschein möchte ich weitergeben können. Ich bin still geworden und dankbar für die Stimme, die mich anrief: »Halt an!« In mir ist wachsende Freude.

Es kommt mir ein Adventslied in den Sinn: »Macht hoch die Tür«. Dies Lied von den uralten Pforten, die sich erheben sollen, wurde in alter Zeit in Israel beim Öffnen der Tempeltore gesungen, in Erwartung neuer Gottesbegegnung. Später wurde es angestimmt für den, der in Jerusalem einritt, arm, auf einer Eselin, ein Helfer und Friedensbringer. Und ich weiß, ich brauche diese Begegnung, gerade heute, in unserer Welt.

Der Adventskranz erinnert mit seinen Kerzen an das Weihnachtslicht. Der immergrüne Kranz, ohne Anfang und Ende, ist ein Bild für das Leben, das immer neue Werden im Kreis der Jahreszeiten und zugleich Zeichen des Sieges über Vergänglichkeit und Tod.

Der schlafende Wald

Tiefer ist die Stille im verschneiten Forst als draußen auf den Feldern. Zwei Dutzend Stämme zwischen uns und der vom Lärm durchbrausten Welt sind wie ein Berg, der alle Unrast scheidet.

Starr strecken die Bäume ihre schneebedeckten Äste aus, und es will uns scheinen, als seien sie bis ins Mark erfroren. In vielen Naturschilderungen sprechen die Schriftsteller von den »erstorbenen Bäumen«, vom »großen winterlichen Sterben«. Sie haben sich vom Anschein trügen lassen. In Wirklichkeit gibt es weder erstorbene Bäume noch das große winterliche Sterben. In Wirklichkeit ruhen und schlafen die Bäume nur, genauso wie jetzt viele Tiere ruhen und schlafen, um die Winterzeit bestehen zu können.

Vielleicht Anfang Oktober, vielleicht im November begann die Lebensuhr der Bäume langsamer zu laufen. Es geschah in der Nacht, in der der erste Frost das Thermometer unter Null sinken ließ, in der sich der Boden so abkühlte, daß die Wurzeln der Bäume nicht mehr genügend Wasser aufzusaugen vermochten. Die Wurzeln konnten nicht mehr die Menge des Wassers beschaffen, die die Blätter verdunsteten. Die Bäume gerieten deswegen aber in keine Bedrängnis. Die Natur hatte sie auf diese Stunde vorbereitet. Zwischen Zweigen und Blattstielen bildete sich eine dünne Korkschicht, die sich nunmehr schloß und die Saftleitungen verriegelte. Nach außen hin gab sich dieser Vorgang in der herbstlichen Verfärbung der Blätter kund. Und bald danach setzte der große Laubfall ein.

Die Bäume konnten nun durch das Versiegen des Saftstroms nicht mehr in Gefahr gebracht werden. Außerdem speicherten sie in der Zeit des Überflusses eine große Menge von Nährstoffen, bildeten die Knospen für die nächstjährigen Blätter heraus, so daß sie nun der Ruhe pflegen können. Wie bei den meisten winterschlafenden Tieren läuft ihre Lebensuhr wohl langsamer, hat aber selbst noch im sehr strengen Winter einen guten, ruhigen Schlag. Denn die Kälte an sich vermag den Bäumen wenig anzuhaben. Selbst eine so zarte Pflanze wie das Gänseblümchen kann sich bis zu 7,9 Grade unter Null verkühlen, ehe sein Leben gefährdet ist, und die Eibe fast 25 Grad. Dabei ist zu bedenken, daß die Pflanzenleiber selbst diesen Verkühlungsgrad erreichen müssen, ehe der Kältetod eintritt. Die Außentemperatur liegt dann um viele Grade tiefer. Kaum beachtet wird die erstaunliche Fähigkeit der Pflanzen, ihre Kältefestigkeit im Laufe eines harten Winters zu steigern, sich also den ungewöhnlichen Lebensumständen anzupassen. Diese Anpassungsfähigkeit ist vor allem darum möglich, weil in den ruhenden Bäumen immer noch starke Stoffumbildungen vor sich gehen. Die aufgespeicherte Stärke verwandelt sich in Zucker. Später werden auch Fette gebildet. Dieser Stoffwechsel ist so lebhaft, daß die Bäume bereits während des Winters daran gehen können, die Knospen weiter auszubilden, sie mit Nährstoffen zu versehen, die dann im Frühjahr ein rasches Wachstum ermöglichen.

Die winterschlafenden Bäume (treffen) lebhafte Vorbereitungen für ein neues, starkes Leben. Dasselbe zeigen alle überwinternden Pflanzen. Sonst wäre es kaum zu erklären, daß viele unserer Frühblüher – Schneeglöckchen, Huflattich, Leberblümchen – sich durch den Schnee zu tauen vermögen.

Es ist ein tröstliches Wissen, das uns der schlafende Wald mit auf den Weg gibt: Immer geht das Leben weiter. Es erholt sich in großen Ruhepausen und ersteht verjüngt aus wunderbaren und geheimen Verwandlungen. Die Bäume leben. Darum geschieht es, daß uns der Anblick der kahlen, weiß beschneiten Bäume anrührt, stärkt und belebt.

H.-W. Smolik

Heute noch Weihnachten feiern?

Ich komme aus der Stadt, aus dem vorweihnachtlichen Getriebe. Nein! So kann ich nicht mehr Weihnachten feiern! Vor meinen Augen stehen die Bilder hungernder Kinder und der Kaufrausch der Menschen in den vollen Geschäften. Wenn ich die hohen, glitzernden Tannenbäume in den Straßen mit den Girlanden der bunten, künstlichen Kerzen sehe, denke ich an sterbende Wälder, an verschwendete Energie.

Ich höre die »frommen, salbungsvollen« Reden der Politiker über Frieden und Wohlstand und weiß um die Rüstungsausgaben und Wirtschaftsgewinne und die Not der Sozialhilfeempfänger und Arbeitslosen.

Zu Silvester werden die Bundesbürger mehr Geld für das Feuerwerk ausgeben, als sie für die Not der Hungernden spenden.

Und ich selbst? Wie lebe ich in diesen Tagen? Mir wird bewußt, ich selbst gebe zu Weihnachten mehr Geld für nicht Nötiges aus, als ich in den Beutel für »Brot für die Welt« lege, auch für unnütze Geschenke. Wie soll das mit dem Kind im Stall und mit dem Mann am Kreuz zusammengehören? Wo wird denn »Friede auf Erden«? Ich sehe aus dem Fenster hinaus in den grauen, regnerischen Abend. Ich bin müde und ausgebrannt. Wie soll ich Weihnachten feiern?

Einer sagt:
»Wenn ich an den Zustand
dieser Welt denke,
dann kann ich nicht mehr
an Gott glauben.«

Eine andere sagt:
»Wenn ich an den Zustand
dieser Welt denke,
dann kann ich nur leben,
wenn ich an Gott glaube.«

Wie einen seine Mutter tröstet

Es kommt mir ein Bericht in den Sinn, der mir weihnachtlich erscheint: Christy Brown, von Geburt an spastisch schwer gelähmt, schrieb ihn mit dem linken Fuß nieder. Er gewann durch den unbedingten Glauben seiner frommen Mutter und die Zuwendung von Ärzten Lebenssinn und Lebenserfüllung. Seine Mutter wollte die Gutachten nicht wahrhaben, ihr Sohn bliebe ein unansprechbarer »Idiot«. Unermüdlich bemühte sie sich um Zugang zu ihm und seinen geistigen Kräften. Der entscheidende Schritt gelang, als Christy fünf Jahre alt war. Wie gewohnt lag er in der Küche auf dem Boden, »ein kleines Bündel verzerrter Muskeln«, von »ruckartigen Bewegungen geschüttelt«.

»Es war an einem Nachmittag, an einem kalten Dezembertag. Drinnen war die ganze Familie um das Küchenfeuer versammelt, das den kleinen Raum mit warmer Glut erhellte.« Die Geschwister schrieben mit gelber Kreide auf schwarzen Schiefertafeln. »Ich war entzückt, als sähe ich ein Stück Gold. Ohne zu wissen, was ich tat, streckte ich meinen linken Fuß aus und nahm das Stück Kreide meiner Schwester aus der Hand. Ich hielt sie zwischen den Zehen und vollführte ein wüstes Gekritzel. Dann blickte ich auf und wurde gewahr, daß alle mich schweigend anstarrten. Meine Mutter kam aus der Kammer. Sie sah mich in der Ecke, meinen Fuß, der die Kreide zwischen den Zehen hielt, sie kniete neben mir nieder. Sie griff ein Stück Kreide und schrieb bedächtig auf den Fußboden den Buchstaben A. ›Schreib das nach, Christy!‹ Ich konnte es nicht. Ich sah die Gesichter rings um mich, gespannte Gesichter, die auf die Offenbarung eines Wunders warteten. Ich versuchte es noch einmal. Da brach das Stück Kreide ab. Ich wollte aufgeben. Dann fühlte ich die Hand meiner Mutter auf der Schulter. Ich biß die Zähne aufeinander. Alles im Zimmer verschwamm. Aber ich schrieb ihn – den Buchstaben A. Ich sah einen Augenblick das Gesicht meiner Mutter, Tränen auf ihren Wangen ... Ein Schimmer von Glück lag auf ihrem Gesicht. In einem Augenblick war alles verändert. Meiner Mutter Glaube an mich fand seine Belohnung.«

Es ist ein Ros entsprungen

»Es ist ein Ros entsprungen aus einer Wurzel zart.
Wie uns die Alten sungen, von Jesse kam die Art
und hat ein Blümlein bracht mitten im kalten Winter
wohl zu der halben Nacht.

Das Röslein, das ich meine, davon Jesaja sagt,
hat uns gebracht alleine Marie, die reine Magd.
Aus Gottes ewgem Rat hat sie ein Kind geboren
wohl zu der halben Nacht.

Das Blümelein so kleine, das duftet uns so süß;
mit seinem hellen Scheine vertreibt's die Finsternis:
wahr Mensch und wahrer Gott, hilft uns aus allem Leiden,
rettet von Sünd und Tod.«

Unbewußt, mitten in der Geschäftigkeit dieser Tage, summe ich das Lied. Die Melodie klingt in mir wider, ihre Bewegtheit, der Bogen der absteigenden Tonfolgen, ihre ruhigen Wiederholungen. Ich spüre die Schönheit im Einklang von Wort und Melodie. Ich werde von dem Lied eingeholt. Es schiebt Unruhe, Unzufriedenheit, ja Ängste beiseite. Wie erfüllt ist es von uraltem Wissen, von eigenen Erinnerungen!

Es erzählt, was wir Jahr für Jahr durchleben: Kälte und Dunkelheit, Leid und Tod. »Mitten im kalten Winter, wohl zu der halben Nacht.« Es überliefert Erfahrungen der Vorväter: »Wie es die Alten sungen ... davon Jesaja sagt ... aus Gottes ewgem Rat ... Marie, die reine Magd ...« Die Worte umkreisen ein Geheimnis, immer unbegreifbar: »Wahr Mensch und wahrer Gott, er hilft aus allem Leide, rettet von Sünd und Tod.«

Warum wählte der erste, der dies Lied sang, das Bild von der Rose, die im Winter blüht zur halben Nacht? Die Schöpfungsordnung weist über sich hinaus: In der Tiefe der Winternacht geschieht die Wende der Zeit! Nacht und Kälte zeigen die Bedrohtheit des Lebens. Aber mitten darin blüht die Rose, schön, zart und verletzlich, Bild für das Wunder göttlichen Tuns, Zeichen der

Hoffnung. Ich sehe das Grün ihrer Blätter, die Dornen, mit denen sie sich wehrt, die lichte Farbe der Blüten. Zu mir hin kommt ihr Duft. Da wacht in mir Sehnsucht auf nach Licht, nach blühendem Leben, nach neuen Möglichkeiten, Sehnsucht, die geboren ist aus allen schmerzlichen Lebenserfahrungen. Diese Rose, ist sie Traumbild vom verlorenen Paradies, romantische Flucht vor aller Wirklichkeit? Darf ich so noch singen?

Was rührt mich an? Es ist das Wunder des Lebens selbst, wie es sich uns zeigt, gerade auch im Widerständigen, zart, leise, unverfügbar, voll Lebenszähigkeit, wie es uns anruft zu behutsamem Umgang. Die Rose erinnert mich an die tausend heilsamen Erfahrungen, die meinen oft sehr angefochtenen Lebenswillen, mein Vertrauen in Liebe und Verläßlichkeit nähren. War da nicht das Amsellied am Morgen nach der Bombennacht, die spontane Umarmung durch einen Menschen, der mich in der Trauer nicht allein ließ?

Aber das Bild der Rose zur Winternacht meint Tieferes, es meint die Weihnachtsgeschichte. Ich sehe sie vor mir in ihrer bezwingenden Einfachheit. Zwei Menschen, die an ihrer Not reifen; die junge Mutter, die in der Nacht gebiert; der Mann, der sie nicht verläßt. Und das Kind, zart und verletzlich wie die Rose im Winter, dies Kind, das durch die Zeiten hindurch Menschen verwandeln kann, damit Hoffnung neu geboren wird.

Da, in Armut und Alltäglichkeit, ereignet sich das Wunder: Gott, der allem Dasein das Leben schenkte, kommt hinein in die Not der Erde und läßt Frieden über ihr ausrufen. Über die Jahrhunderte hinweg spricht das Lied zu mir.

»Das Kind bringt auf die Erde einen Hauch
der noch ungefallenen und noch unbefleckten Schöpfung,
eine Ahnung von der Frühe und Reinheit des Anfangs.«

Werner Bergengruen

Geburt

Zu denken, daß im irdischen Bereich,
dem mordbeladenen, die Kinder wieder
und wieder mit den ernsten Augensternen
erscheinen, die noch das Geheimnis wissen
der Herkunft, Boten eines andern Seins,
Jenseitigem nachsinnend still und fremd,
schuldlos an allem Irrsal in der Welt,
Unkundige der Menschensprache, aber
beredter mit der Offenbarheit ihres
verklärten, kleinen Angesichts, als Dichter
und Weise irgend waren, dies zu denken,
wie tröstlich ist's in Zeiten des Gerichts! . . .
Wo blieben wir, geschähe uns nicht dies?

Manfred Hausmann

Wir Mütter,
die wir in den Wiegen
die dämmernden Erinnerungen
des Schöpfertages wiegen –
des Atemzuges Auf und Ab
ist unseres Liebessanges Melodie.

Wir Mütter
wiegen in das Herz der Welt
die Friedensmelodie.

Nelly Sachs

Im Stall

Der Unendliche hat sich kleingemacht.
Er ist ein Kind geworden,
Ein Sterbender am Kreuz.
Da läßt er sich finden dem, der staunen kann.
Das Endliche wird durchscheinend.

Ephraim, der Syrer (306–373 n. Chr.)

»Wir feiern Weihnachten, auf daß diese Geburt
auch in uns Menschen geschieht.
Wenn sie aber nicht in mir geschieht,
was hilft mir dann?
Gerade, daß sie auch in mir geschehe,
darin liegt ja alles.«

Meister Eckhart (1260–1327)

Einen Augenblick anhalten

Um mich – in mir
Unruhe, Geschäftigkeit,
Müdesein, unfähig zu Fest und Freude.
Ein Augenblick: Anhalten können,
Geschenk einer Pause,
einfach nur sich ausruhen.
– Es ist Weihnachten –

Da erwacht in mir Verlangen.
Verlangen nach dem Segen dieser Nacht,
Verlangen nach dem Frieden des Kindes,
das Behutsamkeit und Behüten
wecken will.
Sehnsucht, darauf zu antworten,
Bitte um ein Gran wachsende Geduld,
um Wahrnehmen, Verstehen des andern.
Und ich erkenne:
Eingebunden bin ich
in alltägliches Verhalten
wie gewohnt.
Und ich erkenne
den geheimen, kleinlichen Kampf
zwischen uns.
Jeder will gelten vor dem andern.
Weihnachten:
Es anders machen –
Ein Gran wachsender Liebe –

Hildegard Hamm-Brücher (* 11. Mai 1921)

Das Heil der Versöhnung

Hildegard Hamm-Brücher ist ein Mensch von großer Ausstrahlungskraft. Sie zeigt beispielhaft, wie Frauen öffentliches Leben prägen könnten. Gerade für wache Menschen ist sie wie ein Zeichen von Hoffnung, daß politisches Handeln noch Chancen hat. Sie selbst ist verheiratet, ihr Mann war als leitender Beamter in Bayern tätig. Beide versorgen gemeinsam den Haushalt.

Von ihr gibt es einen Bericht über das erste wirklich erfahrene Weihnachtsfest. Es war 1945, als sich nach Kriegsende die fünf Geschwister, glücklich bewahrt, bei München trafen. Sie hatten 1932, als Hildegard elf Jahre alt war, plötzlich beide Eltern verloren. Sie wuchs mit zwei jüngeren Geschwistern bei der geliebten jüdischen Großmutter auf, bis das »zu gefährlich« wurde. 1936 konnte sie ein Jahr die Schule in Salem besuchen, »die glücklichste Periode« ihrer Jugendzeit, die sonst von täglicher Gefährdung überschattet war. Die Salemer Erziehungsprinzipien entsprachen in vielem den Idealen des Elternhauses: »Hohe Ansprüche an sich selbst stellen, Verantwortung übernehmen, nicht gegen das eigene Gewissen handeln.« Dies wirkt sicher bis heute in ihr fort. Sie berichtet:

»Zum ersten Mal empfand ich die Weihnachtsgeschichte als die *Heils-Geschichte*, als lebendige Hoffnung und als Kraftquell, wirksam über eintausendneunhundertfünfundvierzig Jahre hinweg. Die Geburt des ›Heilands‹ war für mich nicht länger nur ein Gedenktag, sondern eine wirkliche Ankunft, die ich in diesem Jahr 1945 erstmals bewußt erfahren durfte.

Nach der Christ-Mette saß ich mit zwei meiner Geschwister in meinem kleinen Starnberger Zimmer. Das im Sommer selbst geschlagene Holz brozelte im winzigen Ofen, das Tannengrün duftete, Kunsthoniggebäck mundete trefflich. Drei selbstgegossene Kerzen waren von den Kriegsvorräten übriggeblieben. Wir lasen noch einmal die Weihnachtsgeschichte aus dem Neuen Testament, das ich vierzehn Jahre zuvor im Kindergottesdienst erhalten hatte. Wir erinnerten uns an die kurzen, aber glücklich-behüteten Jahre der frühen Kindheit. Tiefe Dankbarkeit stieg in uns auf.

Niemals wieder in meinem Leben (ausgenommen nach der Geburt meiner Kinder) war ich so vollkommen glücklich, so empfindungs- und aufnahmefähig, so sicher in meinem Glauben an das Heil des Friedens durch Versöhnung in einer unheilen und unversöhnten Welt. So geschah es also, daß ich Weihnachten erst als Erwachsene entdeckt und das Geheimnis der Christgeburt erst 1945 erfahren habe –, nachdem die meine Jugend prägende christliche Erfahrung Karfreitag, Kreuzigung und Tod gewesen war. Eine ungewöhnlich verkehrte Glaubens- und Lebenserfahrung – gewiß –, aber ich möchte sie nicht missen. Sie hat mir damals und seither immer von neuem die Freude und damit die Kraft zum Durchhalten gegeben.«

Was höre ich heute aus diesem Bericht einer so lange vergangenen Zeit? Das gibt es also: Weihnachten wird erfahren nicht nur als Erinnerung an Vergangenes, sondern als gegenwärtige Wirklichkeit: Weihnachten als Ankunft, als Geschehen des Heils gerade für Menschen, die das »Unheil« erkennen. Äußerer Glanz kann Wesentliches verdecken, das Wenige öffnet für die Botschaft dieser Nacht. Im eigenen Erleben der Christgeburt wird der Glaube und die Hoffnung auf eine Welt, in der das Heil der Versöhnung geschieht, erneuert, Freude erwacht. Daraus wächst die Kraft zum Durchhalten. Weihnachten ist heute zum vertrauten Familienfest geworden. Noch darauf kann ein Widerschein liegen: Menschen finden neu zueinander. Nur müssen Türen geöffnet sein für die, die draußen stehen.

Beim Lesen blieb ich bei den Worten von Hildegard Hamm-Brücher hängen, daß sie nie wieder so vollkommen glücklich, empfindungs- und aufnahmefähig gewesen sei wie damals, »ausgenommen nach der Geburt meiner Kinder«.

Wie hängt das zusammen, die Geburt, die eine Mutter erlebt, und die Geburt des Kindes im Stall von Bethlehem?

Geburt
neues Leben
Wiederkehr der Hoffnung – Ankunft
Geburt
neues Leben
Gottes Schöpfung aus göttlicher Liebe
Geburt
neues Leben
Menschen haben teil am Schöpfungsakt
Geburt
neues Leben
uns Menschen anvertraut
Geburt
neues Leben
geschieht es auch in mir?

Geburt
eine Frau sagt ja
öffnet sich dem, was geschieht
Geburt
eine Frau erfährt sich als Mutter
Schmerz und Glück: ein Kind ist geboren

Geburt
Bild der Bergung
Bild der Mutter, das Kind im Arm
Geburt
Bild der Bergung
Menschen in Not rufen: Mutter
Geburt
Bild der Bergung
Gott selbst ist Mutter
Geburt
Christ ist geboren aus Maria
Gott kommt uns Menschen so nah

Ich sah das Kind

Als alle die Hütte verlassen hatten –
Als die Könige fortgeritten waren –
Als die Hirten zu ihren Schafen auf den Hügeln
Zurückkehren mußten –
Ging ich,
Ja, auch ich ging dorthin,
Durch die Vorräume, Kammern und Hallen der Zeit ging ich,
Durch viele Stimmen, an vielen Gesichtern vorbei –
Bis ich in Stille trat,
Bis ich zum Stall kam im Morgengrauen.
Er hatte sich nicht verändert.
Dann stand ich im Schatten der Hütten und sah hinein.
Ich konnte die beiden erblicken, sie schliefen nun.
Wie seltsam:
Sie glichen meinen Eltern, wie ich sie
Von verblichenen Bildern kannte.
Ich sah das Kind. Auch das Kind schlief. Wie erstaunlich:
Es glich dem Kind meiner Nachbarn.

Walter Bauer

Das Geheimnis der Erlösung hat die Art des Kindes. Jedes Jahr erinnert uns daran, daß Erlösung immer auch unsichtbar bleibt. Wer von einer nur sichtbaren Erlösung träumt, vermag das göttliche Kind in der Krippe nicht zu sehen, wie er auch die Göttlichkeit des Mannes am Kreuz und die paradoxe Weise, in der alles göttliche Handeln geschieht, nicht begreifen kann. Nur wer die Macht unter der Schwachheit, das Ganze unter dem Fragment, das Leben unter dem Tod zu sehen vermag, kann sagen: »Meine Augen haben dein Heil gesehen!«

Paul Tillich

Schritte ins Dunkel

Das Jahresende erlebe ich auf einer Nordseeinsel. Es hat Frost und Schnee mit sich gebracht. Das Watt fror zu und bedeckte sich mit einer schimmernden Eisdecke. An einem Nachmittag wandere ich um die Insel. Als ich mich an der Nordspitze umwende, um an der Seeseite zum Dorf zurückzuwandern, bemerke ich eine tiefdunkle Wolkenwand, die sehr schnell aufsteigt. Ich weiß, ich kann nicht zurück sein im Dorf, bevor dies Unwetter beginnt. Eine Stunde brauche ich mindestens für den Rückweg.

Der Wind hat gedreht und kommt mir entgegen. Er frischt auf. Ich habe Mühe, dagegen anzugehen. Ich beeile mich. Hinter mir höre ich das Rufen der Seevögel. Dann bricht der Schneesturm los. Plötzlich wird es dunkle Nacht. Gesicht und Augen werden vom Schnee zugeweht. Ich bleibe stehen und drehe dem Sturm den Rücken zu. Ich atme tief durch und wische das Gesicht frei. Was soll ich tun? Umkehren? Der Weg zurück am Watt dauert länger und ist noch schwieriger. Auch da wird mich der Sturm von vorn packen. Es ist viel zu kalt, um sich irgendwo am Dünenrand im Windschutz hinzuhocken. Ich muß also weitergehen. Ich darf nicht nach rechts abkommen, dort sind die offene See und tiefe Priele. Links steigt die Düne an. So muß ich mir den Weg mit den Füßen ertasten. Schritt für Schritt. Ich erinnere mich, daß in der Höhe des Dorfes eine Querdüne über den Strand läuft. Wenn ich die unter meinen Füßen fühle, kann ich nach links den Weg ins Dorf suchen. Der Gedanke daran hilft mir. So werde ich merken, wenn der Weg ins Sichere führen wird.

Jetzt aber habe ich darauf zu achten, nicht hinzufallen, auch nicht über die großen Steine, Reste der Kriegsbunker, die ich hier am Strande weiß. Wenn ich mir etwas breche: Keiner weiß, wo ich bin. Keiner wird merken, wenn ich zur Nacht nicht im Hause sein werde. Ich spüre, Angst greift nach mir und will mich lähmen. Mir bleibt keine Wahl. Ich muß ruhig bleiben. So drehe ich mich um und gehe gegen den Sturm an und gegen das Schneetreiben. Ich gehe ins Dunkle. Vorsichtig setze ich Schritt vor Schritt. Schwierig ist es bei dem Schnee. Ab und zu halte ich an, wende mich um, um leichter zu atmen und zu warten, bis der Herzschlag wieder normal wird. Tröstlich ist es, als durch den Sturm hindurch ein Vogelruf erklingt. Da ist noch Lebendiges.

Im Dunkeln suchen die Füße die Richtung. Gehen, ohne zu sehen, wohin. Einen Augenblick denke ich: »Gehen, ohne zu wissen, wohin, ist das nicht unser Leben? Auch jetzt am Ende eines Jahres?« Ich bin sehr allein hier in der Nacht. Ein Mensch, der Gewalt des Widrigen ausgesetzt. Ob das gutgeht? Es ist ganz finster.

Merkwürdig, da scheint es neben mir am Dünenwall hell zu werden. Es ist, als ob ein leichter Schein mich in der Dunkelheit begleitet. Was ist das? Ruhe kommt über mich. Ein Gefühl warmer Dankbarkeit steigt auf. Ruhig gehe ich weiter durch Schneesturm und Dunkelheit. Ich spüre das Licht neben mir. Ich kann es nicht erklären, aber es ist da.

Als mein Fuß dann das Ansteigen der Querdüne ertastet, biege ich ab und finde durch die Schneewehen den Weg zum Dorf. Dort birgt mich der Wald vor der Kraft des Sturmes. Ich kann wieder freier atmen. Der Lichtschein bleibt zurück. In der Ferne sehe ich die erste Lampe am Dorfrand.

»Je dunkler es hier um uns wird,
desto mehr müssen wir
das Herz öffnen für das Licht,
das von oben kommt.«

Edith Stein,
Ordensfrau jüdischer Abstammung, † in Auschwitz

Vom Geheimnis der Verwandlung

Dezember, das ist ein Monat, dem noch immer etwas von einem Geheimnis anhaftet. Er erinnert uns in besonderer Weise an Mitmenschen, er fordert zum Tun der Liebe auf, auch wenn wir diese Tage durch unsere Geschäftigkeit und unsere Gedankenlosigkeit zerstören. Der Dezember begann einst mit der Stille des Advent und führte zur Stille von Weihnachten. Lebt nicht in vielen von uns noch eine verborgene Sehnsucht nach diesem Geheimnis?

Verborgenes Leben, das ist ein Zeichen auch der Christgeburt: Was ist schon zu sehen? Ein Neugeborenes im Arm der Mutter, Sinnbild aller Bergung, Hinweis auf einen liebenden Gott. Ein Urbedürfnis des Menschen wurde zum Bild. Gerade darum gewann Weihnachten die Herzen vieler, gerade darum wird es heute bezweifelt.

Dies unscheinbare Kind, in Armut und in der Fremde geboren, von Häschern gesucht, soll uns das Heil bringen? Wir sehen heute tausendfach Ähnliches im Fernsehen – aber vielleicht öffnet sich gerade so ein neues Verstehen. Können wir der Aussage zustimmen, daß in diesem hilflosen Kind Gott selbst zu uns kommt, menschliche Barmherzigkeit und Liebe weckend? Gott wird Mensch, damit der Mensch endlich zur Menschlichkeit reife. Zum Bilde Gottes geschaffen sein heißt, zur Liebe geschaffen sein. Das Kind im Stall fragt mich: Ist in dir, in aller Vorläufigkeit und Fehlsamkeit deines Daseins, etwas von dem lebendig, wie Gott dich gedacht hat? Bist du offen, neuem Leben, neuer Liebe Raum zu geben? Seit alters drücken die Frommen das in mystischer Sprache so aus: Das göttliche Kind muß in dir selbst geboren, in dir lebendig werden, sonst lebst du an Gott und lebst an deinem tieferen Selbst vorbei.

Wir sehen um uns oft nur Dunkelheit und Bedrohung. Uns wird es schwer, Spuren der Hoffnung auszumachen, zu glauben, daß göttliches Tun sich auch heute im alltäglichen Geschehen auswirken und wie ein Samenkorn in der Tiefe wachsen will. Jedes Jahr begegnet uns die Botschaft von Weihnachten, möchte uns mitnehmen in das Geheimnis der Verwandlung: »Nimm Gottes Friede in dich auf und wirke an seinem Frieden auf Erden!«

Januar

Neue Schritte tun

Neue Schritte tun

Eigentlich ist es doch gut, daß Neujahr ein wenig Veränderung in den gewohnten Alltag bringt: ein paar freie Tage, die neuen Kalender, das erste Schreiben der neuen Jahreszahl, dazu übliche Arbeiten zum Jahreswechsel. Damit begegnen uns gleichsam neue Gesichter, die uns ermutigend zunicken: Willst du nicht ein paar abgetragene Alltagskleider abstreifen? Kennst du das Wort: »Allem Anfang wohnt ein Zauber inne«? Du brauchst nicht alle äußeren Umstände umzukrempeln, aber sieh dein Leben mal mit anderen Augen an. Häng die Bilder an der Wand um! Du bist ein Jahr älter geworden. Du kannst weiter sehen als zuvor. Nicht alle guten Vorsätze gleich auf den Müll werfen!

Die zwölf Glockenschläge in der Silvesternacht kann keiner hören, ohne einen Augenblick angerührt zu werden von der weiterrückenden Zeit: »O Mensch, gib acht!«

Immer wieder brauchen wir Anstöße, um aus Gewohnheit und Hetze herauszufinden. Wir brauchen Zeit zum Nachdenken: Was sollten wir ändern, um für das Wichtige Raum zu schaffen? Was können wir anders machen im Verhalten zu unseren Mitmenschen? Wie kommen wir aus dem unfruchtbaren Hadern mit Unabänderlichem heraus zu mehr Gelassenheit?

Der Januar bringt die Möglichkeit zu ursprünglichen Erfahrungen, die Abstand zum Alltag geben: Im Wintereinbruch mit seinem Licht, in den Sternennächten begegnet uns eine größere Welt. »Binde deinen Karren an einen Stern«, so hat Leonardo da Vinci gesagt. Diesem Anruf sich öffnen wie einst die drei Weisen! Der Januar, der Monat mit dem doppelten, dem Janusgesicht, sieht zurück in Vergangenes und voraus in offene Zukunft. Es gilt, diesen Blickwechsel mit zu vollziehen, nicht nur beim Bleigießen. – Neue Schritte tun!

»Allem Anfang wohnt ein Zauber inne«

Ein früher Morgen. Noch ist es dunkel.
Schnee ist gefallen.
Er ruft in eine verwandelte Welt.
Ich gehe im grellen Lampenlicht der Straße.
Dann nimmt der Wald mich auf.
Schön ist seine Stille, sein warmes Dunkel,
vom perlmuttfarbenen Widerschein des Himmels getönt.
Die hohen Stämme überwölben den Weg
wie die aufragenden Pfeiler einer Kathedrale.
Von weißen Polstern auf schwarzen Ästen
stäuben ab und zu Flocken herab.
Der weiche Schnee dämpft alle Geräusche.
Lautlose Stille – da, das Lachen eines Kauzes!
Lockende Stimme des Lebens im schlafenden Wald.
Ich lausche – ringsum Schweigen.
Leise ertasten die Füße den Weg.
Allmählich öffnen sich die dunklen Stämme,
hell schimmert das weiße, weite Feld.
Unberührt erstreckt sich die ebene Fläche.
Darüber der Schein eines neuen Tages.
Das Licht steigt auf. Über mir der hohe Himmel.
Vorsichtig setze ich einen Schritt hinaus.
Meine Füße zeichnen die erste Spur.
Was rührt mich an?
Erster Schritt auf unberührtes,
festlich-weißes Land.
Alles ist leicht, leise, lautlos.
Entzücken der Sinne!
Schwere und Enge fallen ab.
Abglanz des Ewigen.
Vertrauen – auch zu Kommendem.
Sich lösen von festgetretenen Wegen.
Licht, Weite erfahren über täglichem Tun.
Ein neues Jahr beginnt, ein neuer Tag – Ja!
Neue Schritte im beginnenden Jahr.

Nachts erwachen
und mit herrlichem Erschrecken
hell im Fenster einen Stern entdecken,
und um ihn die sichere Angst verlassen,
wie Kolumbus nach dem Steuer fassen,
und gehorsam
wie aus Morgenland die Weisen
durch die Wüste in die Armut reisen,
und im Stern des Engels Antlitz schauen:
wie ein Hirt zu Bethlehem vertrauen.

Christine Busta

Mögt ihr auch in die allerfernste Ferne,
Die flimmernde des Weltenraumes spähn
Ihr könnt nur Sterne, immer neue Sterne,
Doch nirgends könnt ihr meinesgleichen sehn.

Ich komme aus der andern Welt und Zeit
Zufolge Gottes deutender Gebärde
Und ziehe über Bethlehems Gebreit
Und über all die Traurigkeit der Erde.

Denkt nicht, ich wäre schon, ich selbst, das Licht.
Das Licht ist unbegreiflich, eins und keins.
Ich bin, der sich im Erdendämmer bricht,
Der Schein nur, nur der Widerschein des Scheins.

Ein Zeichen nur in dieser Nacht und Stille.
Vielleicht, daß einer, der mich sieht, sich bang
Erhebt und aufbricht und aus seiner Fülle
Ins Ungewisse geht sein Leben lang.

Manfred Hausmann

Der Stern von Bethlehem

Da habe ich den ganzen Tag in alten Papieren gelesen, in der Hinterlassenschaft einer Patientin, die keine Verwandten mehr hatte. Sie lagen schon länger bei mir, aber erst jetzt brachte mich eine Erinnerung dazu, die Mappen zu öffnen. Mir war das Gedicht über den Epiphanias-Stern eingefallen, das Tanja einmal in einer Art vorgetragen hat, die mir unvergeßlich geblieben ist.

Ich sehe diese Frau wieder vor mir, ihr gezeichnetes, ausdrucksvolles Gesicht mit der hohen Stirn und den breiten Wangen, mit den großen Augen, die mich fragend aus dunklen Augenhöhlen ansehen. Ich mochte sie gern, diese kleine, zähe, humorvolle Persönlichkeit, die ihre Eigenart durch ein schweres Leben durchgehalten hatte. Zu schön sah sie aus, wenn man spät abends in ihr Zimmer kam. Die Nachttischlampe brannte. Sie lag da und war eingeschlafen, eine Wollmütze auf dem Kopf, vor ihr einer ihrer geliebten Kriminalromane, der ihr aus der Hand geglitten war. Dies Menschenkind war in seinem Leben durch Kleinwuchs gezeichnet. Sie wuchs auf als ein geliebtes Kind, bis ein früher Tod der Mutter ihr Leben veränderte. Die zweite Mutter konnte wohl nur wenig Verständnis aufbringen für diesen temperamentvollen Wildling, der übermütig wie ein Fisch im heimatlichen See schwamm. Sie wollte ihn zu einer angepaßten jungen Dame erziehen. Es kamen Berufsjahre, Umgang mit Büchern, die den wachen Geist weiteten und anregten. Und dann die Krankheit, die sie für den Rest des Lebens in die Anstalt brachte. Phasenhaft beunruhigte Tanja immer wieder die Angst vor dunklen Gestalten, durch die sie sich bedroht fühlte. Wo lagen die Wurzeln dieser Ängste?

Aber der entschlossene Wille zum Leben, auch unter den ihr nun gegebenen Begrenzungen, verließ sie nicht. Freude an Tanz und Gymnastik, an der hier gefundenen verantwortlichen Büroarbeit – und Schriftstellerei, Theaterspiel, Dichten und Malen erfüllten ihr Leben. Ihre Papiere erzählen von immer neuer Enttäuschung, wenn Verleger und Zeitungsredakteure ihre Arbeiten mit verlegen-höflichen Absagen zurückschickten. Sie aber schrieb weiter, für sich selbst, für Feste im Haus, für befreundete Menschen. Sie behielt Humor, Selbstironie, aber auch Zweifel und Grübeln. Ich habe noch ihre Fragen im Ohr: »Wo ist denn ein barmherziger Gott in meinem Leben, in dieser Welt? Wer ist Gott? Viele denken ihn so klein und wissen alles über ihn. Wo ist der, der über allen Sternen ist?«

Bei einer Epiphanias-Feier sprach sie das vorgenannte Gedicht: »Der Stern über Bethlehem« von Manfred Hausmann, selbstvergessen, mit horchendem, angerufenem Antlitz. Es war mir, als träfe mich ein Ruf. In diesem Augenblick begegnete mir unverhüllt der Kern ihrer Persönlichkeit. Sie selber wurde mir zum »Schein vom Widerschein des Scheins«.

Heute nun las ich in ihren Gedichten und Erzählungen. Aus ihnen sprach das innerste Geheimnis dieses Menschen. Nach äußeren Maßstäben mag ihr Leben vergeblich gewesen sein. Im Verborgenen aber ereignete sich eine intensive, starke Lebensgeschichte. Der Ursprung ihres Lebenswillens, ihres schöpferischen Festhaltens an der Originalität ihres Wesens, war es nicht dieses »Sich-Aufmachen ins Ungewisse«? Ich spürte in den vergilbten Papieren etwas von ihrer Suche nach dem Unbegreifbaren, der im Weltall und in aller Traurigkeit der Erde verborgen bleibt und der doch in allen Enttäuschungen ein Menschenleben bewegen und ihm Sinn verleihen kann.

Ich sehe das ausdrucksvolle Gesicht dieser tapferen, ehrlichen Frau wieder vor mir. Sie hat, wie Kaspar, Melchior und Balthasar, Wüsten durchschritten und ist ins Ungewisse gewandert ihr Leben lang. In der Erinnerung scheint mir ihr Gesicht einer Christus-Ikone zu gleichen. Im geringsten Bruder begegnet er uns. Auch im Antlitz einer alten, kranken Frau.

»Jeder Mensch ist ein besonderer Gedanke Gottes.«

Paul de Lagarde

Stationen auf einem Lebensweg

I. Nein, Nein! (1946)
Todeskälte, Todesbangen
Hält mit Entsetzen mich umfangen.
Angst und Grauen kommt gekrochen.
Herz, mein Herz, hör auf zu pochen.
Leben, o, du sollst nicht fliehen.
Laß ganz dicht heran dich ziehen.
Herz und Blut, nein, steht nicht still.
Leben, komm, ich will dich, will!

II. Die Blätter lösen sich (1958)
Die Blätter lösen sich ganz still und fallen,
Und eins – o schau – vertraut sich meiner Hand.
So mag es wohl geschehn, daß auch mein Sinken
An irgendeinem Orte wird erkannt.
Ich weiß es nicht und werd es nimmer wissen,
Mein Herz allein denkt's unaussprechlich sich –
Ich falle, und der Abgrund hat kein Ende,
Und doch, am dunkeln Ende hält er mich.
Ich sage: Er – du magst ihn anders nennen,
Du magst ihn leugnen, hassen, abseits stehn.
Du magst dich auch in Feindschaft von ihm trennen –
O schau, wie schön im Wind die Blätter wehn.
So sink ich, Blatt, in seine große Hand.
Er blickt mich an: »Ich habe dich erkannt.«

III. Überwunden (1970)
Leicht wird und leichter des Blutes Kreisen,
Leicht und kaum spürbar das klopfende Herz.
Das Ohr hört verzaubert fernklingende Weisen.
Entflohen sind Grauen, Verzweiflung und Schmerz.
Versunken, verschwunden, vergessen, was war.
Seele und Körper sind ewigkeitsnah.

T. W., Patientin in Bethel

Sternennacht

Draußen hat es aufgeklart. Sterne blitzen am Himmel.
Seltene, kostbare Gelegenheit für uns Städter.
Mit jungen Leuten gehe ich hinaus vor die Stadt,
wo die Wiesen beginnen und freier Himmel ist.
Dort stehen wir in der Winternacht und sehen hinauf.
Kleine Menschen unterm großen Reigentanz der Sterne,
die auf den ihnen bestimmten Bahnen wandern.
Die Schau der alten Völker kommt uns in den Sinn
vom himmlischen Sphärenklang, der das All erfüllt.
Können auch wir ihn hören? Schweigend blicken wir auf.
Nach und nach entdecken wir sehr blaß die Milchstraße.
Einige Sterne blitzen heller. Die Sternkarte zeigt
das W der Kassiopeia, darunter die Andromeda.
Unsere Augen suchen Leitsterne und finden sie:
zwei Sterne, daneben ein blaßschimmernder Schein.
Das ist der Andromedanebel. Wir sehen ihn!
Wir stehen in der Nacht, Menschen des 20. Jahrhunderts,
und staunen. Wir sehen die nächste Welteninsel
in den unendlichen Weiten des Weltenozeans.
200 Milliarden Sonnen senden ihr Licht zu uns hin.
2½ Millionen Lichtjahre ist das Licht unterwegs,
und jetzt, in dieser Minute, trifft es unsere Augen.
Wir blicken zurück in fernste Vergangenheit,
als die Erde noch menschenleer war.
Ein Schauer läuft mir über den Rücken.
Mit mir staunen die Jungen. Wir begreifen es nicht.
2½ Millionen Lichtjahre sind 23,7 Billionen km.
Über die Sonnenbahn, über die Planeten,
über unsere Milchstraße hinaus sehen wir in den Raum.
Wir erkennen das Licht der nächsten Milchstraße!
Milliarden solcher Welteninseln sind entdeckt.
Die fernste, die Astronomen bis jetzt beobachteten,
ist 15 Milliarden Lichtjahre entfernt.
Menschenerkenntnis nähert sich dem Urbeginn des Alls …
Und wie leben wir unser Leben unter den Sternen?

Nacht, du Geschenk.
Über mir der Klang silberner Sterne
im tiefdunklen Blau des Himmels.
Kaum kann ich eure blaßgewordene Schrift entziffern,
verblaßt vor den Lampen unserer Angst,
bedroht von künstlichen Körpern und giftigem Rauch,
von Sternenkriegen, die alles Lebendige auslöschen.

Heute aber ist er über mir, der Klang der Sterne.
Meine Augen sehen hinauf und suchen die alten Bilder,
verfolgen ihren Auf- und Niedergang,
schauen beglückt den Kreislauf des Jahres:
Großer Jäger Orion, breitgelagerter Löwe,
hinstrebender weißer Schwan, klingende Leier,
Spiel des Delphin und du, vertrauter, alter Wagen.
Viele Geschlechter blickten auf zu den Sternen,
gewannen Ehrfurcht und Maß aus einer größeren Welt.
Unendlich erweitert sich heute der Blick.
Unermeßliche Weiten, unfaßliche Gestalten tun sich auf.
Was ist der Mensch, der die Wunder des Kosmos ahnt,
verborgene Schöpfungsordnungen zu entziffern sucht?

Kann es nicht sein, daß wir neu zu staunen beginnen
vor dem großen Geheimnis, leben zu dürfen
in diesen unendlichen Weiten des Alls,
leben zu dürfen auf dir, du kleines Staubkorn Erde,
du kostbarer blauer Planet, der du dich drehst
im Reigentanz aller Sterne, aller Galaxien.
Teil bist du, eingebunden in den großen Zusammenklang.
So laßt uns lernen, Chiffren der Sterne zu erkennen,
um in Ehrfurcht und besonnen unsere Erde zu schützen.
Laßt uns neu den größeren, unbegreiflichen Gott hören,
der alles, was ist, in seinem Schöpfungsplan birgt.

Nacht, über mir ist der Klang silberner Sterne,
und bis tief in den Schlaf hinein erfahre ich dich,
Geschenk unbegreiflicher Geborgenheit.

Hymnus zum Dreikönigstag: Epiphanias

Epiphanias, nach alter Zeit Sonnenwende, war das älteste »Christgeburtsfest«. Für die Orthodoxie erfüllt sich hier die »Liturgie der Schöpfung«: Feuersterne, Erde, Wasser, Luft, Menschen, alles ist umschlossen von Gottes Heil.

Unzugängliches Licht, das jeden Menschen erleuchtet,
strahle auch für mich, damit ich es wagen kann,
Deine Mildtätigkeit und Macht zu besingen:
Heute ist die »Sonne ohne Untergang« aufgegangen,
und die Erde ist erhellt vom Licht des Herrn.
Heute verschönern die Feuer-Sterne
die Welt mit der Klarheit ihres Glanzes.
Heute sind wir von Finsternis befreit
und vom Licht der göttlichen Erkenntnis erleuchtet.
Heute sind die Nebel der Welt zerstreut
durch die sichtbare Offenbarung unseres Gottes.
Heute trägt die ganze Schöpfung eine himmlische Leuchte,
und die Ankunft des Herrn bahnt uns einen Weg des Heils.
Heute teilen Erde und Meer die Freude der Welt.
Erfüllt vom Jubel findet sich alles zur Freude des Festes.
Du bist groß, Herr, und Deine Werke sind wunderbar.
Du hast alles aus dem Nichts ins Leben geführt.
Du hast die Schöpfung aus vier Elementen zusammengesetzt,
den Zyklus des Jahres mit vier Jahreszeiten gekrönt.
Dich besingt die Sonne, Dich verherrlicht der Mond.
Zu Dir flehen die Sterne, Dir gehorcht das Licht.
Vor Dir schaudern die Abgründe, Dir dienen die Quellen.
Du hast die Erde auf den Wassern fest gegründet,
die Luft ausgeschüttet, damit man sie atme.
Du, der unendliche, ewige, unaussprechliche Gott,
bist auf die Erde gekommen in der Gestalt eines Knechtes,
den Menschen gleich, denn Du hast im Mitleid Deines Herzens
nicht ertragen, das bedrängte Menschengeschlecht zu sehen.
Du, unser Gott, Du bist auf Erden *erschienen*!
Du hast uns gerettet, hast unter uns Menschen gelebt.

Ein Winterbrief nach Kalifornien

Eben komme ich von draußen aus dem Schnee und habe mich mit einem Punsch aufgewärmt. Da möchte ich Dir endlich schreiben und mich für Deine Gastfreundschaft im letzten Jahr bedanken. Noch sehe ich die große Palme vor mir über dem Dach Deines Holzhauses, die leuchtenden Zitronen und Orangen in Deinem Garten und den blitzenden Pazifik am Horizont. Ich erinnere mich an die Schönheit der einsamen Wüste und die Weite des Meeres. Du erzähltest, wie Du das Land liebst, mit Sonne und Wärme, mit ersehntem Frühlingsregen nach langer Trockenheit, der die Wüste zum Blühen bringt. Aber Du hast mir auch gestanden, daß Du Dich ab und zu nach den weißen Wintertagen Deiner Kindheit in Mecklenburg zurücksehnst.

So möchte ich versuchen, Dir ein Bild des Winters auszumalen, wie ich ihn heute erlebte. Denn nun ist er, nach langen, dunklen Tagen, mit Frost und schönem, weichem Pulverschnee bei uns eingekehrt. Wir gingen zu mehreren hinaus in diese märchenhaft verwandelte weiße Welt unter dem strahlenden Licht über weitem Land. Auch ein junger Hund war dabei. Er lief aus dem Haus, sah sich erstaunt um, blieb stehen, bellte und biß vorsichtig und dann heftig in den Schnee; bellte wieder, kam zu uns zurück und raste vorwärts ins weiße Schneefeld, warf sich hinein, wälzte sich, sprang auf. Dann schüttelte er bellend sein Fell frei und warf sich voller Lebensfreude wieder und wieder hinein in den unberührten Schnee. Die Kinder, die mit uns waren, staunten zuerst, und dann machten sie es ihm nach, bis sie nur noch Schneemänner waren. Danach lockten sie voller Übermut ihre Eltern unter niedrige Tannen, zogen an den beschneiten, tiefhängenden Ästen und überstäubten unter hellem Lachen sich selbst und ihre Eltern mit den weißen Wolken von weichem Schnee. Schließlich waren wir am Berghang. Da fuhren sie jauchzend mit roten Backen und blanken Augen, auf dem Schlitten vor Vater und Mutter sitzend, den Hang hinab. Ich hoffe, diese Kinder werden später auch einmal erzählen: »Als wir noch klein waren, da gab es noch richtige Winter mit hohem Schnee!« Mein altes Herz hat sich mit ihnen gefreut.

Diese Lebensfreude und Beschwingtheit, die der Winter mit sich bringt, worauf mag sie beruhen? Ist es die Ausnahmesituation, die ungewohnte Anforderungen stellt und so Kräfte weckt; die Weichheit des Schnees, die klare Luft, die dem Körper besondere Bewegungsmöglichkeiten geben? Zugleich tritt uns Städtern eine ursprüngliche Welt entgegen, die wir sonst in der Ferne suchen, in den Bergen, am Meer oder bei Euch in der Wüste. Diese verwandelte, weite Winterwelt mit dem Glanz ihres Lichtes bringt eine Erfahrung von wunderbarer Schönheit. Sie läßt Alltagsschmutz und Menschenlärm vergessen und schenkt das Geheimnis des Unberührten. Sie ist wie eine verzauberte und doch real erlebte Welt, Verheißung ersehnter Vollendung.

Skilanglauf habe ich hier, nahe der Stadt, auch ausprobiert, herrlich! Wenn ich auf den Skiern über unberührtes Feld gleite, umfangen vom Licht, fühle ich mich beglückt als ein ganzer Mensch, der mit Leib, Seele und Geist lebt. So möchte ich Dir ein Loblied auf den Winter singen, trotz aller Bedrängnisse und Schwierigkeiten, die er auch mit sich bringt. Ich möchte damit in Dir die Erinnerung an alle Winterfreuden Deiner Kindheit wachrufen.

Inzwischen hat Nebel die Bäume mit Silber überzogen, zum Schnee kam Rauhreif. Diese Schönheit kann richtig weh tun! Dir viele liebe Grüße ins ferne Kalifornien!

Ein nicht mit abgeschickter Nachsatz:

Ich freue mich, hier zu leben und nicht im tropischen Klima. Ich mag es gern, im Winter vor Kälte zu klappern und im Sommer vor Hitze zu schwitzen. Ich liebe den starken Wechsel der Jahreszeiten und spüre, wie ich mit Leib und Seele in diesen Rhythmus hineingehöre und dabei täglich überraschende Entdeckungen mache.

Er steht auf einem Hügel

Die Welt ist weiß geworden. Der Wind treibt die Flocken in immer neuen Wogen durch den Garten. Ein tolles Gestöber. Solche Schneemassen wirbeln hierzulande nicht oft in der Luft herum.

Wie Andreas nach Mitternacht den Bleistift hinlegt, wundert er sich über die Stille vor dem Fenster. Draußen liegt eine verschneite Welt in ungewisser Dämmerung. Hoch oben ziehen helle Wolkenschleier langsam an der Scheibe des Mondes vorüber. Es muß kalt geworden sein. Andreas wirft einen Blick auf das Thermometer. Ja, fast acht Grad unter Null.

Dann könnte man doch, denkt er, einmal versuchen, auf Skiern in die unwirkliche Welt hineinzugleiten. Der Schnee ist zwar noch reichlich locker, aber dafür hat er diese wunderbare Unberührtheit. Etwas Schöneres gibt es doch nicht, als in so einer Nacht unterwegs zu sein. Nach einer halben Stunde zieht er langsam bergauf, bis er auf dem Gipfel des Hügels steht. Unabsehbar breitet sich zu seinen Füßen die mondbeschienene Niederung aus.

Der Wolkenflor ist dünner geworden, ein hauchzart gezogenes Gespinst, das unsichtbar bleiben würde, wenn sich das Mondlicht nicht in violetten und lila Kreisen an ihm bräche. Um jeden der großen Sterne schimmert gleichfalls ein violetter Hof. Nur im Norden ist der Himmel frei. Dort hebt sich der ruhige Nebelglanz der Milchstraße deutlich von der blauen Schwärze ab. Der blinkende Stern dicht überm Horizont wird die Wega sein – und daneben der Deneb. Eine geisterhafte Stille steht über der Erde. Selbst das dunkle Summen der Ferne, das sich sonst immer vernehmen läßt, besonders nachts, ist verstummt. Der Schnee hat alles zum Schweigen gebracht.

Es kommt Andreas so vor, als blicke er in das Weben und Leuchten einer neuen Schöpfung. Dies alles war vor wenigen Stunden noch nicht, diese ruhende, glitzernde, reine Landschaft. So nicht. Kein Menschenauge hat es zuvor erblickt, kein Fuß es betreten. Gleich wird er angehaltenen Atems in die Ebene hinabgleiten. Die Skier werden am Hügelhang leise zu singen beginnen.

Es wird mehr ein Schweben als ein Gleiten sein, vorbei an den blinkenden Sternen, die über ihm in der Nacht hängen, vorbei an dem wechselnden Gefunkel, das von den Schneekristallen ausgeht. Die Schwerelosigkeit wird ihn aufnehmen, das Hinsinken, der Traum. Er wird nichts mehr von gestern wissen und nichts von morgen. Es wird wie ein Vorgeschmack der Ewigkeit sein.

Aber noch steht er auf der Kuppe des Hügels, richtet seine Augen in die Ferne und hat seine Gedanken. Ist das dieselbe Erde, denkt er, auf der soviel geweint wird, auf der Krankheit und Tod, Einsamkeit und Verzweiflung ihre Herrschaft ausüben, auf der die Menschen einander alles Leid antun, das sie ersinnen können, auf der es an keinem Tage Frieden gibt, nicht zwischen den Völkern und nicht zwischen den Halmen auf der Wiese, auf der niemand und nichts ohne Schuld zu bleiben vermag. Ist es wirklich dieselbe Menschenerde? Ach ja, sie ist es. Auch in dieser Nacht wird geseufzt, gelitten, betrogen, geraubt und getötet, auch diese Nacht hat keinen Frieden, auch in dieser Nacht ist die Welt den vernichtenden Mächten preisgegeben.

Er setzt die Stöcke in den Schnee, um sich abzustoßen und die schwebende Wanderung ins Weglose und Unbetretene zu beginnen. Aber er kann noch nicht, er läßt die Stöcke los und beugt sich vornüber. Seine Hände schieben sich zwischen seine Knie. Er faßt mit der rechten über die geballte linke, preßt sie gegeneinander und murmelt etwas vor sich hin. Dann richtet er sich auf und gleitet, nachdem sich sein Blick noch einmal der gestirnten Ferne zugewandt hat, langsam den Hang hinunter.

Manfred Hausmann

»Der Glaube läßt uns begreifen,
daß es etwas Unbegreifliches gibt.«

Anselm von Canterbury

Staunen

Schnee
sechsstrahliger Stern
seltsam – keiner dem andern gleich

Schnee
zarte Kristallgestalt
eine Ahnung nur – vergangen

Schnee
weißer Flocken Tanz
Leichtigkeit – leise, beschwingt

Schnee
Einsamkeit und Schweigen
Schöpfung – nicht Unrast und Lärm

Schnee
verborgen alle Zerstörung
Ursprung – nicht Menschenwerk

Schnee
weite, weiße Lande
Berührung – Atem der Unendlichkeit

Schnee
lichthelle Schönheit
Verheißung – eine Welt aus Licht

Schnee
Mensch in der Welt aus Beton
Staunen – eine Erfahrung reinen Glücks

Johannes Kepler (1571–1630)

Trost der Sternenwelt

Kepler, dieser Astronom im Umbruch der Zeit, blickte aus der Verwirrung dieser Welt sein Leben lang hinauf zur Harmonie des Sternenhimmels. Diese Sicht müsse in Politik und Kirche das »Streben nach Einheit und Frieden« stärken!

Zeitgenosse von Galilei, der abschwören mußte, von Giordano Bruno, der verbrannt wurde, wurde er einerseits wegen seiner wissenschaftlichen Erfolge anerkannt, galt aber der Kirche, als Anhänger des Kopernikus, als anstößig und verdächtig, obwohl er sich selbst immer auch als Theologe verstand. Seine Arbeiten beruhen einerseits auf präzisen Beobachtungen, zum Beispiel über Planetenbahnen, Mondumläufe und Kalenderberechnungen. Sein ehrfürchtiges Denken aber sieht in diesem wohlgeordneten, mathematisch bestimmten Aufbau des Sonnensystems einen Abglanz Gottes. Keplers Schau, das All sei ein lebendiges Ganzes, in dem eins mit dem anderen zusammenhängt, wird heute neu beachtet. Seine Erhellung des »Goldenen Schnittes«, ein geometrisches Grundmuster des Schönen, wird zur Zeit in der Computer-Simulation zauberhaft vor Augen gestellt.

In der Beziehung der Planetenbahnen zur Sonne erkannte er einen Zusammenhang mit musikalischen Grundgesetzen, wie sie unsere Ohren als Harmonien empfinden; beim Saturn gleiche sie der großen, beim Jupiter der kleinen Terz, Mars sei wie eine Quinte, Merkur wie eine Oktave. »Es sind also die Himmelsbewegungen nichts anderes als eine fortwährende mehrstimmige Musik, die durch dissonierende Spannungen, gleichsam Synkopen und Kadenzen hindurch, in dem unermeßlichen Ablauf der Zeit unterscheidende Merkmale setzt. Es ist daher nicht verwunderlich, daß der Mensch, der Nachahmer seines Schöpfers, die Kunst des mehrstimmigen Gesanges entdeckt hat. Er wollte ... das Wohlgefallen des göttlichen Werkmeisters an seinen Werken so weit wie möglich nachkosten in dem so lieblichen Wonnegefühl, das ihm diese Musik in der Nachahmung Gottes bereitet.« Auf diese Aussagen Keplers bezieht sich auch Goethe im Anfang des Faust: »Die Sonne tönt nach alter Weise in Brudersphären Wettgesang ...«

»Das Entzücken über die Schönheit« der Schöpfung erwies sich für Kepler als eine Kraft, das eigene tragische Leben zu bestehen. Von den Kriegswirren schrieb er, es »besteht nur die Wahl zwischen einer Stadt, die zerstört ist, und einer, die noch zerstört wird«. Sein Vater verscholl früh als Söldner. Seine Mutter wurde, über 70jährig, als Hexe verklagt. Ihre Rettung vor Folter und Scheiterhaufen verdankte sie – nach 14 Monaten Kerker – nur dem Einsatz des Sohnes. Vor allem aber hatte Kepler unter dem Streit der Konfessionen zu leiden. Viermal wird er als Protestant aus seiner jeweiligen Wirkungsstätte vertrieben. Der Werbung zur Konversion widersteht er: »Ich bin Christ Augsburger Konfession von den Eltern her, in täglichen Erprobungen in mich aufgenommen, an ihr halte ich fest. Heucheln habe ich nicht gelernt. Mit der Religion ist mir ernst, auch mit dem Empfang der Sakramente.« Im selben Jahr, als eins seiner Bücher in Rom auf den Index kommt, wird er durch die lutherische Landeskirche vom Abendmahl ausgeschlossen, sein Leben lang. Er weigerte sich, die »Konkordienformel« zu unterschreiben, die die calvinistische Lehre verdammt. »Mein Gewissen erlaubt mir nicht, mich zum verdammenden Richten aufzuwerfen.« Auch die geplante Berufung an die Universität Tübingen wird dadurch vereitelt. Er hatte gehofft, dort, wo er selbst einst Theologie studiert hatte, nach allen Irrfahrten für seine Familie, nach dem Tod mehrerer Kinder und der ersten Frau, eine Heimat zu finden.

Obwohl Kepler kaiserlicher Astronom und Hofmathematiker war, ist sein Leben von der Sorge um den täglichen Lebensunterhalt überschattet gewesen. Er starb 59jährig, heimatlos und einsam, als er im November bei schlechtem Wetter halbkrank von Leipzig nach Regensburg zum Reichstag ritt, um die ihm zustehenden Ansprüche geltend zu machen. Im Sterben vertraute er sich Christus an.

»Wenn der Sturm wütet und der Schiffbruch droht, können wir nichts Würdigeres tun, als den Anker unserer friedlichen Studien in den Grund der Ewigkeit zu senken.«

»Ich danke dir, mein Schöpfer und Herr,
daß du mir diese Freude an deiner Schöpfung,
das Entzücken über die Werke
deiner Hände geschenkt hast.
Ich habe die Herrlichkeit deiner Werke
den Menschen kundgetan,
soweit mein endlicher Geist
deine Unendlichkeit zu fassen vermochte.
Wo ich gesagt habe, was deiner unwürdig ist,
oder wo ich der eigenen Ehre nachgetrachtet habe,
das vergib mir in Gnaden.«

»Konnte mein unruhiges Herz es nicht anders lernen,
mit seinem Schicksal zufrieden zu sein, als dadurch,
daß es die Unmöglichkeit einsieht,
daß nicht alle Wünsche zu erfüllen sind?«

»Groß ist unser Herr und groß seine Macht
und seine Weisheit ohne Ende,
lobet ihn, ihr Himmel,
lobet ihn, Sonne, Mond und Planeten
in der Sprache, die euch gegeben ist,
euerm Schöpfer zum Lob.
Lobt ihn, ihr himmlischen Chöre,
lobt ihn, ihr Erforscher dieser Harmonien,
und du auch, meine Seele, singe,
singe die Ehre des Herrn,
solange es dir vergönnt ist.

Von ihm und durch ihn
und zu ihm sind alle Dinge,
das, was wir noch nicht kennen,
und der Bruchteil, der uns bekannt ist.
Ihm sei Lob, Ehre und Preis
von Ewigkeit zu Ewigkeit.«

Johannes Kepler

»Zum Staunen bin ich da«

Am Ende dieses Monats merken wir das wachsende Licht, das Rad des Jahres steigt wieder auf! Januar, erster Monat im neuen Kalenderjahr, mit der Aufforderung, neue Schritte zu tun!

Was erscheint uns wichtig, was ist schon wieder vergessen? Jeder hat etwas, was für sein Leben nötig ist. Aber alle erkennen, wir müssen in ein neues Denken hineinwachsen, wieder offener werden für Schöpfungsgesetze.

Der Januar bringt oft besondere Möglichkeiten, zu denen sich auch der Städter aufmachen kann: die weiße Winterlandschaft und der Sternenhimmel schon am frühen Abend. Diese ursprüngliche Natur, ist sie nicht wie ein Geschenk, das uns tief aufatmen läßt? Auch wenn wir üben müssen, im Bruchstück noch das Ganze zu sehen. Wird uns nicht das Gefühl des Staunens anrühren? Und Staunen ist der erste Schritt, der Schöpfung neu zu begegnen.

Was ist es gewesen, was einst die Sterndeuter, die Heiligen Drei Könige, die am Anfang des Monats gefeiert werden, bewegte, dem Stern zu folgen? Es war das Staunen über eine ungewöhnliche Sternstellung. Johannes Kepler fand als erster heraus, daß damals eine ganz besondere Nähe von Saturn, dem Stern der Juden, und von Jupiter, dem Königstern, bestanden hat. Staunen führt zum Wunder!

Von Menschen, die wieder zu staunen gelernt haben vor dem, was größer ist als Menschenwerk, gehen heilende Kräfte aus in diese Welt. Wo wir offen sind, wird uns das Sichtbare zum Gleichnis: »Es ist, als ob den Schauenden, den Staunenden wie ein unendlich fernes Rufen ein letzter Hall noch träfe jener raunenden Urworte, die einst den Kosmos schufen!« So sagte es Manfred Hausmann, als er die Struktur eines Saphirs betrachtete.

Staunen, du schönes Geschenk, das dem Suchenden zuteil wird! Wer nichts Bewundernswertes mehr kennt, wird arm und eng. Wo Erstaunen lebendig ist, verlieren Ängste an Gewicht. Erstaunen vermag noch Großes zu erwarten und erlebt auch im Geringsten das Wunder.

Februar

In Spannungen leben

In Spannungen leben

Nach den schönen Schneetagen im Januar bestimmte feuchte Meeresluft das Wetter. Ein kalter, grauer Nebel lag über der Stadt. Die Tage wollten nicht hell werden, obwohl das Barometer wieder stieg. An den Wegrändern schmolzen zähe, schmutzige Schneereste. Ich war meinem Hunger nach Sonne und Licht hilflos ausgeliefert.

Die Luft roch scharf, es fiel schwer zu atmen. Im Ruhrgebiet war Smogalarm ausgerufen, in den Innenstädten der Autoverkehr untersagt. Kinder und Alte sollten in den Häusern bleiben. Jeder spürte, nicht nur ferne Wälder, sondern wir selbst sind gefährdet. Unheimlich war es, wenn ständig durch das Radio neue Anweisungen gegeben wurden.

Aber heute morgen sehe ich am Himmel über den Hauswänden Sterne glitzern, den großen Wagen und den hellen Bootes, den Bärenführer. Die Luft ist kalt, auf dem Weg zur Arbeit spüre ich mit allen Sinnen: Die Tage werden länger! Der Kalender sagt, daß der Unterschied zum Dezember schon zwei Stunden beträgt. Die dunkle Jahreszeit ist durchschritten!

In den Gärten entdecke ich erste Schneeglöckchen, an der Hecke grüne Blattknospen, die Haseltroddeln stäuben. Und am Abend, beim Weg zurück, geschieht das tief Verzaubernde: Aus dem Gebüsch erklingt Vogelsingen. Vorsichtig trete ich näher und erblicke ganz nah eine Amsel. Mit geschlossenem Schnabel probt sie leise ein Frühlingslied. Wie schön!

Sicher werden noch winterliche Tage kommen. Aber die Sonne steigt. Die Welt ist schön, und jeder Frühlingstag ist voller Verheißung.

Der Februar ist gekommen, dieser Monat, schwankend zwischen Winterkälte und Frühlingsluft, mit Faschingstrubel und Fastenbeginn. Wie soll ich diese Spannungen verkraften?

Hindurchtönen lassen

Ein grauer Tag, wieder wird es regnen.
Es ist zuviel, was heute zu tun ist.
Wie soll ich alles schaffen?
Dazwischen das Telefon:
Sie sollen mich in Ruhe lassen!
Müde bin ich, zerrissen, überfordert,
gehetzt von innen und von außen.
Dieser Tag, in all seiner Schwere, lastet.
Ich spüre, so geht es nicht.
Ich halte an. Ich ziehe mich zurück
in einen stillen Winkel. –
Schön ist der Kiefernstrauß dort.
Stillwerdend, kommen tausend Gedanken.
Einige sind wichtig, ich notiere sie.
Dann, langsam, sehr langsam nur
kann ich mich meinem Atem überlassen,
ihm folgen, wie er ruhig auf und ab schwingt,
aus aller überspannten Unruhe zu ihm zurückkehren.
Mich lösend, gebe ich mich ihm hin,
lasse mich fallen zu tiefem Ausatmen.
Und das Vielerlei beginnt zu schweigen. Stille wird in mir.
Alle zersplitterten, nach außen geschleuderten Kräfte,
langsam kehren sie zurück, sammeln sich.
Und tief unter meinem so tätigen Ich
spüre ich mein tieferes Selbst, durchtönt:
das, was ich eigentlich bin, sein möchte,
das, was mir zugedacht ist.
Ich erfahre mich getragen, weit, leicht.
Und in dem tiefen, neu einströmenden Strom des Atems
empfange ich ein Ja, ein Ja zu mir selbst,
zu diesem Bruchstück, das ich immer wieder sein werde.
Gerade in dieser Bescheidung kann etwas hindurchtönen
in diesen Tag von Gott, der mich trägt
und mir Mitte ist.

Person heißt per-sonare = hindurchtönen

Eine Faschingserinnerung

Auszug aus einem Brief

Gerne erzähle ich Dir davon, wie ich einmal Fasching erlebt habe, kurz nach dem Krieg in einer kleinen rheinischen Stadt. Wenn wir durch die Straßen gingen, hörten wir es schon von weitem, da spielte auf irgendeinem Platz eine der kleinen Kapellen; ringsum die Häuser noch in Trümmern. Wir Fußgänger (wer hatte schon ein Auto?) stellten unbesorgt die Taschen ab – vielleicht, weil alle nicht viel besaßen. Und dann tanzten wir miteinander, ohne uns zu kennen. So war das damals möglich. Nach herzlichem Abschied ging jeder seinen Weg. Sein Herz war ein wenig leichter und zuversichtlicher.

Damals arbeiteten die Gemeinden beider Konfessionen eng zusammen, zum Beispiel beim gemeinsamen Mittagstisch, zubereitet aus ausländischen Lebensmittelspenden. Die dort entstandenen Kontakte führten auch zur gemeinsamen Faschingsfeier. Deutlich erinnere ich mich noch, wie wir gegen Abend mit der Straßenbahn zu einer kleinen Gaststätte hinausfuhren und die Nacht bei einem Glas Wein durchfeierten. Mehr war nicht aufzutreiben. Die Studenten unter uns waren aus Krieg und Gefangenschaft zurückgekehrt. Diese Erfahrung bildete den Hintergrund unseres Zusammenseins. Wir wußten, das Leben war uns noch einmal geschenkt! Kein Tanz wurde ausgelassen. Tanzspiele führten zu vielfachem Partnerwechsel und gaben Anlaß zu unbekümmertem Lachen, zu guten neuen Begegnungen und intensiven Gesprächen. Morgens, als im Dunkeln die Vögel zu singen begannen, fuhren wir mit der ersten Straßenbahn zurück.

Und so, wie wir gemeinsam getanzt hatten, blieben wir zusammen, als die Katholiken unter uns zum Aschermittwoch-Gottesdienst gingen. Dieser Gottesdienst, den ich zum ersten Mal erlebte, hat mich sehr nachdenklich gemacht. An seinem Ende empfangen die Gläubigen auf ihrer Stirn das Zeichen des Aschenkreuzes mit den Worten: »Memento homo, quia pulveris est, et in pulverem revertis – Gedenke Mensch, daß du Staub bist und wieder zum Staub zurückkehren wirst.« Davon wußten wir alle, die in den Städten die Luftangriffe erfahren, und die, die an der Front das große Sterben erlebt hatten. In diesem Wissen waren wir zusammengewesen, in der Nacht beim Tanz, jetzt im Gottesdienst, auch in Erinnerung an die, die nicht zurückgekehrt waren.

Heute, nach so vielen Jahren, frage ich mich: Warum ist diese Erinnerung in mir noch so lebendig? Warum erzähle ich Dir davon?

Mir erschloß sich damals eine Grunderfahrung des Lebens: Gerade in der Spannung zwischen Lebensfreude und Lebensbedrohung wächst die Erkenntnis von der Kostbarkeit des Lebens. Die Fähigkeit zu trauern und der Lebensdank, sie sind miteinander verschwistert.

»Nur wer die Leier schon hob
auch unter Schatten,
darf das unendliche Lob
ahnend erstatten.

Nur wer mit Toten vom Mohn
aß, von dem ihren,
wird nicht den leisesten Ton
wieder verlieren.

Mag auch die Spieglung im Teich
oft uns verschwimmen:
Wisse das Bild.

Erst in dem Doppelbereich
werden die Stimmen
ewig und mild.«

Rainer Maria Rilke

Der Februar

Nordwind bläst. Und Südwind weht.
Und es schneit. Und taut. Und schneit.
Und indes die Zeit vergeht,
bleibt ja doch nur eins: die Zeit.

Pünktlich holt sie aus der Truhe
falschen Bart und goldnen Kram.
Pünktlich sperrt sie in die Truhe
Sorgenkleid und falsche Scham.

In Brokat und seidnen Resten,
eine Maske vorm Gesicht,
kommt sie dann zu unsren Festen.
Wir erkennen sie nur nicht.

Bei Trompeten und Gitarren
drehn wir uns im Labyrinth
und sind aufgeputzt wie Narren,
um zu scheinen, was wir sind.

Unsre Orden sind Attrappe.
Bunter Schnee ist aus Papier.
Unsre Nasen sind aus Pappe.
Und aus welchem Stoff sind wir?

Bleich, als sähe er Gespenster,
mustert uns Prinz Karneval.
Aschermittwoch starrt durchs Fenster.
Und die Zeit verläßt den Saal.

Pünktlich legt sie in die Truhe
das Vorüber und Vorbei.
Pünktlich holt sie aus der Truhe
Sorgenkleid und Einerlei.

Nordwind bläst. Und Südwind weht.
Und es schneit. Und taut. Und schneit.
Und indes die Zeit vergeht,
bleibt uns doch nur eins: die Zeit.

Erich Kästner

Von der Kraft des Humors – nicht nur zur Faschingszeit!

Selig jene, die über sich selbst lachen können,
sie werden sich nie langweilen.
Selig jene, die einen Berg von einem Maulwurfshügel
unterscheiden können,
ihnen werden viele Verdrießlichkeiten erspart werden.
Selig jene, die schauen, wohin sie ihren Fuß setzen,
sie werden selten auf einer Bananenschale ausrutschen.
Selig jene, die ausruhen und schlafen können,
ohne nach Ausflüchten zu suchen, sie werden weise werden.
Selig jene, die schweigen können,
sie werden viel Neues lernen.
Selig jene, die klug genug sind, sich nicht zu ernst zu nehmen,
ihre Mitmenschen werden sie schätzen.
Selig jene, die hellhörig sind für den Ruf des Nächsten,
sich aber nicht für unersetzlich halten,
sie werden Freude säen.
Selig jene, die vor dem Tun denken
und vor dem Denken beten,
sie werden viele Dummheiten vermeiden.
Glückselig seid ihr, wenn ihr schweigen und lächeln könnt,
wenn man euch das Wort abschneidet, euch widerspricht
oder euch auf die Zehen steigt,
das Evangelium beginnt euer Herz zu durchdringen.
Und über alles selig seid ihr, wenn ihr versteht,
den Herrn in allen Menschen zu erkennen,
denen ihr begegnet,
ihr habt das wahre Licht, die wahre Weisheit gefunden.

Verfasser unbekannt

Der Himmel hat dem Menschen
als Gegengewicht zu den vielen Mühseligkeiten
des Lebens drei Dinge gegeben:
die Hoffnung, den Schlaf und das Lachen.

Immanuel Kant

Fiebernächte

In der wachen Unruhe dieser Nächte,
wenn du deinen Leib heiß durchströmt fühlst
von den Wellen steigenden Fiebers,
wenn deine Haut naß ist von Schweiß
und du dich leicht fühlst nach mangelndem Essen,
wenn du Stunden wach und allein liegst
ohne Möglichkeit, etwas zu tun,
und du dich der Krankheit ausgeliefert weißt,
da erfährst du zugleich dich selbst:
Dies bin ich, dieser vom Fieber durchflossene Leib,
dieser hilflose, einsame Mensch voller Ängste,
in dessen Körper sich Leben wehrt.
Und in der hellen Wachheit fiebernder Bilder
wirst du seltsam glücklich und dankbar:
Ja, das bin ich. Ein schwacher, ohnmächtiger Mensch,
der gerade so sein Lebendigsein erfährt:
dies zähe Sich-Wehren, Fieber –
heilende Kräfte in mir.
Und im Geöffnetsein dieser Nacht
höre ich die Frage: »Wie lebst du dein Leben?«
Du merkst, du bist im Alltag deiner Pflichten
untergegangen, ohne wach zu sein,
bist in die Tage hineingestolpert, hast Stunden vergeudet.
Und in der Unruhe deiner Traumbilder
begegnest du dir selbst: So lebst du,
zerrissen, zerstreut, zugeschüttet.
Und wieder erfährst du den Ruf: »Wer bist du?«
Und plötzlich erinnerst du dich:
Die Fastenzeit beginnt!
Heilsam ist die Aufforderung, bewußter zu leben,
Abstand zu üben von wahllosen Eindrücken,
sich einzuüben im Maßhalten,
zu verzichten, um freier zu werden,
Raum zu gewinnen für Wesentliches,
offener zu werden für Mitmenschen,

du selbst zu sein in der dir gegebenen Bestimmung.
Die Unruhe weicht,
die Nacht und ihre Traumbilder
werden heilsam und sprechend.
Und am Morgen erwachst du,
seltsam glücklich und gelöst.
Langsam steigt der nächtliche Traum wieder auf:
Du siehst in der Dämmerung einen gemauerten Brunnen.
Du stehst gebeugt. Du blickst hinunter.
Und siehe, die Wassertiefe spiegelt Sterne!
Das Geschehen im Traum verwandelt sich:
Du bist eingeschlossen – tief im Schacht –
und schaust verlangend nach oben, suchst Hilfe.
Und siehe, über dir der Himmel
mit leuchtenden Sternen.
Und du merkst,
über deinem Sehnen ist der Himmel offen.
Und die Tiefe deines Alltags –
sie spiegelt dir das Sternenlicht!
Nimm es wieder wahr: Du bist begleitet.
Lebe dein Leben wach.
Es ist dir anvertraut.

»Im alten Brunnen
Am Grunde noch ein Schimmer
Gestirn und Mondnacht«

HYAKKEN

Überm Müllhaus

Ein Ruf
Die Wildtaube ruft.
Sie sitzt im Tannenbaum drüben –
und der Ruß auf dem Schnee
den langen Winter über,
jetzt auf dem Gras,
der Geruch der Fabrik
(Brotsuppe? Wie roch eigentlich
Erde, früher, um diese Zeit?)
das Sausen,
immer der gleiche Ton Tag und Nacht
(und keine Beschwerden nützen,
sie sind so GROSS!)
– die Wildtaube ruft
und Ruß, Lärm, Gestank,
es macht mir nichts mehr.
Die Wildtaube
drüben im Tannenbaum
hoch überm Müllhaus
ruft.

Herta Zerna

Auch an Tagen da
Regendunst den Berg verhüllt
bleibt er wunderschön.

Basho

Blick aus dem Fenster

Wieder dieses graue, regnerische Wetter, tagelang! Das Thermometer schwankt um Null. Ich sehe nach draußen. Die Schneeglöckchen haben ihre Blüten dicht geschlossen. Krokus, Anemonen entfalten ihre Farben nicht. Die Vögel bleiben stumm. Ich mag nicht mehr hinaussehen!

Ich sehne mich nach blauem Himmel, nach Licht und Wärme, nach Frühlingswetter, nach dem ermutigenden Singen der Vögel. Ach, jetzt irgendwo im Süden sein! Aber hier im grauen Norden? Jede Arbeit kostet Anstrengung. Sich irgendwie ablenken, sich in die Arbeit stürzen, sich zerstreuen, Radio hören. Am besten, sich ins Bett verkriechen. Resignation.

Ich spüre die innere Entmutigung, die Schwermut, die in mir aufsteigt. Ich will mich dagegen wehren. Ich versuche, mich aufzurichten, mich zu lockern und mit tiefen Atemzügen weit zu werden. Die Spannung bleibt, der innere Kampf.

Aber da steigt tief aus dem Grunde meiner selbst der Wille zum Leben, zur Daseinsbejahung auf! Ist Sehnsucht nicht Kraft? Und es ist mir, als ob ich daran mitwirke, daß der Frühling kommt. Wie soll ich ihn als Befreiung erfahren, ohne diesen Schmerz des Verlangens, des Wartens?

Ja, Spannungen erfahren, aushalten ...
ihre Sprache verstehen.

Ich kann wieder aus dem Fenster sehen, und mein Blick fällt auf einen kahlen Buchenzweig. Er hängt herab und weht im Wind. An seiner tiefsten Stelle aber steigt er wieder auf. Ich sehe die schwarzen Knospenspitzen. Ich merke, alle zeigen aufwärts zum Licht. Daran bleiben meine Gedanken hängen. Ich glaube, ich habe eine Antwort gefunden.

»Wüßt' ich genau, wie dies Blatt aus seinem Zweige herauskam, schwieg ich auf ewige Zeit still: denn ich wüßte genug.«

Hugo von Hofmannsthal

Verborgenes Leben in den Knospen

Jede Knospe beherbergt in ihrem Inneren einen winzigen, vorgebildeten Trieb. Nur sind die Blättchen noch sehr klein und die Blattstielchen äußerst kurz. In den Achseln der kleinen Blättchen im Inneren befindet sich schon wieder eine neue Knospe. Also: eine Knospe in einer Knospe usw. Denn in der »Mini-Knospe« muß sich schon die Anlage einer folgenden befinden. Aus diesen Knospen sollen sich ja in anderthalb Jahren Seitentriebe entwikkeln. Knospen sind empfindliche Pflanzenteile, die leicht verletzt werden können, und man darf mit Recht fragen, warum der Baum mit der Bildung der Knospen nicht bis zum Frühjahr wartet. Im Winter zehrt der Baum von seinem Energievorrat, es würde eine zusätzliche Belastung darstellen, wenn er auch noch an die Bildung von Knospen gehen sollte. Wenn im Frühjahr günstige Verhältnisse herrschen, muß die Knospe so schnell wie möglich austreiben können, der Baum darf keine Zeit mit Knospenbildung verlieren. An der Stelle, an der eine Knospe sitzt, ist der Zweig verdickt. Manchmal treffen wir Knospen an, die nicht an einem Knoten stehen. Dies sind Adventivknospen. Adventivknospen entstehen vor allem, wenn der Baum verwundet wird; Verletzungen regen die Knospenbildung an. Durch Beschädigungen wird der Baum zur Bildung zahlreicher junger Triebe angeregt: Kopfweiden können nur am Leben bleiben, weil sie Adventivknospen bilden, denn alle anderen Knospen verschwinden mit den Zweigen, die weggeschnitten werden.

Ein Knospentyp, der sich von allen anderen unterscheidet, sind die schlafenden Knospen. Das Besondere ist, daß sie im Frühjahr nicht austreiben, sondern in einer Art Ruhezustand verharren. Dieser Zustand kann zehn, zwanzig Jahre und sogar noch länger andauern. Meistens sind sie kleiner als die übrigen Knospen und befinden sich an der Basis der Triebe, wo die Bedingungen zum Austreiben am schlechtesten sind. Sowie sich jedoch die Bedingungen zugunsten der schlafenden Knospe verändern, kann sie aufwachen und einen normalen Trieb hervorbringen.

Herden-Veen

Ich stand allein am Waldesrand,
Gespenstisch-grau lag Frost
Auf trübem, wintermüdem Land,
Der Tag die Lichter schloß.
Am Himmel dürrer Äste Drohn,
Ein Geisterfingertraum.
Die Menschen suchten Zuflucht schon
Im heimisch-warmen Raum.
Ein süßer Schall da zu mir drang
Aus kahlem Astwerk dort.
Ein unverzagter Jubel klang
Voll Freude fort und fort.
Die Amsel, die dort oben sang,
Die Federn windverspannt,
Warf ihrer Seele Überschwang
Hinaus ins düstre Land.
So wenig Grund für Frohgesang
Von so verzücktem Ton,
Fand sich in dieser Erde Gang
Hierum und weit davon,
Daß ich gedacht, da zittre leis
In dieser Amsel Lied
Auch Hoffnung durch, von der sie weiß,
Die mir sich noch entzieht.

Thomas Hardy

Gertrud Bäumer (1873–1954)

Wirken in meiner Zeit

Von starken Spannungen waren die Lebensumstände Gertrud Bäumers geprägt, die sie sehr bewußt aufnahm. Gerade so gewann sie Weite, geistige Produktivität und die Ausstrahlungskraft ihrer Persönlichkeit. Als Zehnjährige verlor sie den geliebten Vater. Früh drängte sie aus einer behütenden Großfamilie hinaus. Als junge Lehrerin begegnete sie Helene Lange und der Frauenbewegung, die ihrem Streben Gestalt gab. Aus der Arbeit im Innenministerium 1933 entlassen, zog sie sich ohne Verbitterung nach Schlesien zurück, versuchte aber die Verbindung zur Frauenarbeit aufrechtzuerhalten. Dort verfaßte sie ihre Bücher über Frauengestalten der frühen deutschen Geschichte. Mit mütterlicher, weitherziger Liebe nahm sie in ihrer gastfreien Wohnung während des Krieges einen sechsjährigen Jungen in ihre Obhut, mit dem sie 1945 flüchtete. Danach zuerst als »belastet« verdächtigt, verlief ihr Weg zwischen Engagement und Kritik bis zum schmerzlichen Ende als Alterspatientin in Bethel.

Die Fruchtbarkeit, sich Spannungen offen auszusetzen, fand vor allem in ihren Büchern einen überzeugenden Ausdruck. Sie schreibt, wie sie »nächtelang mit dem deutschen Schicksal gekämpft« habe. Als Gegenbild gegen die nationalsozialistische Vorstellung von Kirche, Recht und Frauenauftrag stellte sie die Entstehung des Deutschtums, vor allem des Deutschen Reiches aus den verschiedenen Stämmen dar, die aus der Begegnung der jungen, unverbrauchten Volksstämme mit dem christlichen Glauben erwuchs. Ebenso war eine Einheit Europas nur im gemeinsamen geistlichen Wollen zu gestalten. Dabei waren es die hochgebildeten Frauen der führenden Geschlechter, die einen entscheidenden Einfluß gewannen. Oft sind sie als »Mitregentinnen, Reichsverweserinnen für unmündige Erben, Äbtissinnen« direkt an der Regierung beteiligt gewesen. Ihr aus dem Glauben gewachsenes Verantwortungsgefühl drängte sie zu einer Bindung der Politik an ethische, geistliche und soziale Werte. Beispielhaft zeigt das vor allem das Buch »Adelheid, Mutter der Königreiche«.

Gertrud Bäumer erzählt in ihren Lebenserinnerungen von den seelischen Spannungen ihrer Jugend: »Unter der heiteren Oberfläche eines Jungmädchenlebens gärte noch eine andere Jugend, die ihre Quelle im geistigen Erbe und der gegenwärtigen Wirklichkeit suchte und ihre Gestalt finden wollte, den Sinn, aus dem heraus man leben konnte.

Immer wenn die Erinnerung in dieses Jahr zurückgeht, taucht ein bestimmter Abend Ende Februar auf. Man saß um den runden Tisch. Großmutter schlief. Die Tante las strickend und wendete die Blätter mit der Nadel um. Die Kusine nähte Sträußchen in die Rüschen ihres Ballkleides. Ich war voll rebellischer Fragen. War dies Leben das Richtige? War das wirklich alles? War dies das Frauenleben – diese Spirale um die eigne Achse?

Draußen schlug der Hund an. Es war wie ein Signal. Gott sei Dank, daß man hinauskonnte. Auf den Knien neben der Hundehütte, tief atmend, erlebte man die Februarnacht wie zum erstenmal. Die feuchten Wolken rückten wie Heerscharen über die zitternden Bäume. Mond und Sterne schienen ihnen entgegen zu ziehen. Alles war auf der Wanderschaft. Wie ein Meer im Aufruhr war die Nacht. Sie warf mir Wellen an die Brust, herb wie von Eiswasser, weich und quellend, voll Schollengeruch und Grashauch. Wenn man die Augen schloß und lauschte: etwas schwoll durch alle Adern – unnennbar mächtig, nun süß und weich, dann tosend wie Fluten: Eine rauschende Melodie braust heran. Sie meint dich – rührt dich an. Und du bleibst stumm!

Man wußte um die keimenden Blätter, um die Ungeduld in den braunen Lindenknospen; man wußte um die Mütterlichkeit der Wurzeln, die Leben tränkten aus dem Schoß der dunklen Erde. Und diese Erde selbst, langsam erwachte sie – ein Wunder. Tausendfältiges Leben schwoll durch die eigenen Adern, füllte das Herz zum Zerspringen. Und der Februarsturm brauste, der Mond tanzte durch ziehende Wolken, Schatten und Lichter zuckten auf und nieder und in allem war noch ein Mehr, wie elektrische Ströme, voll geheimnisvoller Spannung.«

Lachen und Weinen

Der Februar war bei den Römern der letzte Monat des Jahres. Darum blieb er der kürzeste und bekam die Schalttage angehängt. Seinen Namen (februare = reinigen) erhielt er von den Sühnefesten, mit denen das Jahr endete. Er birgt wie kaum ein anderer Monat Spannungen in sich, die, wie in einem Hohlspiegel zusammengefaßt, auf eigene Lebenserfahrungen aufmerksam machen können.

Im Umbruch der Jahreszeiten schwankt der Monat zwischen dem kältesten und schneereichsten Winter und sonnigem Vorfrühlingswetter. Aber unaufhaltsam steigt das Licht. Zwischendurch kommen lange graue Regen- und Nebeltage, die uns bedrücken und besondere Anforderungen an unseren inneren Kräftehaushalt stellen. So hat der Mensch seit alters versucht, gegen Kälte und Dunkelheit anzugehen, er feiert Fasching, Faselnacht. Faseln bedeutet wahrscheinlich »wachsen« und weist auf Frühlingsbrauchtum hin. Karneval kommt wohl von carrus navalis, dem Schiffskarren, der in Rom zum festlichen Umzug beim Wiederbeginn der Schiffahrt mitgeführt wurde.

Wer spürte nicht in sich den Wunsch, einmal übermütig zu sein und wieder von Herzen jung? Es wird so wenig gelacht in unserer Welt. Es gibt kaum noch überlieferte Feste, die über einen engen Freundeskreis hinaus Menschen zusammenführen. Schade, daß diese alten Frühlingsbräuche heute so oft entstellt worden sind.

So gehen wir im Februar einen großen Spannungsbogen ab. Der Monat knüpfte mit der Kerzenweihe zu Lichtmeß am 2. Februar (Darbringung Jesu im Tempel) noch an die Weihnachtszeit an. Dem ausgelassenen Faschingstreiben setzt der Aschermittwoch ein plötzliches Ende: »Gedenke, Mensch, daß du Staub bist!« Damit beginnt die lange Fasten- und Passionszeit. Sie ist ausgerichtet auf das Osterfest, das Fest der Befreiung und Lebenshoffnung.

Horchen wir einen Augenblick in uns hinein, so spüren auch wir all diese Spannungen. Wie oft gibt es den Umbruch von Bedrückung und neuem Aufschwung, von »Hoch und Tief«, die Erfahrung, daß Zeiten der Lebensfreude plötzlich abbrechen und ein Wellental uns mitreißt in dem Gefühl: »Ich bin tief enttäuscht – von mir selbst und von anderen. Ich kann, ich will nicht mehr!«

Wir sehnen uns aus festgelegtem Trott nach Freiheit und freier Zeit, nach bunten Überraschungen, und doch fühlen wir die Gefahr der Flucht, die Nichtbewältigung unserer Wirklichkeit. Und wenn wir in Gewohnheit, Hetze und Zerstreuung dahinleben ohne Besinnung auf Wesentliches, ohne Sinnerfahrung, wächst in uns unmerklich eine umfassende, tiefe Unzufriedenheit.

Wie gehen wir mit diesen Disharmonien in uns um? Wie können sie fruchtbar werden? Wie können wir Zwiespältigkeit und Zerrissenheit überwinden?

Zuerst ist es wichtig, Gegensätzlichkeiten in uns selbst und auch in anderen zu erkennen und anzunehmen. Wir müssen bedenken, daß Leben sich immer in Polarität vollzieht und erst dies Quelle der Lebensfülle ist. Wie arm wäre unser Leben ohne Spannungen!

»Alles gaben Götter, die unendlichen, ihren Lieblingen ganz, alle Freuden, die unendlichen, alle Schmerzen, die unendlichen, ganz« (Goethe). Die Psychologen sprechen von der Annahme und der Integration des eigenen Schattens, der eigenen Dunkelheit, des eigenen Versagens. Ganzheit und Harmonie des Lebens werden uns nicht ohne Mühen geschenkt. Sie erwachsen im Durchtragen und im Zusammenklang von Gegensätzlichem, von Licht und Schatten, so könnten sie fruchtbar werden.

»Im innersten heil ist der Mensch,
dem alles zum inneren Heil dient.«

Karlfried Graf Dürkheim

Das festliche Jahr

Amselsturm

Angenehme Vorstellungen von Dingen,
die noch nicht sind, aber sein werden,
zum Beispiel im März,
wenn wieder einmal keine einzige Knospe zu sehen,
kein Frühlingslufthauch zu spüren ist,
während doch gegen Abend der Amselsturm sich erhebt.
Blüten aus Terzen, Blätter aus Quinten, Sonne aus Trillern,
ganze Landschaften aus Tönen aufgebaut.
Frühlingslandschaften,
rosa-weiße Apfelbäume vor blauen Gewitterwolken,
Sumpfdotterbäche talabwärts,
rötlicher Schleier über den Buchenwäldern,
Sonne auf den Lidern, Sonne auf der ausgestreckten Hand.
Lauter Erfreuliches, was doch auch in anderer Beziehung,
zum Beispiel in der Beziehung der Menschen zueinander,
eintreten könnte,
Freude, Erkennen.
Amselsturm hinter den Regenschleiern,
und wer sagt,
daß in dem undurchsichtigen Sack Zukunft
nicht auch ein Entzücken steckt?

Marie Luise Kaschnitz

Die Sonne glänzt, es blühen die Gefilde,
Die Tage kommen blütenreich und milde,
Der Abend blüht hinzu, und helle Tage gehen
Vom Himmel abwärts, wo die Tag' entstehen.

Das Jahr erscheint mit seinen Zeiten
Wie eine Pracht, wo Feste sich verbreiten,
Der Menschen Tätigkeit beginnt mit neuem Ziele,
So sind die Zeichen in der Welt, der Wunder viele.

Friedrich Hölderlin

Das Rad des Jahres wandert zu seiner Höhe

Immer wieder geschieht es: Das Frühjahr wartet auf uns!
Jeder Tag bringt uns steigendes Licht,
das Rad des Jahres wandert zu seiner Höhe.
Es ruft uns zu, die Herzen zu erheben.
Denn »wer sagt uns, daß im undurchsichtigen Sack Zukunft
nicht auch für uns noch ein Entzücken steckt?«
Jedes Jahr liegt dieser Weg vor uns,
mit dem aufbrechenden Leben der Hoffnung neu zu begegnen,
uns beschenken zu lassen vom festlichen Jahr.
So können wir Mut gewinnen – wir haben es nötig –,
in wachsenden Ringen zum Leben zu reifen:
den eigenen Weg zu gehen und der Aufforderung zu folgen:
»Blick in die Welt und lerne leben!«
Heraustreten aus dem Kreisen im kleinlichen Alltag,
die Augen abwenden vom flimmernden Schein.
Das Fest des Jahres zeigt sich dem, der offen ist.
Seine Schönheit entdeckt, der bereit war
für frostige graue Tage und den Regen aus Eis,
der trotzdem etwas erwartet vom Entzücken der Welt,
der mitschwingt im Tanz der Freude, auch mit grauem Haar.

Nachricht der Kraniche

Ich warte auf die Nachricht der Kraniche.
Vielleicht ist das Frühjahr nicht weit, und ich
versäume den unsicheren Tag nicht, und sie
kommen tief übers Dach, und meine
Ohren sind offener als sonst, und ich
lausche, enträtsle die Schrift ihrer Schreie
leicht, wie man den Brief der Geliebten
liest, lautlos, fast ohne Atem – so
warte ich auf die Nachricht der Kraniche.

Rudolf Otto Wiemer

Von der bunten Vielfalt des Jahres

Mit Kindern, die in der Stadt groß werden, sitze ich in der Straßenbahn. Da stößt mich eins an, und die andern haben es auch schon gemerkt: »Du, guck mal, wie schön!« Am Rande der Gleise ist nicht die gewohnte, kurzgeschorene Rasenfläche oder die der grünen Bodenbedecker, nein, da ist eine Frühlingswiese, wie zum Fest geschmückt: Gelb leuchtet der Löwenzahn, lichtblau der Ehrenpreis, violett hebt sich der Günsel vom Grün des Grases ab. Darüber schwingen wie zarte Schleier die Blüten des Wiesenschaumkrauts.

Warum bin ich so nachdenklich geworden, nachdem die Kinder mich auf diese Schönheit aufmerksam gemacht haben? Da waren die Kinderaugen geöffnet für die bunte Vielfalt des Lebens – sie, die zwischen Straßen aufwachsen, reagierten unmittelbar auf dies kleine bunte Fleckchen zwischen aller grauen Eintönigkeit. Ich aber hatte das übersehen.

Auf der Weiterfahrt entdeckten die Kinder einfach gemalte Plakate, die fürs Wochenende zum Frühlingsfest einluden, mit gemeinsamem Spiel auf dem Kirchplatz, mit Würstchenbuden und Trödelmarkt. Einige hatten die Initiative ergriffen, sie hofften auf wachsende Gemeinschaft der Nachbarn durch gemeinsames Feiern. Eifrig riefen die Kinder: »Da wollen wir hin!«

Geht es uns wie den Kindern, die nach bunter, ursprünglicher Vielfalt Ausschau halten, diesen so verschiedenartigen Anlässen zu immer neuer Freude, zu gemeinschafts- und sinnstiftenden Erfahrungen?

Zu Hause angekommen, greife ich zu meinem Terminkalender. Mir fällt auf: Jede Seite sieht gleich aus: fünf schwarzumrandete Spalten, eine graue und eine rote für den Sonntag; Woche für Woche gleich. Kleingedruckt sind Daten der Industriemessen, Ferientermine und die wenigen überlieferten Festtage vermerkt. Zum Vergleich hole ich einen bayerischen Kalender von 1893 heraus. Die Sonntage stehen deutlich am Beginn der Woche, jeder trägt seinen eigenen Namen. Die großen Kirchenjahresfeste fallen ins Auge und gliedern die Monate. Im katholischen Bayern trägt jeder Tag seinen Apostel- oder Heiligennamen, die »Namenstage«. Dazu gibt es Anmerkungen: Die Heiligen waren ja zugleich Patrone der Berufsstände, Helfer gegen Krankheiten. Dann finde ich lange Aufzeichnungen über die vielen Kirchweih-(Kirmes) und Heiligenfeste, über benachbarte Jahresmärkte, Feste der Schützengilden, Zünfte und Vereine. Außerdem sind Sonnenauf- und -untergänge, Mondphasen mit Zeitangaben und die verschiedenen Planetenstellungen eingezeichnet. Es gibt Wetter- und Gartenregeln, Tragezeiten für das Vieh, Hinweise, wann bestimmte Heilkräuter zu sammeln und wofür sie hilfreich sind.

Nun werde ich neugierig. Ich krame einen »Christlichen Volkskalender« von 1907, herausgegeben von der Diakonissenanstalt Kaiserswerth, heraus, und zu meinem Erstaunen finde ich ganz ähnliches, nur ist neben dem katholischen Namenskalender noch ein evangelischer eingezeichnet. Aber viele Namen stimmen überein.

So zeichnen diese Kalender ein buntes Bild des Jahres, sie geben Hilfen für den Alltag, machen auf natürliche Jahresabläufe aufmerksam. Höhepunkte sind die vielen gemeinsam zu feiernden Feste. Die »gute alte Zeit«, sie hatte ihre Schatten, aber das Leben des einzelnen war durch vielfältige Ereignisse ausgefüllt, und er fühlte sich einer Gemeinschaft zugehörig.

Was ist aus unserem Jahresablauf geworden? Oft läuft er sehr gleichförmig und eingeengt ab. Dadurch wird der Urlaub zu einem Höhepunkt, der den Alltag entwertet, und der einzelne ist auf sich selbst geworfen.

Heute hängt es von uns selbst ab, von unserer Fähigkeit, die Vielfalt des festlichen Jahres wieder zu entdecken. Wie wäre es, wenn wir ab und zu wieder »Kinderaugen« hätten? Es würde unserer Phantasie und Gestaltungskraft zum Blühen verhelfen.

»Oft sieht man etwas
hundert Mal, ja tausend Mal,
ehe man es zum
ersten Mal wirklich sieht.«

CHRISTIAN MORGENSTERN

Neue Erfindung

Lieber Andres! Hab' eine neue Erfindung gemacht, und soll Dir hier so warm mitgeteilt werden.

Du weißt, daß in jeder gut eingerichteten Haushaltung kein Festtag ungefeiert gelassen wird und daß ein Hausvater zulangt, wenn er auf eine gute Art und mit einigem Schein des Rechts einen neuen an sich bringen kann. So haben wir beide außer den Geburts- und Namenstagen schon verschiedene andere Festtage eingeführt, als das Knospenfest, den Maimorgen, den Grünzüngel, wenn die ersten jungen Erbsen und Bohnen gepflückt und zu Tisch gebracht werden sollen, und so weiter.

Nun ist wohl wahr, daß der Sommer und sonderlich das Frühjahr viel schön sind. Gleich wenn der Winterschnee auftauet und man den bloßen Leib der Erde zum ersten Mal wieder sieht, fängt diese Viel-Schönheit an und geht denn immer mit größeren Schritten fort, bis Blumen und Blätter aufgeblühet sind und der Mensch vor dem vollen Frühling steht. Und gewiß lehret uns der Frühling Gott und seine Güte sonderlich; denn, wie Freund Fritz sagt, was so zu Herzen geht, muß aus irgendeinem Herzen kommen. Und also sind die Frühlings- und Sommerfesttage gar sehr am rechten Ort, ich habe nichts dawider. Es ist mir aber doch immer schon vorgekommen, daß im Herbst und Winter auch was zu machen wäre.

Gestern aber, wie das mit den Erfindungen ist: man findet sie nicht, sondern sie finden uns, gestern als ich im Garten gehe und an nichts denke, schießen mir mit einmal zwei neue Festtage aufs Herz, der Herbstling und der Eiszäpfel, beide gar erfreulich und nützlich zu feiern. Der Herbstling ist nur kurz und wird mit Bratäpfeln gefeiert. Der Eiszäpfel kann durchaus ohne einen Schneemann nicht gefeiert werden, und wenn's dunkel worden, wird eine Laterne in den hohlen Kopf des Schneemanns getan, daß das Licht durch die Augen und den Mund herausscheint.

Lebe wohl, lieber Andres, und feire fleißig alle Festtage ...

Den 3. Oktober 1782
Dein

MATTHIAS CLAUDIUS

Das Fest – ein Glanz über dem Alltag

Vor meinen Augen öffnen sich die braunen, festen Knospen
und entfalten weiße, leichte Blütenblätter.
Knospen, die den Winter hindurch
unverdrossen Frost und Wind standgehalten haben.
Auch Feste wachsen wie Blüten aus der Mühe des Alltags,
aus der Tapferkeit und Treue unscheinbaren Tuns.
Wer Forderungen des Alltags ausweicht, nur von Genuß träumt,
der wird die Freude des Festes nicht kosten können.
Wir erfahren unsere Alltage, unsere Feste oft leer, wie Geschwätz.
Aber wir brauchen für beides, für Festtag und Werktag,
einen Glanz, der über sich selbst hinausweist.

»Wir Menschen können heute nicht mehr leben
nur von Eisschränken, Bilanzen und Kreuzworträtseln.
Man kann es nicht mehr! Wir brauchen geistige Unruhe.
Etwas, was auf uns niedertaut wie Gregorianischer Choral.
Man kann nicht mehr leben ohne Poesie, ohne Farbe.«
So etwa sagt es Antoine de Saint-Exupéry,
der Flieger zwischen Wind, Sand und Sternen.

Unseren Alltag möchten wir wieder erfüllt erleben:
Dem Sonntag wollen wir seinen Glanz zurückgeben,
ihn neu als Geschenk des Schöpfers erkennen!
Denn am siebenten Tage ruhte ER von seinen Werken,
sah sie an und freute sich ihrer Schönheit.

Den Sabbat, den Sonntag, schuf Gott um des Menschen willen.
Tag, da Gott das Licht erschuf, Tag, da Christus auferstand.
Wir brauchen das Herausgenommensein aus dem Alltag,
die Begegnung mit dem Größeren, mit dem Geheimnis: Gott,
oft auch ausgesonderte Räume, Zeiten, uns zu besinnen.
Wir brauchen auch überlieferte Worte, gewachsene Formen;
sonst bleiben wir eigener Hilflosigkeit ausgeliefert,
nur so ist das Erleben in gemeinsamer Erfahrung möglich.
Das wäre von uns neu zu bedenken: So könnten uns wieder Feste
zuwachsen wie Glanz über dem Alltag.

Das Fest im Zeichen des Regenbogens

Wir möchten die Feste wiedergewinnen – aber können wir feiern, wenn andere hungern und sterben? Seit den Anfängen sind Feste immer auch Ausdruck der Hoffnung, Tanz der Bedrängten, Teilen des Wenigen. Gegen die Winternacht feierten die Menschen ums Feuer und beschworen die dunklen Gewalten. Im Frühjahr trieb man den Winter aus und rollte Feuerräder über letzten Schnee. Das Danklied unter dem Regenbogen, so wie es die Schrift überliefert, klang auf, als die Strahlen einer tiefstehenden Sonne ihn in die dunklen Wolken abziehenden Unwetters malten. Man war durch Unheil gegangen. So feiern wir heute unter dem Zeichen des Regenbogens Feste des Friedens und der Bewahrung der Schöpfung, denn Feste sind auch Vorwegnahme kommender Erlösung!

Die Feste des Kirchenjahres kommen auf uns zu und wollen uns hineinnehmen in einen inneren Prozeß. Wir alle erleben Leid, den Widerspruch im Dasein, und oft ist die Fähigkeit zur Freude tief verschüttet. Gerade da holt uns das Geheimnis von Passion und Auferstehung ab und begleitet uns auf unserem Weg. Das Leid bleibt, bleibt ein Rätsel. Aber tief verborgen und oft erst im Danach kann dem einzelnen darin etwas vom Geheimnis des Daseins aufgehen, von einem »unbegriffenen Sinn«. Wie kann der Tod uns anrühren als Erfahrung von Ewigkeit und Offenbarung letzter Liebe! Jede tiefe Trauer erwächst aus ersehnter oder erfahrener Freude. Im Grunde tiefer Freude schwingt immer auch ein Gran Trauer. So gibt es die Feier der Trauer, die in Dankbarkeit ausklingt. Es gibt festliche Freude im Wissen um letzte Stunden. Es gibt das Fest mitten in der Bedrängnis, den Gesang im Feuerofen, Feste unter dem Glanz des Regenbogens!

Hölderlin sagt über die griechische Tragödie, und das gilt auch von der Passion im Licht von Ostern, von unserem Weg durch das Leid:

»Viele versuchten umsonst, das Freudigste freudig zu sagen. Hier spricht endlich es mir, hier in der Trauer sich aus!«

Das Fest der Befreiung

Aufklingen Zimbeln und Harfen, Pauken und Pfeifen.
Wir hören das Stampfen der Füße im Reigen,
Stimmen, die dankend und jubelnd zum Tanze singen.
Denn wenn der erste Vollmond im Frühling scheint,
dann feierten die Juden froh das Ende des Winters,
freuten sich der ersten Gabe, die die Erde bringt.
Aus dem Frühlingsfest wurde das Fest der Befreiung.
Gegenwärtig wird ihnen das Ende der Knechtschaft,
der nächtliche Auszug aus Todesdrohung zu neuem Leben.
Denn Gott ist ein Befreier!

Am Passa-Fest einst gab sich Christus liebend hin,
mit uns allen das Todesschicksal erleidend.
Er wurde eingesenkt in das Dunkel des Grabes.
Doch im Morgenlicht begegnet er den Weinenden:
Christ ist auferstanden vom Tode!

Er, der ins Reich des Todes eindringt mit Macht,
der den Menschen, Adam und Eva, herausreißt zu neuem Leben,
er will alle lösen von den Fesseln des Todes, der Angst.
Altes ist vergangen, entlastet das Gewissen,
ein neues Beginnen ist möglich, befreit werden zum Leben:
So wie jeder Morgen sich löst aus dem Dunkel der Nacht,
wie jeder Sonntag frei machen will von Zwängen,
so singt doch, freut euch und dankt, feiert das Fest,
laßt die Befreiung tief in euch eindringen!

Die Botschaft der Befreiung, sie gilt der weiten Welt,
gilt allen, den Bedrückten, Geängstigten, Gefangenen.
Und Christus wirkt mit in den Menschen,
die handelnd in Liebe mitwirken: Brot für die Welt,
Gerechtigkeit und Freiheit für die Geknechteten.

»Menschliches Leben unter dem Vorzeichen der Befreiung
hat eine österliche Struktur.«

LEONARDO BOFF

Das Fest der Freude

»Siehe, ich verkündige euch große Freude, die allem Volk widerfahren wird!« So beginnt das Jahr der Kirche, und zu Ostern und Pfingsten steigert es sich: »Euer Herz soll sich freuen!« Es ist ein innerer Weg, der zu gehen ist.

Wir sind skeptisch geworden gegen Worte, unsere Blicke sind gebannt von Bildern der Not. Aber der Glaube will den Freiraum schenken, in dem Freude wachsen kann! Einst (auch heute?) gewährten Altar und Kirchenraum den Verfolgten Asyl, dort wußten sie sich geborgen. Heute muß die Hoffnung zum Impuls werden, das Leben zu feiern. Voraussetzung von Freudefähigkeit ist Hoffnung, auch unbewußte. Wer an sich selbst erfährt, daß es Wege gibt durch Finsternis hin zu neuem Leben, der findet zu der Freude, die stärker ist als die Furcht: »Fürchtet euch nicht!«

Schon im Alten Testament hieß der Gottesdienst: »Fröhlichsein vor dem Angesicht Gottes«. Dazu gehörte im Tempel und in der Synagoge auch der Tanz und danach das Festmahl. Die Psalmen rufen zum Reigen, und König David tanzte vor der heiligen Lade. Auch Jesus hat dies beim Gottesdienst erlebt und hat die Hochzeit zu Kana mitgefeiert. So wurde das fröhliche Fest für ihn zum Sinnbild kommender Vollendung. So zeichnet er selbst die Rückkehr des verlorenen Sohnes: »Sie fingen an, fröhlich zu sein«, und der ältere, so gerechte Bruder ärgerte sich, als er das »Tanzen und Singen« hörte und vom Kalb, das zum Festmahl bereitet war. Der Vater selbst bittet ihn, das neue Leben mitzufeiern!

Die frühe Kirche kannte noch den Tanz als Ausdruck der Daseinsfreude und verglich ihn mit dem Tanz der Engel. Später überwog das Mißtrauen in Abwehr ekstatischer Kulte und von Mißbräuchen. Nicht ohne Hintergrund ist es, daß die Melodien mancher alten Kirchenlieder die von Tanzliedern sind. Noch in den mittelalterlichen Kathedralen, zum Beispiel in Chartres, gab es zu Ostern den Tanz der Kleriker auf dem Labyrinth, das vor dem Altar in den Steinfußboden eingeformt ist. Sie tanzten den Weg des Lebens, wie er auf verschlungenen Pfaden zur Freude der Auferstehung führt.

Freude, Glück und Saelde

Jeder wünscht sich und anderen Freude und Glück. Aber was verstehen wir unter Glück? Ist Glück nicht zunehmend auf die Vorstellung eingeengt: »Ich will ›haben‹, es muß mir alles gelingen, mein Leben soll voller Erfolg und leidlos sein. Hauptsache gesund!« Dieses Glückhaben wurde Grundrecht des Individuums. Zugleich schrumpfte es zu einer Eindimensionalität äußerer Werte, wie sie die Scheinwelt der Medien oft widerspiegelt, von der der Amerikaner Postman sagt: »Wir amüsieren uns zu Tode.« Daraus erwächst – oft unbewußt – eine verhängnisvolle Erwartungshaltung, die zu Egoismus (wenn's mir nur gut geht) und so zu Lebensenttäuschung oder Lebensflucht führen wird. Glückhaben ist nicht gleich Glücklichsein. Glücklichsein schließt immer das Dasein für andere und mit anderen ein.

Unserer Sprache und damit weithin auch unserem Bewußtsein sind umfassendere Worte der Lebenshoffnung verlorengegangen, wie es die alten Worte meinen: »Heil«, »Saelde« oder das hebräische »Schalom«. Saelde war das mittelalterliche Wort für Glücklichsein. Es ist Ursprung des heute verblaßten und verengten Begriffs »selig«. Die Saelde war ein Wort von ganz besonderem Klang. Sie meinte den weiten Bereich von Ganzsein, Gesegnet-, Heil-, Heilig-, Geheilt- und auch Gesundsein; von Heiter-, Wohlgeartet-, Tauglichsein bis hin zum Gut-, Gütig-, Milde-, Getröstet- und Gerettetsein. So umschloß sie die persönliche Existenz, die Beziehung zum anderen und zum segnenden Gott. Saelde wächst in einem lebenslangen Werde- und Reifungsprozeß, an dem wir mitzuwirken haben. Dazu gehört die Erfahrung von Widrigem und Schmerzlichem, unsere Bereitschaft, uns darauf einzulassen. Nicht darauf kommt es an, was geschieht, sondern wie wir antworten. Wer wieder aus einem tieferen, tragenden Grund leben könnte, fände leichter den Weg, das Leben in seiner Ganzheit zu bejahen und damit zur Saelde, zum Glücklichsein zu finden. Daraus erwächst Daseinsfreude, der Weg zum Fest.

»Wo die Liebe sich freut, da ist das Fest!«

J. Chrysostomus, † 405

In tausend Facetten

In tausend Facetten zeigt sich das wandernde Jahr.
Wer könnte die Vielfalt im Wechsel der Tage schildern,
die Düfte, die Farben, die Wolkenbilder benennen,
die Luft, die unsere Haut trifft, den Geschmack der Zeiten?
Jede Jahreszeit hat ihre eigene Schönheit,
doch das Frühjahr zeigt sich als Fest des Jahres.
Auch in den Städten entdecken wir einen grünenden Baum.
Irgendwo am Weg erstrahlt die goldene Huflattichblüte.
In tausend Melodien erklingen die Lieder der Vögel.
Wie verwandelt es die grauen Straßen am Sonntagmorgen,
wenn über die Stille der schlafenden Stadt
der große Gesang sich erhebt, der vielstimmige Chor.
Für mich ist es nicht zuerst die hochgelobte Nachtigall,
es ist die vertraute Amsel, sie singt das schönste Lied,
das Preislied des festlichen Jahres. Sie folgte in Treue
den Menschen in kleinste Gärten, zum letzten Baum der Stadt.
Hoch noch vom Dach der Ärmsten besingt sie das Frühjahr.
Sie singt von der Wiederkehr der Hoffnung, von der Freude.

»Die Amseln haben Sonne getrunken,
aus allen Gärten strahlen die Lieder,
in allen Herzen nisten die Amseln,
und alle Herzen werden zu Gärten
und blühen wieder.
Nun wachsen der Erde die großen Flügel
und allen Träumen neues Gefieder,
alle Menschen werden wie Vögel
und bauen Nester im Blauen.
Nun sprechen die Bäume im grünen Gedränge
und rauschen Gesänge zur hohen Sonne,
in allen Seelen badet die Sonne,
alle Wasser stehen in Flammen,
Frühling bringt Wasser und Feuer
liebend zusammen.«

Max Dauthendey

März

Aufbrechendes Leben

Aufbrechendes Leben

Blick' in die Welt und lerne leben,
bedrängt' Gemüt;
braucht nur ein Tauwind sich zu heben
und alles blüht.
Die Hasel stäubt, am Weidenreise
glänzt seidner Glast;
Schneeglöckchen lenzt im halben Eise
und Seidelbast.
Braucht nur ein Tauwind sich zu heben. –
Verzagt' Gemüt,
blick' in die Welt und lerne leben:
Der Winter blüht!

RUDOLF ALEXANDER SCHRÖDER

Das möchte ich tief in mich aufnehmen: »Blick in die Welt und lerne leben!« Gerade jetzt, wenn nach grauen Spätwintertagen mich frühlingshafte Luft umfängt. Wenn Knospen sich lockern und versteckt erstes Grün zeigen, wenn ich den Duft einatme, der aus der vom Frost aufgebrochenen Erde steigt, dann fühle ich mit allen Poren dies aufbrechende Leben auch in mir. Jahr für Jahr erwacht in mir neu ein Stück Jungsein, ein wenig Kinderglück. Und frühmorgens wecken mich noch tief im Dunkeln die Lieder der Amsel. Beglückt horche ich hinaus: Ja, es ist Frühling!

Jetzt aber lese ich das Gedicht noch einmal, und plötzlich höre ich: »Lerne leben: Der Winter blüht!« Ein hintergründiger Satz. Er sagt doch, Winterstarre und aufbrechendes Leben gehören in einem Prozeß zusammen. Härte des Frostes lockert den Boden, niederbrechende Bäume machen neues Wachsen möglich. Lerne leben, das heißt also, immer um beides zu wissen: um das »bedrängte Gemüt« und die Erfahrung der Wiederkehr des »Frühlings«. Dann liegt ein tiefer Sinn darin, daß gerade im Frühlingsmonat März die Kirche vom Leben und Tod Jesu spricht. Auch unser eigener Weg führt immer wieder durch Freude, Leid und Sterben in ein neues, verwandeltes Leben.

»Blick in die Welt und lerne leben: Der Winter blüht!«

Ich bin ein Kind der Stadt

Ich bin ein Kind der Stadt. Die Leute meinen,
und spotten leichthin über unsereinen,
daß solch ein Stadtkind keine Heimat hat.
In meine Spiele rauschen freilich keine Wälder.
Da schütterten die Pflastersteine.
Und bist mir doch ein Lied, du liebe Stadt!

Und oft im Frühling, wenn ich einsam gehe,
lockt es mich heimlich-raunend in die Nähe
der Vorstadt, wo noch meine Schule steht.
Da kann es sein, daß eine Straßenkrümmung,
die noch wie damals ist, geweihte Stimmung
in mir erblühen macht wie ein Gebet.

Da ist der Laden, wo ich Heft und Feder,
den ersten Zirkel und das erste Leder
und all die neuen Bücher eingekauft,
die Kirche, da, wo ich zum ersten Male
zur Beichte ging, zum heil'gen Abendmahle,
und dort der Park, in dem ich viel gerauft.

Dann lenk' ich aus den trauten Dunkelheiten
der alten Vorstadt wieder in die breiten
Gassen, wo all die lauten Lichter glühn,
und bin in dem Gedröhne und Geschrille
nur eine kleine ausgesparte Stille,
in welcher alle deine Gärten blühn.

Anton Wildgans

Im Zentrum unseres Wesens ruhend, begegnen wir einer Welt, in der alles auf gleiche Weise in sich ruht. Dadurch wird der Baum zu einem Mysterium, die Wolke zu einer Offenbarung und der Mensch zu einem Kosmos.

Dag Hammarskjöld

Das Eis bricht

»Erster Zugvogeltriller
taut auf den Raum
über dem Eis.«

Dag Hammarskjöld

Unvergeßlich ist mir ein Märztag in Schleswig-Holstein. Aus dem Buchenwald mit seinen schwarzen Stämmen treten wir hinaus ins Freie. Vor uns liegt in hellem Licht eine weite Eisfläche. Im Wechsel von Winterfrost und Tauwetter hat sich der See in ein schollengeschichtetes, weiß-, grau-, blauglänzendes Feld verwandelt.

Nun scheint die Märzsonne mit steigendem Licht auf die Weite, sie blendet unsere Augen. Die einsame Stille läßt auch uns schweigsam werden. Da plötzlich läuft ein lautes, dumpfes Donnern über die festgefügte Fläche. Schwarze lange Risse zeigen es an: Das Eis bricht!

Einen Tag später stehen wir wieder am Ufer. Das Eis ist in Schollen aufgebrochen. Wir hören ein leichtes Knirschen. Der Wind frischt auf. Da beginnt ein lebendiges Farbenspiel: Die Schollen wiegen sich in sanften Wellenbewegungen. Ein Glitzern springt über das Eis, es blitzt tausendfach hell und bunt wie Diamanten auf, und über dem See beginnt ein helles Singen und Klingen, wenn die dünngewordenen Eisschollen einander berühren. Wir stehen da und lauschen.

Da hören wir melodisches Rufen und das Rauschen von Vogelschwingen. Wir blicken auf. Lichtweiß und sonnenbeschienen fliegt eine Kette von sieben Singschwänen durch den blauen Himmel, mit weit vorgestrecktem Hals und breit gespannten Flügeln. Wir sind wie gebannt. Alle Sinne sind weit geöffnet. Wir fühlen uns in eine andere Wirklichkeit hineingenommen. Was so fest erstarrt war in der Dunkelheit der Winternächte, das bricht auf im Licht, in diesem Lied des Frühlings, und schwingt in uns wider.

»Eine Landschaft kann von Gott singen.«

Dag Hammarskjöld

Über meiner Heimat Frühling

Über meiner Heimat Frühling seh ich Schwäne
nordwärts fliegen. Ach, mein Herz möcht sich
auf grauen Eismeerwogen wiegen.
Schwan, im Singsang deiner Lieder grüß' die grünen
Birkenhaine. Alle Rosen geb' ich gerne
gegen Nordlands Steine.
Grüße Schweden, weißer Vogel! Setz an meiner Statt
die Füße auf den kalten Fels der Ostsee,
sag' ihr meine Grüße.
Grüß das Eismeer, grüß das Nordkap! Sing den Schären zu,
den Fjorden; wie ein Schwan sei meine Seele
auf dem Weg nach Norden.

Russisches Volkslied

Damals

Ich spür es am Kiel meiner Brust:
bevor ich
dieses Bündel von Wünschen hier war,
bin ich
ein Kranich gewesen. Ich stand,
den arglosen Hals
hoch ins All aufgerichtet, im Schilf
einer werdenden Welt
und sog, mit einem sanften
Klappern im Schnabel,
einen Odem ein, der
noch frei war von Schuld,
in dem
nur Frühe war, furchtloser Tau
und eine
Heiterkeit ohne Geruch;
spürbar allein
war zwischen den Zehen der Schlamm.
Alles, was sonst noch
am Himmel und über den Wassern geschah,
geschah gewaltlos
und still.

Wolfdietrich Schnurre

»Ich will das Morgenrot wecken!«

Noch vor Morgengrauen zieht es mich hinaus. Ich will das Heraufdämmern des neuen Tages erfahren, das festliche Frühlingssingen der Vögel. Noch ist alles still. Dann klingen durch das Dunkel erste leise, melodische Töne. Die Amsel auf dem Nachbargiebel beginnt ihr Lied, wundersames Zeichen des steigenden Jahres. Wie träumend klingt es in der schweigenden Frühe: »Der Glaube ist wie ein Vogel, der singt, wenn die Nacht noch dunkel ist.« Mir ist es, als ob das Kommen des neuen Lichtes, des Frühlings, auch von der Sehnsucht danach abhinge: Ich will das Morgenrot wekken!

Beim Weg über die Straßen, unter blendendem Neonlicht, horche ich darauf, wie in den Gärten Amseln und Rotkehlchen ihr Lied beginnen. Im Wald ist es noch dunkel und still. Hier wird das Singen erst später einsetzen. Ich wandere weiter zum großen Feld. Und darüber strahlt ein heller, lichtgrüner Osthimmel, von zarten rosa und gold gefärbten Wolkenstreifen durchzogen. Das Licht steigt! Vor dem dunklen Waldrand wandern weiße Nebelschleier. Vom Feldrand her klingt der volle Frühlingschor: Meisen, Zaunkönig, Dompfaff, Buchfinken.

Die Sonne steigt glühend über die Baumwipfel. Ihr Licht läßt das Feld aufleuchten. Zur Bachseite hin sproßt die Wintersaat. Am Waldrand hat der Pflug erst in den letzten Tagen tiefe Furchen gezogen. Große Schollen sind aufgeworfen. Schön ist die unterschiedliche Farbigkeit. Im Schatten schimmert die durchschnittene Erde metallen in Dunkelviolett, während die von der Sonne beschienene Scholle im kräftigen Braun aufscheint. Ein starker Duft steigt auf. Allmählich verwehen die Nebelschleier. Der Tag ist da! Ich sehe die Erde, aufgebrochen, um Saatkorn zu empfangen. Es wird tief im Grunde aufweichen und die Hülle für den wachsenden Keim sprengen. Was sagt es mir? Sei bereit, dich aufbrechen zu lassen, in Freude und Schmerz. Frühling, Neubeginn des Lebens. Ich atme tief auf. In mir ist es licht geworden.

Naturgewalt

Nein, ich kann das nicht mehr aushalten!

Nach ersten schönen Frühlingstagen, in denen Schneeglöckchen und Krokus blühten, die gelben Troddeln am Haselbusch stäubten, ist jetzt ein Temperatursturz gekommen. Schon war die Luft voll frischem Duft, man spürte den steigenden Saft in den Bäumen, man hörte das Singen der Vögel.

Da bricht der Winter wieder ein. Am Tage fällt das Thermometer unter 4 Grad minus. Ein kalter Regen prasselt stundenlang nieder. Die Erde wird mit einer spiegelnden Eisschicht überdeckt. Bäume und Sträucher sind von dicken gläsernen Eispanzern umzogen. Alle Äste hängen voll Eiszapfen. Immer tiefer sinken die Zweige herab. Am Spätnachmittag beginnen Wind und Schneetreiben. Am Futterhaus drängen sich ungewöhnlich viele Vögel. Wie soll das Wild draußen Nahrung finden?

Als ich vorsichtig vor das Haus trete, um Futter nachzufüllen, geht ein schweres Ächzen durch die Bäume. Mir wird unheimlich. Die schlanken Birken hinter dem Haus sind durch die Schwere der vereisten Kronen bis zur Erde herabgebeugt und dort festgefroren. Auch die tiefen Zweige der Lärchen und Nadelbäume liegen vereist auf dem Boden. Es ist ein bizarrer, schmerzender Anblick.

Von der Stadt herauf klingen die Sirenen von Unfallwagen und Feuerwehr. Die Verkehrsnachrichten berichten vom Chaos auf allen Straßen. Züge und Straßenbahnen stellen wegen der vereisten Oberleitungen den Verkehr ein. Im örtlichen Radio warnt die Feuerwehr, wegen umstürzender Bäume die Wälder nicht zu betreten. Die Schulen sind geschlossen.

Als ein freundlicher Mensch anruft, um sich zu erkundigen, wie es mir hier oben geht, höre ich von schweren Schäden, die durch fallende Bäume entstanden sind, von niedergerissenen Strom- und Telefonleitungen. Auch die Zufahrten zu den großen Krankenhäusern im Nebental sind blockiert. Feuerwehr und Hilfsmannschaften versuchen, den Krankenwagen den Weg frei zu machen.

Wieder und wieder sehe ich hinaus in die vereiste Welt. Es ist kaum noch zu ertragen. In erster Linie bedrückt mich nicht das einsame Gefühl von Gefahr. Nein, Bedrückung und Trauer dringen tiefer. Es ist der harte, lebensfeindliche Zugriff der Naturgewalten, besonders im Gegenschlag gegen das beschwingende Erwachen des Frühlings. Wir Menschen werden die Natur immer als grausam empfinden; aber das Gesetz des Fressens und Gefressenwerdens dient letztlich der Lebensvielfalt. Jetzt aber empfinde ich, daß blind und wahllos Leben getroffen und getötet wird. Rätselhafte, dunkle Bedrohung des Daseins!

Merkwürdig, mir kommen Berichte aus fernen Ländern nah von Überschwemmungen, Taifunen, Erdbeben und Vulkanausbrüchen, von Winterfolgen in Rußland und Polen; aber wir, wir fühlen uns so sicher. Wir haben doch alles in der Hand. Uns kann nichts geschehen! Und jetzt die Erfahrung, wie verletzlich gerade die hochtechnisierte Welt gegenüber Naturgewalten oder menschengemachten Katastrophen ist. Was wird, wenn Licht, Heizung, Aufzüge, Kühltruhen, Futterbänder in Tierställen, Telefone, Verkehrsmittel ausfallen, wenn kein einfacher Allesbrenner noch für Wärme und heiße Suppe sorgt? Begrenztheit menschlicher Allmachtsgefühle!

Stärker dringt von draußen das schwere und oft schrille Brechen von Ästen und Bäumen herein. Ich bin unfähig, noch zu arbeiten. Immer wieder schalte ich das Licht aus und trete vorsichtig in Fensternähe oder an die Haustür. Zaghaft sehe ich zu den alten Buchen hinauf, die dicht am Haus stehen. Werden sie ihre Lasten tragen können? Tief hängen die Zweige herab. Im Wind hört man Klirren, Ächzen und Stöhnen, als ob der Wald selbst eine Stimme hätte, die nach Hilfe ruft. Dann Krachen und Splittern: Am Fenster erkenne ich, Stämme und Astgewirr liegen vor der Tür. Auch die Straßenlampen sind umgerissen. In der Nacht mag ich nicht dicht am Fenster schlafen. Halb angezogen liege ich auf der Couch, die weiter absteht, neben mir die Taschenlampe. Ich horche hinaus. Der Wind scheint nachzulassen.

Am nächsten Morgen zeigt das Thermometer minus 10 Grad. Ein klarer Tag steigt auf. Kein Vogel singt. Die Sonne scheint auf den unbeweglichen »Gläsernen Wald«, auf todbringende Pracht

und glitzernde Schönheit, aber sie vermag das Eis nicht zu schmelzen. Überall liegen niedergebrochene Äste und Bäume. In blitzendes Eis eingeschlossen sieht man die braunen dickgeschwollenen Knospen, die gelben Haseltroddeln, die ersten grünen Blätter. Sie vermögen sich nicht zu befreien. Sie können nicht atmen. Werden sie trotzdem überleben? Was bleibt erfroren?

Erst nach etwa acht Tagen beginnt in der Mittagssonne das erste Abtauen. Klirrend fallen Eisstücke herunter. Auch in mir löst sich ganz allmählich ein innerer Panzer. Aber in der Nacht sinkt das Thermometer wieder auf minus 7 Grad. Wird der Mondwechsel auch einen Wetterwechsel mit sich bringen?

Es ist nicht zu glauben, Bäume und Sträucher, deren Kronen auf dem Erdboden angefroren waren, ohne daß ihr Stamm brach, richten sich langsam wieder auf. Wie ein Freudensignal flattern rotweiße Bänder hoch oben in einer großen Birke. Sie wurden an der Krone befestigt, als diese auf der Straße festgefroren war und den Verkehr behinderte. Schneeglöckchen und Krokus haben sich durch den Schnee geschmolzen. Sie blühen! Rätsel des Lebens!

Walter Dirks berichtet über Romano Guardini:

»Der es erlebt hat, wird es nicht vergessen, was ihm der alte Mann auf dem Krankenlager anvertraute. Er werde sich im letzten Gericht nicht nur fragen lassen, sondern auch selber fragen; er hoffe in Zuversicht, daß ihm dann der Engel die wahre Antwort nicht versagen werde auf die Frage, die ihm kein Buch, auch die Schrift selber nicht, die ihm kein Dogma und kein Lehramt, die ihm keine ›Theodizee‹ und Theologie, auch die eigene nicht, habe beantworten können: Warum, Gott, zum Heil die fürchterlichen Umwege, das Leid der Unschuldigen, die Schuld?«

R. Guardini, bekannter katholischer Theologe, † 1968

Warum ...

Warum gabst du zum Duft der Rose
Den Geruch der Fäulnis –
Warum fällt Reif
Auf die Knospe ...
Warum gabst du zur Ankunft
Den Abschied?
Warum gabst du zum Weg
Den Abgrund –
Warum gabst du zum Drüben
Die Wand ...

Nicht weiß ich,
Ob Sterne segnen
Oder ob Sonnen
Töten – nicht weiß ich,
Wo am Höhepunkt
Die Angst ist –

Aber du, der Befragte,
Der Angebetete, der Erflehte.
Der Angeschriene,
Der Angespiene,
Wo bist du?
Sind es die Wolken,
Die dich verbergen oder ist es das Meer,
Das dich in Wellen umsingt
Oder im Orkan
Furchtbar ankündigt?

In endloser
Wanderung stockt mir der Atem –
In lastender Stille
Verstummt das Gebet.

KÄTHE KAMOSSA

Deutungen des Daseins

Ich sehe Bilder vor mir, die das Dasein deuten sollen. Ich sehe das nüchtern-tiefsinnige Zeichen der Chinesen, den Weg, das Tao, diesen *Kreis*, der in einer schwingenden Einheit einen *weißen* und einen *schwarzen* Teil umschließt: Yin und Yang.

Ich sehe den vielgliedrigen tanzenden Shiva vor mir, das Symbol des leben*schaffenden* und leben*zerstörenden Gottes*, Gleichnis unbegreiflicher Vielgestaltigkeit.

Vor mir ein Bild des vergöttlichten Buddha in seiner unvergleichlichen, gelösten Schönheit, dies leuchtende Antlitz mit *geschlossenen* Augen, versunken in tiefer Meditation. Einer, der sich im Frieden fühlt, *fernab* und *abgehoben* von aller Lust und allem Leid dieser Erde.

Ich denke an das dunkle, *schweigende* Allerheiligste im Tempel zu Jerusalem, das der Priester nur einmal im Jahr, ganz allein, betreten durfte, wo die Flügel der Cherubim die Lade mit den Gesetzestafeln beschirmten, Zeichen der Anwesenheit eines Gottes, von dem sich der Mensch kein *Bild* oder *Gleichnis* machen darf.

Dann versuche ich, das Bild des Jesus von Nazareth zu verstehen, das *Kruzifix*, dies Bild des leidenden und geschundenen Menschen, der mit der verzweifelten Frage stirbt: »Mein Gott, mein Gott, *warum* hast du mich verlassen?«, ein Schrei, unvergeßlich neben den Worten: »Vater, in deine Hände befehle ich mein Leben!«, »Es ist vollbracht!« Dann ist Finsternis über dem Land, bis am dritten Tag bei Sonnenaufgang die unfaßliche, nicht darstellbare Erfahrung eintritt, daß der Tod nicht das »End-gültige« ist. Grünewald hat versucht, es darzustellen, der *Auferstandene* im Lichtglanz, leuchtend vor dunklem Hintergrund. Er sagt: »Meinen Frieden gebe ich euch!« Ich sehe diese Bilder vor mir. Ich frage mich: Wie deuten sie das Dasein? Was sagen mir Karfreitag und Ostern?

Eine Kindheitserinnerung

Du weißt, ich bin in einem nicht-christlichen Elternhaus aufgewachsen. Als Kind habe ich das bewußt übernommen und Jahrzehnte daran festgehalten. Schon in der Grundschule brachte ich damit meine Lehrerin oft in Verlegenheit.

Nun aber ist in mir eine Erinnerung, die dazu gar nicht paßt. Bis heute vermag ich sie nicht völlig auszudeuten. Ich denke, ich war damals etwa zehn Jahre alt. In den Osterferien saß ich, wie so oft, hoch oben in meinem Lieblingsbaum, in den wir Geschwister eine Sitzbank gehämmert hatten. Von dort gab es einen weiten Blick über Felder, Wiesen und ferne Höhen. In meiner Erinnerung steigt die verheißungsvolle Stimmung dieses Vorfrühlingstages auf und der langsam aufdämmernde Abend. Mir scheint, ich rieche heute noch den würzigen Duft der Erde, ich höre das melodische Abendlied der Amseln und das einsame Rufen der Rebhühner von den Feldern.

Und ich weiß, daß ich dort oben gesungen habe, immer wieder dieselbe Melodie. Ich versuchte, den Text, den wir wohl in der Schule lernten, aus dem Gedächtnis zusammenzufügen. Es war das Lied: »O Haupt voll Blut und Wunden.« Vielleicht ereignete sich dieses an einem Karfreitagnachmittag, der für mich ein Ferientag war wie alle anderen und der in meinem Elternhaus kaum erwähnt worden ist.

Was ging in mir vor, in diesem ungläubigen Kind aus einem aufgeklärten Elternhaus? Was bewegte mich, dieses Lied immer wieder und wieder vor mich hin zu singen? Warum ist die Stimmung dieses Vorfrühlingsabends bis heute so lebendig damit verbunden?

Wohl erinnere ich mich daran, daß ein geliebter Klassenlehrer und ein noch geliebterer Onkel starben. Ich erinnere mich, daß ich mich über mich selbst gewundert hatte, an der Beerdigung ohne Trauer und Tränen teilzunehmen, die ich bei den anderen aufmerksam beobachtete. Auch hatte ich die tiefe Trauer meiner Mutter gespürt.

Im nachhinein weiß ich, wie auch ein Kind die Unbegreiflichkeit von Tod und Leid schmerzlich erfährt und sich damit, oft von anderen unbemerkt und unbegleitet, fast unbewußt auseinandersetzt.

Es waren vor allem die beiden letzten Strophen, die ich immer wieder in die Kühle dieses Vorfrühlingsabends hineinsang: »Wenn ich einmal soll scheiden, so scheide nicht von mir; wenn ich den Tod soll leiden, so tritt du dann herfür; wenn mir am allerbängsten wird um das Herze sein, so reiß mich aus den Ängsten kraft deiner Angst und Pein. Erscheine mir zum Schilde, zum Trost in meinem Tod und laß mich sehn dein Bilde in deiner Kreuzesnot ... Da will ich nach dir blicken ... Wer so stirbt, der stirbt wohl.«

Habe ich damals unbewußt, angesichts der mich bedrängenden Rätsel des Lebens, nach überlieferten Sinnbildern gegriffen? Konnten sie meine Einsamkeit und meine Trauer aufbrechen und ihnen Worte geben und so wie ein Schild Ängste abwehren? So ist das Bild des leidenden Christus am Kreuz für das ungläubige Kind zur Hilfe geworden. Welchen Beistand finden Menschen heute, um Lebensrätsel zu bestehen?

»Gott stirbt nicht an dem Tag, an dem wir nicht länger an eine persönliche Gottheit glauben, aber wir sterben an dem Tag, an dem das Leben für uns nicht länger vom Glanz des Wunders durchstrahlt wird, von Lichtquellen jenseits aller Vernunft.«

Dag Hammarskjöld

Stationen eines Weges

Auszug aus einem Briefwechsel

Gestern abend, nach unserem langen Gespräch, sagtest Du: Schreib einmal auf, wie Du Deinen Weg mit Jesus von Nazareth erlebt hast. Ich will es versuchen, es ist nicht leicht. Du weißt, lange war er mir fern. Er war Beispiel von Lebensfremdheit, Schwäche, sein Ende Zeichen eines grausamen Gottes, lange vergangen. Was ging ER mich an? Ich war jung, voller Leben. Das Kreuz, »in der Düsternis« der Kirchen oder »in der lichten Flur« aufgestellt, war zutiefst Anstoß, »ein Bild der Unversöhnlichkeit«, wie es Theodor Storm sagt. Aber doch traf mich in den Nächten des Krieges die Frage eines Menschen: »Hast du denn schon einmal wirklich versucht, Ihn zu verstehen?« Nein, das hatte ich nicht. Konnte ich Ihn dann ablehnen? Als zerbrach, was mein Leben bis dahin erfüllt hatte, erschreckt von der Schuldverstrikkung meiner Generation, fand ich mich in einem Abgrund wieder, ohne Sinn, ohne Mut zum Weiterleben, ohne Kraft, mich freuen zu können. Als ich damals das Lied hörte: »Ich weiß, woran ich glaube, ich weiß, was fest besteht, wenn alles hier im Staube wie Sand und Staub verweht ...«, da habe ich mich nur verkrochen und geweint.

Ich habe Dir erzählt, wie mir dann dieser bedingungslos liebende, verstehende, verzeihende Christus begegnete, gerade deshalb, weil Er so anders war als die Ideale der zerbrochenen Welt, als meine bisherige Sicht von Ihm. Die unbegreifliche Hoffnung des Ostermorgens war Befreiung, sie gab meinem Leben wieder Sinn, das Kreuz wurde mir zum »ehrwürdigen« Symbol des mir geschenkten neuen Anfangs, ohne daß ich es in der Tiefe verstand. Dann habe ich mein Leben gelebt, habe Erfüllung und Freude gefunden. Auf Seinem Weg wollte ich gehen – und Er kam mir nah, wurde zur inneren Stimme, zum anderen Ich in meinem Fragen, antwortend, gewißmachend, Wege weisend, Wunden heilend, Frieden gebend.

Im Älterwerden, in neuen Lebenserfahrungen, in Fragwürdigkeiten unserer Welt wurde ich neu und hart vor die Grundfrage gestellt: »Warum?« Damit aber trat mir wieder das Kreuz vor Augen. Jetzt erkannte ich in ihm das Zeichen für die tragische Wirklichkeit unseres Daseins, Zeichen des Risses, an dem wir leiden. Mitten in diesem Riß steht der Gekreuzigte, den Riß aushaltend und das Auseinanderbrechen hindernd. Ich lernte Karfreitag als letzten konsequenten Schritt Jesu verstehen, seiner bedingungslosen Zuwendung zu Gott und zu Menschen. So lebt er die äußerste Tiefe des Daseins mit uns, bis dahin, wo wir nur schreien: Warum?

Aber Christus versinkt nicht im Abgrund. Sein Schrei richtet sich an das Du Gottes, dem er sich trotz allem und gerade im Leid anvertraut: »Mein Gott, mein Gott, warum!« Sein Vertrauen trägt ihn in seiner Ohnmacht hindurch und hinüber, auch wo er nicht versteht. So gewinnt seine Ohnmacht Sinn. Er zeigt uns Gott als den, der nicht erhaben über der Welt thront, dessen Zorn nicht durch Blut versöhnt werden muß, sondern als den Versöhnenden. So möchte ich vertrauen lernen wie Christus, auch in den Stunden, in denen ich Sinn nicht zu sehen vermag und mich nur ohnmächtig fühle.

Ich habe viele Worte gebraucht, aber das Eigentliche läßt sich nicht aussagen. Nimm es so hin! Vielleicht erzählst Du mir auch von Deinem Weg.

Folgende Antwort erreichte mich:

In mir klingt unser Gespräch noch nach und läßt mich nicht zur Ruhe kommen. Du fragtest intensiv nach dem Kreuz. Ich saß gewissermaßen als Beobachter, widerspiegelnd, dabei und war doch im Innersten selbst gefragt: »Was bedeutet es für mich?« Heute morgen, im Licht des anbrechenden Tages, steht das Kreuz wieder vor mir, fordernd: Schau mich an! Hart hat es in meiner Jugend vor mir gestanden. Ich war offen für Fragen nach Sinn, nach Gott und erschrak in der Vorbereitung auf das erste Abendmahl: »Welcher unwürdig isset ..., isset und trinket sich selber zum Gericht!« Und das im Angesicht des Kreuzes! Ich hatte das Gefühl, beim Abendmahl selbst am Kreuz zu hängen und schuldiggesprochen zu werden. Denn ich wußte, danach bin ich wieder »unwürdig« und werde wieder schuldiggesprochen.

Während ich diese Worte niederschreibe, spüre ich, daß das Harte, Fordernde beim Anschauen des Kreuzes sich verändert. Ich sinne darüber nach, wann sich mein Bild von einem Richtergott gewandelt hat zu einem barmherzigen, liebenden Gott. Es hat begonnen, als ich ganz unten war, Depressionen und Schuldzuweisungen ausgeliefert, und sich Menschen mir an die Seite stellten, bei mir ausharrten im Dunkel. Heute sage ich, es waren Gottes gute Engel.

Allmählich begann das nackte, harte Kreuz eine andere Gestalt zu bekommen, in erschreckender Realität – aber gerade so geheimnisvoll aufblitzend im Bild eines liebenden Menschen, nicht mehr als ein Bündel von Anklagen. Heute fühle ich mich nicht mehr selbst ans Kreuz geschlagen. Ich finde in der Gestalt des leidenden Christus den Weg heraus zu einer er-lösenden Sicht. So wie im Dunkel am Ende des Tunnels das Licht aufscheint, ist für mich Karfreitag der Beginn von Ostern.

»Du, der über uns ist, du, der einer von uns ist.
Du, der ist – auch in uns:
daß alle dich sehen – auch mir,
daß ich den Weg bereite für dich,
daß ich danke für alles, was mir widerfuhr,
daß ich dabei nicht vergesse der anderen Not.
Behalte mich in deiner Liebe,
so wie du willst, daß andere bleiben in der meinen.
Möchte sich alles in meinem Wesen zu deiner Ehre wenden,
und möchte ich nie verzweifeln, denn ich bin in deiner Hand,
und alle Kraft und Güte sind in dir!«

Dag Hammarskjöld

Der Friedensraum

Es soll vorkommen, daß mitten im Tosen eines Orkans ein Raum und Platz sich findet, wo vollkommene Windstille herrscht, die Gewalt des Sturmes gebannt ist und Friede waltet mitten im Kampf der Elemente.

Etienne Bach suchte den Friedensraum. Es war schwer, ihn zu finden. Überall stieß er auf feindselige Blicke, spürte die Ablehnung. Keinen Augenblick wunderte sich Etienne darüber, denn er diente als Offizier in der französischen Armee, die im Jahre 1923 das Ruhrgebiet besetzte.

Karfreitag kam. Etienne Bach tritt in die Kirche, sieht den gedeckten Abendmahlstisch. Sollte er teilnehmen? Allein unter all den Deutschen in der Uniform des französischen Offiziers? Riskierte er nicht, zurückgewiesen zu werden? Aber nun stieg es bezwingend in ihm auf: Zum Abendmahl treten, das heißt an jenen Ort treten, wo das Kreuz steht. Am Kreuze aber hängt Jesus Christus, er, vor dem keiner mehr Deutscher ist und keiner mehr Franzose, sondern nur Mensch. Am Kreuze hängt er, den wir Menschen aus allen Völkern und Zeiten verachten, weil er so anders ist als wir, weil er keine Gewalt übt, kein Geld hat, keinen glänzenden Namen, weil er sich nicht durchsetzt und weil er das alles gar nicht haben will und uns in diesem seinem Anderssein den Weg vertritt und zur Rede stellt. Allen vergibt er, denen jenseits und denen diesseits der Barrikade. Gilt das Kreuz – oder gilt es nicht?

Das hieß aber in dieser Stunde für Etienne Bach ganz einfach zum Abendmahl gehen. So ging er denn im Sturm widerstrebender Gedanken. Doch im Augenblick, da er am Abendmahlstisch stand, erkannte er neben sich seinen erklärtesten Feind, den Bürgermeister des Ortes. Tag für Tag kämpfte dieser Mann aufs erbittertste um die Rechte seiner Bevölkerung. Nun stand er neben dem französischen Offizier, um mit ihm das Abendmahl zu empfangen. Des Pfarrers Hand zitterte, als er die Zeichen darbot. Und sie aßen und tranken vom gleichen Brote, von dem gleichen Kelche. So ließen sie das Kreuz über sich gelten. Und das erwies seine Versöhnungsmacht. Als sie an ihren Platz zurückgingen, gaben sie sich stumm die Hand. Sie mußten auch weiterhin einander entgegenstehen. Aber um sie legte sich mitten im Feindsein, das aufzuheben nicht in ihrer Macht stand, der Friedensraum. Von dieser Stunde an, sagt Etienne Bach, suchten sie mitten in den schwierigsten Verhandlungsmomenten von einem Fall zum andern den Weg. Und weil sie miteinander suchten, fanden sie ihn auch. Sie fanden Lösungen, die sie niemals gefunden hätten ohne jene entscheidende Begegnung dort in der Kirche. Man findet solche Lösungen, wenn man zusammen im Friedensraum steht.

(Etienne Bach wurde zum Gründer der »Christlichen Friedensdienste«.)

Eduard Thurneysen

Für viele suchende Menschen – auch in anderen Kontinenten – gewinnt das Leben Jesu neu an Bedeutung und wird wegweisend, gerade in der Erkenntnis, daß unsere bisherige Lebenspraxis in den Abgrund führt. So fragt der Marxist Machovec nach dem Ende des Prager Frühlings, wie es komme, daß die Jünger nach der Niederlage von Karfreitag »weitermachen«? Der atheistische Schriftsteller Tschingis Aitmatow, aus dem Islam kommend, schreibt in einem 1986 in Moskau veröffentlichten Buch: »Wer war dieser Jesus? Warum veraltet sein Wort nicht? Was ist an die Stelle dieser mildtätigen, opferbereiten Idee getreten?« Pilatus, der Machtmensch, sagt: »Du Nazarener, du willst Wohltat überall und vergißt, der Mensch ist ein Raubtier! Ewig werden die Starken herrschen. Vergebens ist dein Opfer. Den Menschen ist nichts beizubringen.« Jesus antwortet: »Es gibt eine Stärke anderer Art – die Kraft des Guten. Den Menschen als Beispiel zu dienen, bin ich in diese Welt gekommen, auf daß in ihnen die göttlichen Ursprünge erweckt werden. Ich bin ihre Zukunft.«

Dag Hammarskjöld (1905–1961)

Glaubwürdig gelebtes Leben

»Gefragt, ob ich den Mut habe, meinen Weg zu Ende zu gehen, gebe ich Antwort ohne Unterlaß.«

Wir brauchen Beispiele, die ermutigen, den eigenen Lebensweg in unserer Zeit zu gehen, Lebenssinn zu finden. Der heute fast vergessene schwedische UNO-Generalsekretär Dag Hammarskjöld kam bei einem ungeklärten (und darum allen Gerüchten offenen) Flugzeugabsturz im Kongo ums Leben, beim Versuch, Frieden zu vermitteln. Er galt als mutiger Politiker und erkannte schon damals die »Not-Wendigkeit« einer neuen Weltordnung. Er hatte die Vision der »Einen Welt«, diesen »größten Traum der Menschheit«, in der das Recht mehr gilt als die Macht der Mächtigen. So sah er in der UNO einen wesentlichen Beitrag zu diesem Ziel: »Es ist eine Idee, der du dienst, wenn die Menschheit überleben soll!«

Mit Erstaunen, auch mit Unverständnis wurden seine hinterlassenen Tagebuchnotizen »Zeichen am Weg« aufgenommen. Sie berichten vom inneren Weg des Menschen Dag Hammarskjöld.

»Ist dein Leben arm? Ist nicht vielmehr deine Hand
zu klein, sind deine Augenlinsen nicht zu trübe?
Du bist es, der wachsen muß!«

Die »Zeichen am Weg« zeigen den erfolgreichen Politiker auch in seiner Zerrissenheit, seinen Einseitigkeiten, seinen Gefährdungen durch Ehrgeiz, Selbstbezogenheit und tiefe Selbstzweifel. Zugleich sprechen sie von seiner Sensibilität für alles Schöne, für Dichtung, Musik, für Naturerfahrungen:

»Märzsonne. Schnee … gefrorene Stille …
Schatten zartgliedriger Birken …
Unerwartet der Amsel zögernder Lockruf.
Die wirkliche Wirklichkeit außerhalb der eigenen.
Das Paradies, aus dem unser Wissen uns ausgeschlossen hat.«

Hammarskjöld steht heutigem Zeitgefühl nah in dem Unvermögen, das Leben fraglos zu bejahen, er leidet unter Einsamkeit,

Sinnlosigkeit, mangelnder Lebensgeborgenheit. Immer ist ihm die Todesfrage nah. Dabei ahnt er, daß dies aus seiner Unfähigkeit erwächst, sich einem Glauben, einem Vertrauen hinzugeben, das seinen Intellekt übersteigt.

»Sinnlos, was ich fordere, daß mein Leben einen Sinn habe ...
Müdigkeit lockt mit dem Tod, zur Flucht aus dem Leben.
Das nicht! Der Tod mag abschließende Gabe sein,
nicht ein Betrug ...
Du bist dein eigener Gott – und wunderst dich,
daß dich die Wölfe über die dunkle Öde
des Wintereises jagen!«

Schritt für Schritt, in Auseinandersetzung mit der beruflichen Karriere, erkennt er, daß Lebenssinn nur zu finden ist, wenn er Aufgaben nicht zur Selbstbestätigung braucht, sondern diese ihn zur Hingabe fordern, auch zum Opfer, bereit, Vergeblichkeit auf sich zu nehmen.

In dem 45jährigen, der Staatssekretär im Auswärtigen Amt ist, taucht das Bild Jesu auf, der sich seiner Sendung, dem Auftrag Gottes hingibt in einem Lebensopfer, in dem er zugleich ganz er selbst ist. Ein Jahr später folgt eine längere Betrachtung über die Passionszeit. Hammarskjöld sieht diesen »jungen Mann« vor seinen Augen, »einsam auch unter Gefährten, die ihn nicht verstehen«, der etwas »ahnt von seinem Schicksal«, »daß Gott etwas vorhatte mit ihm«, und der zu dieser Bestimmung »Ja« sagt. Zunehmend verwandeln sich die Notizen des Tagebuchs. Jetzt kommen immer wieder Sätze über Liebe, Güte, Demut, Vergebung und Stille: »Güte ist etwas Einfaches, für andere da sein.« Auch beglückende Gottes-Erfahrungen werden aufgezeichnet:

»Jetzt, da ich die Furcht überwunden – vor den anderen,
vor mir, vor dem Dunkel darunter:
An der Grenze des Unerhörten. Hier endet das Bekannte.
Aber vom Jenseits her erfüllt etwas mein Wesen
mit seines Ursprungs Möglichkeit ...
So – wenn einen die Arbeitsgedanken verlassen,
dieses Erlebnis von Licht, Wärme und Kraft.
Ein tragendes Element, wie die Luft für den Segelflieger.«

Als der 48jährige in das Amt des Generalsekretärs der UNO berufen wird, erfährt er das als Ruf von Gott, dem er mit seinem ganzen Dasein zu antworten habe: »Nicht ich, sondern Gott in mir.« Indem er seinen Willen in den »Willen Gottes gibt«, findet er die eigene Bestimmung, wird er frei, auch von sich selbst: »Das Unerhörte, in Gottes Hand zu sein!« »Einmal antwortete ich ›Ja‹. Von dieser Stunde her rührt die Gewißheit, daß das Dasein Sinn hat und darum mein Leben ein Ziel hat. Seit dieser Stunde habe ich gelernt, nicht für den anderen Tag zu sorgen.« Während er in seinem politischen Handeln aufs äußerste gefordert ist, spiegelt das Tagebuch den Zusammenhang von »Kontemplation und Aktion«, von »Gebet und Tun des Notwendigen«. In erstaunlicher Unmittelbarkeit begegnet ihm die Gestalt Jesu, wie es die Tradition des Kirchenjahres überliefert. Sein Leben, sein Tagebuch finden darin eine innere Struktur. Weihnachten 1956: »Von der ewigen Geburt – damit ist gesagt, was ich lernen muß ... ›ein brennendes Gemüt mußt du haben, in dem schweigende Stille herrscht‹ (Meister Eckart).« Im Weg Jesu findet er Kraft zum Vertrauen, den Schlüssel zum Verstehen des eigenen Lebens, dessen Bedrohtheit ihm bewußt ist. Karfreitag 1956 notiert er: »Die dritte Stunde. Die neunte Stunde. Jetzt. Christus liegt im Todeskampf ... Für den Wachenden ist das Ferne gegenwärtig. Auch in Verbindung mit der Menschheit, in welcher Jesus in jedem Augenblick in irgendeinem (Leidenden) stirbt.« Am Bußtag 1957: »Leben in Gott ist nicht Flucht aus dem Leben.« Pfingsten 1961, in einem Rückblick: »Geleitet durch das Lebenslabyrinth vom Ariadnefaden der Antwort (einmal sagte ich, ›Ja‹), lerne ich, daß hinter jedem Satz der Evangelien ein Mensch und die Erfahrung eines Mannes stehen. Auch hinter dem Gebet, es möge der Kelch von ihm genommen werden, und das Gelöbnis, ihn zu leeren. Auch hinter jedem Wort am Kreuz.«

»In deinem Wind –. In deinem Licht –.
Wie gering alles andere, wie klein wir –
und glücklich in dem, was allein groß ist.«

»Blick in die Welt und lerne leben!«

Wir haben den März durchschritten. Wir spürten die länger werdenden Tage; Lenzing, so war der alte Name des Monats. Rings um uns ist aufbrechendes Leben. Leben zugleich in seiner Gefährdung. Gerade jetzt zeigen sich oft Depressionen. März, der Name kommt vom Kriegsgott Mars. Nach Winterende zogen die Heere neu in den Krieg. Eine schmerzliche Erinnerung!

Aber wie können wir die Widersprüche des Lebens bestehen? Seit alters hat die Passion Jesu Menschen geholfen, die eigene Not darin zu erkennen, sie hinzugeben: »Vater, in Deine Hände befehle ich meinen Geist!« Und Jahr für Jahr führt das Kirchenjahr uns durch diese Erfahrung in das Einüben des Sterbens als Hilfe, um die Kostbarkeit des Lebens zu erfassen.

Das Gedicht von Bertolt Brecht vermag etwas von Trost und Hoffnung der vorösterlichen Frühlingstage auszusagen:

Karsamstagslegende

Seine Dornenkrone
Nahmen sie ab
Legten ihn ohne
Die Würde ins Grab.
Als sie gehetzt und müde
Andern Abends wieder zum Grabe kamen
Siehe, da blühte
Aus dem Hügel jenes Dornes Samen.
Und in den Blüten, abendgrau verhüllt
Sang wunderleise
Eine Drossel süß und mild
Eine helle Weise.
Da fühlten sie kaum
Mehr den Tod am Ort
Sahen über Zeit und Raum
Lächelten im hellen Traum
Gingen träumend fort. BERTOLT BRECHT

April

Wiederkehr der Hoffnung

Wiederkehr der Hoffnung

Nun ist der Schnee geschmolzen, weit liegt das Land unter hohem Himmel. Die atmende Erde öffnet sich dem steigenden Licht, würzig ihr Duft, wenn in ihr alles wieder zum Leben erwacht. Das Rad des Jahres steigt seiner Höhe zu. Trotz des Aprilwetters, das uns in den April schicken will, trotz unserer Ungeduld – das Grünen und Blühen setzt sich durch. Sind am Anfang des Monats die Bäume noch kahl, nach dem ersten warmen Regen sprengt der aufsteigende Saft die Knospen. Hoch sieht unser Blick am weißen Stamm der Birke hinauf. Im Licht der Sonne schimmert die Krone golden von den pollentragenden Blüten-Troddeln, den zarten ersten Blättern. Wenn der Wind durch die Zweige geht, rieselt eine goldene Wolke auf uns herab. Ebenso zeigt sich die Weide, dort am Rand des Baches. Nach Erstarrung und Winterkälte bringt der Frühling für alles Lebendige, für Pflanzen, Tiere und uns Menschen die »Wiederkehr der Hoffnung«, neues Leben im Kreislauf des Jahres. So feierten auch die Juden einst ein Frühlings- und Erntefest. Später erinnerten sie sich an eine andere Befreiung, sie feierten Passa. So kam zu uns das Osterfest, Fest des Lebens, das den Kreislauf des Jahres sprengt. Wiederkehr einer unvergänglichen Hoffnung!

  »Weide, silbern Angesicht,
Weil ich dich von weitem sehe,
  Leidet mich's und hält mich nicht,
Bis ich grüßend vor dir stehe.
  Heut! – Und oh, wie manches Jahr
Kam ich, Weide, dich befragen!
  Denn ich wußte: Frühling war,
Wenn du wieder ausgeschlagen.
  Botschaft, Jahr um Jahr erneut:
Frühling kam, die Welt geht offen! –
  Weide, die mein Herz erfreut:
Wer ums Wunder weiß, lernt hoffen.«

Rudolf Alexander Schröder

Die dritte Nacht April

Der Havel das Eis, den Kröten den Mund,
öffnet April
Der Himmel war vom Schnee noch wund,
ich kam auf die Welt, es regnete still
in der dritten Nacht April.

Die Milch der Mutter schmeckte gut.
Der Birkbusch wuchs, ich blieb nicht jung.
Die Nacht verdunkelte mein Blut,
der Augen braune Dämmerung.

Der Schatten meines Herzens steht
im kalten Schatten vom April
dem feldernden, der Lerchen weht,
und in den Bäumen leben will.

Peter Huchel (* 3. 4. 1903, † 20. 4. 1981)

Der April trägt den Namen »der Öffnende« (aperire = öffnen). Huchels Strophen dazu sind wie ein Gruß von »jenseits der Grenze«, von winddurchwehter Ebene, dämmernden Wäldern und moorfarbenen Wassern. Dort an der Havel, auf großväterlichem Hof, wuchs er auf und kam, von schmerzlichem Schicksal geprägt, 1971 in den Westen. Das Gedicht zeichnet sein Lebensgefühl, er versteht es aus Herkunft und Geburt im April. Es macht nachdenklich, solche Verbindungen zum Monat der Geburt häufiger zu finden, bei Busta (April), Hesse (Juli), Bergengruen (September). Führt es zu verstehender, tieferer Selbstbejahung, wenn wir den inneren Zusammenklang zwischen Jahreszeit, unserer Geburt oder Empfängnis bedenken? Huchels Verse sprechen von dunklen Tagen, von schmerzlichem Warten auf Licht und Wärme. Jeder von uns kennt diese Stimmung, sie ist hineinverwoben in die Jahreszeiten unserer nördlichen Breiten. Aber der April bleibt der Öffnende! Das Eis bricht, Kröten laichen, Kindern schmeckt die Milch der Mutter. Der Wind weht über Saatfelder, über denen Lerchen singen, und durch Wälder, wo in den Bäumen der Saft steigt. So verborgen steigt Hoffnung oft erst aus erfahrenem Schatten auf.

April (Meiner Mutter)

Von Regen rauscht und rinnt die Nacht,
daß ich aus Träumen aufgewacht.
So rauscht es nun schon Tag um Tag,
weiß Gott, wie das noch enden mag.
Weiß Gott? Die Amsel weiß es auch:
saß gestern abends naß im Strauch,
und ob die Welt auch schier ertrank,
der Strauch war grün, die Amsel sang.

CHRISTINE BUSTA (* 23. 4. 1915)

Vorösterliche Frühlingstage

Der Himmel ist grau, es hat geregnet. Schon beginnt die Dämmerung. Vom Rande der Stadt kehre ich zurück in meine Wohnung. Mein Weg führt über einen kleinen Pfad an Wiesenhängen vorbei. Dort weiß ich einen überwucherten Tümpel. Nach den vergangenen warmen Tagen liegt ein frischer, schon etwas würziger Geruch über den Wiesen. Sträucher zeigen erste grüne Blätter. Die blühenden Salweiden leuchten lichtgelb. Schon summen Bienen darin. In mir spüre ich etwas von erwartungsvoller Freude auf Ostern.

Ich klettere vorsichtig an einem Zaun entlang durch das nasse Gras zum Tümpel, und da höre ich das, was ich erhofft habe: Der ganze Tümpel singt! So habe ich es noch nie erlebt. Leise schwingt ein Klingen mit hellen und tieferen Tönen auf. Sehr behutsam trete ich an den seichten Uferrand, in dem vielfältiges Kraut vom letzten Jahr liegt. Darauf wimmelt es von laichenden ockerfarbenen Kröten. In der Erregung des Paarens erklingt dieser schöne helle Ton. Zum ersten Mal kann ich das so erleben! Staunend beobachte ich dies frühlingshafte Leben.

Da steigen zwei Kinder über den Zaun. Die etwa zehnjährigen Mädchen kommen heran und sind schon mit dem Tümpel vertraut. Die eine greift vorsichtig mit der Hand ins Wasser und nähert sich einer Kröte. Und das Mädchen erlebt, wie diese, ein Männchen, ihre Finger greift und sich daran festklammert. Dann versucht es auch die andere. Sie beugt sich tief hinunter und streichelt behutsam einer anderen Kröte über den Rücken. Da, das Kind strahlt auf! Jedesmal wenn ihr Finger über eine Stelle des Rückens streicht, erklingt in dem Tier der helle Ton. Die Kinder sind glücklich und freuen sich – und ich freue mich über die Kinder.

In diesem Augenblick wird mir bewußt, hier ist etwas Neues und Zukunftsträchtiges gewachsen in dieser oft so hoffnungslos machenden Welt. Hier begegnen Kinder mit Freude, ja mit Ehrfurcht diesen unscheinbaren Kreaturen. Ich erinnere mich, daß in meiner Kinderzeit Kröten noch als häßlich und kalt, ja fast als ekelerregend gemieden wurden. Welches Kind und welche Erwachsenen mochten sie schon anfassen! Hier ist eine neue Verbindung zum unscheinbaren Leben gewachsen. Und ich denke daran, daß in den vergangenen Wochen junge Menschen in freiwilligen Einsätzen an den benachbarten Straßen lange Krötenzäune gebaut haben und regelmäßig die eingegrabenen Eimer leeren, damit die Kröten bei ihren Wanderungen vor den Autos geschützt zu ihren Laichplätzen kommen.

So stehe ich an diesem noch kühlen vorfrühlingshaften Abend an dem kleinen morastigen Tümpel, dicht am Rand der Großstadt. Ich höre auf das klingende Rufen der laichenden Kröten, ich höre den Wohlklang im Abendlied der Amseln und Rotkehlchen. Ich sehe mit Freude auf die beiden Kinder am Wasser. Ich rieche den Duft über den scheinbar noch schlafenden Wiesen, vorösterliche Frühlingstage.

Neues Leben – gegen den Augenschein.
Erfahrung von Hoffnung.

Hoffnung II

Wer hofft
ist jung
Wer könnte atmen
ohne Hoffnung
daß auch in Zukunft
Rosen sich öffnen
ein Liebeswort
die Angst überlebt

Rose Ausländer

»Laßt uns das Leben leise wieder lernen.«

Ich gehe früh zum Krankenhaus. Noch ist es dunkel. Ich möchte dabeisein, wenn die junge Mutter aufwacht. Sie, die ich in der Nacht auf die Intensivstation brachte, damit sie aus selbstgewähltem Tod wieder ins Leben zurückgeholt würde. Unter den dunklen Bäumen gehe ich langsam zur Klinik. Was kann ich sagen, was kann ich tun, um hier wieder ins Leben hineinzuhelfen? Ich ahne es, wie schwer das Aufwachen sein wird. Wie schwer wird es sein, zu erkennen, zu begreifen, anzunehmen, was da geschehen ist! Wie schwer wird es sein, das Leben wieder anzunehmen! Ich versuche, mich in dieses Menschenkind hineinzudenken. Ich möchte sie nicht allein sein lassen beim Aufwachen. Aber ich selbst fühle mich so ohnmächtig. Alle Worte scheinen mir leer. Was kann ich tun, um zu helfen? Schwer setze ich Fuß vor Fuß. Ich zögere. Ich spüre, wie sich in mir mein Atem, ja mein Herzschlag verkrampft. All meine eigenen, selbstdurchlittenen Zweifel am Sinn des Lebens greifen nach mir.

Mit halbem Ohr nehme ich die ersten Vogelstimmen wahr. Durch die dunklen Zweige der Bäume scheint der Mond, und er unterbricht meine grübelnden Gedanken. Plötzlich weiß ich es wieder: Bald ist Vollmond, der erste nach Frühlingsanfang. Und das heißt, die Karwoche beginnt, bald ist Ostern. Und wie von außen her verändert sich mein Nachdenken, dankbar spüre ich es: Da ist ein Weg, der wieder ins Leben führen kann. Ostern ist Durchgang durch den Tod zur Auferstehung. So gewinne ich selbst wieder Zuversicht: In dieser Haltung möchte ich der jungen Mutter begegnen in dem guten Gedanken: »Es gibt neue Wege für dich!« Ich möchte ihr beistehen, daß sie das Leben leise wieder lernt.

Noch einmal sehe ich hinüber zum Mond, er war mir ein Hinweis, und ich bin dankbar dafür.

»Wer niemals in Anfechtung war,
kann nicht wissen, was Hoffnung ist.«

Martin Luther

Einüben in die Hoffnung

Ein Boot in der Lagune.
Ein alter Fischer –
er steht am Bug,
das Wurfnetz in den Händen.
Seit einer halben Stunde
sehe ich ihm zu.
Er versteht sein Handwerk.

In vollendetem Kreis
fällt das Netz in das Wasser.
Er läßt es sinken.
Wartet, bis der bleibeschwerte Rand
den Boden berührt.
Dann zieht er es hoch,
behutsam,
mit hoffenden Händen
spürend,
ob Leben im Netz ist
oder ob der Wurf wieder einmal umsonst war.

Das Netz ist leer.
Er schüttelt es aus,
entfernt den Unrat,
bereitet sich zum nächsten Wurf.

Ich habe die Würfe gezählt:
Dreiundzwanzigmal
ist das Netz
auf das Wasser geklatscht.
Jedesmal zog er es leer heraus.

Der alte Fischer weiß:
Es gibt Tage,
da muß man das Netz werfen
wider besseres Wissen:
zwanzigmal,
fünfzigmal,
hundertmal –
weil es nötig ist,
das Netz zu werfen –
als Einübung
in die Praxis der Hoffnung –
weil
nicht werfen
aufgeben hieße –
und aufgeben
hieße aufhören zu leben.

Ich danke dir,
alter Fischer.
Deine Arbeit war nicht umsonst.
Praxis der Hoffnung:
Gerade das mußte mir heute
ein Mensch sagen.

Du hast es mir gesagt.
Ich habe es verstanden.

LINDOLFO WEINGÄRTNER (Brasilien)

Frühe Erinnerung

Doch das frömmste Fest im Jahr war Ostern. Anders als Weihnachten, voll innerer Spannung und Beklommenheit! Am Anfang der vielen Ostern, die vorüberzogen, steht das einfache Kindererlebnis, wie man beim Eiersuchen im Garten auf dem Boden hockte und mit den erdigen Händen den Efeu neben den Schneeglöckchentrupps durchwühlte – der Himmel ganz hoch und voll Glockengeläut. Oder wenn man am letzten Schultag nach Hause ging. Morgen sind Ferien, und später fängt etwas ganz Neues an.

Früh schon berührte der Geist der Karwoche die Kinderherzen. Mehr wohl als die Religionsstunden der Schule bereitete ihm die häusliche Sitte den Weg, die – ganz unausgesprochen – eine gewisse Verhaltenheit über die Tage legte. Wir wurden in die strenge Feierlichkeit der stillen Woche einbezogen, bangten, kleine helle Seelen, vom Palmsonntag bis zum Karfreitag, traten mit in den dunkeln Schatten des Tages, da die Erde erbebte, warteten am Sonnabend und erwachten zum Ostermorgen, als die Frauen in der Frühe durch den Garten gingen. Jahr für Jahr verwandelten wir uns mit der wachsenden Kraft unserer Herzen in diese Geschehnisse: sie verwuchsen mit uns – mit unserm kleinen Alltagsleben –, und wir ermaßen in ihnen die tiefsten Traurigkeiten und die mächtigsten Triumphe, die mit unserm rätselvollen Menschendasein verknüpft sein können. Die Begebenheiten der stillen Woche öffneten unsre verschlossenen und engen Seelen, wir wurden durch sie groß, weich, heldenhaft und schmerzerfahren, wir erkannten die Macht des Bösen und die Bestimmung des Guten.

Gertrud Bäumer

Und wenn unter Gebet
süßduftendes Opfer du zündest
Sei es zuerst und zuletzt
immer der Hoffnung geweiht

Theogenis von Megara (um 550 vor Christus)

Hoffnung

Hoffnung ist eine Gratwanderung.
Sie fordert, zerreißende Spannung auszuhalten.
Tag für Tag neu zu durchleiden.
Hinblickend zu der einen Seite:
Das dunkle Rätsel dieser abgründigen Welt.
Streit, Leid, Schuld, Tod,
Bedrohung des Lebens durch den versagenden Menschen.
Auf der anderen Seite:
Leuchtende Schönheit der Schöpfung:
Sterne, wiederkehrender Frühling,
Stille eines dämmerumhüllten Abends.
Aufklingende Melodie der Liebe
im beglückenden, tröstenden, verläßlichen Menschen.

Ein unsagbarer Widerspruch,
zu allen Zeiten ungelöst.
Hoffnung wagt, beides zu sehen,
beides an sich heranzulassen,
den schmalen Gratweg zu gehen.
Hoffnung ist nicht frommer Vorhang,
ist Widerstand gegen den Optimismus,
der blind ist aus Furcht vor der Angst.
Hoffnung ist Widerstand gegen die Lähmung,
die hindert, das Not-Wendende zu tun.

Hoffnung ist wie eine Brücke.
Am Rande des Abgrunds findet sie Halt,
baut sich auf aus Licht,
das – zuweilen –
hindurchschimmert durch die Nacht.
Die Brücke der Hoffnung ist getragen – zuweilen –
vom Frieden, der tiefer gründet
als die Schluchten der Angst.
Hoffnung hat Wasser des Lebens getrunken,
das sie grünen läßt – zuweilen –
am Abgrund des Todes.

Ostern

Ostern, hier wird für mich Licht aus einer anderen Dimension »sichtbar«. Gott, der am unfaßbaren Beginn alles Seins rief: »Es werde Licht«, er, der allem Dasein Sinn gibt, für den die Gegensätze von Tod und Leben zusammenfallen, er ist auch hier der Wirkende. So sagt es die frühe Kirche: »In Christus ist die Welt, der Himmel und die Erde auferstanden!« (Ambrosius, 340–397). Ostern zeigt, daß dieser Gott nicht dunkle Willkür ist; er bindet sich an die Liebe, von der Christus zeugt: »Wer mich sieht, sieht den Vater«. In ihm begegnet uns das zugewandte Antlitz Gottes, der uns oft tief verborgen erscheint.

So erlebe ich die zerreißende Spannung zwischen dem Scheitern aller Hoffnungen am Karfreitag, der wartenden Stille des Karsamstags und dem Aufbruch der Hoffnung, des neuen Lebens zu Ostern immer intensiver. Da das tiefer greift als menschliches Verstehen, kann es nur im Bilde ausgesagt werden. So wird mir der nächtliche Ostergottesdienst zum Hinweis: Nach langem, schweigendem Warten im Dunklen, während vorne eine Stimme von Weltenschöpfung, Menschengeschichte und Heilsverheißungen liest, wird das neue, das Christuslicht hereingetragen: »Dies ist die Nacht, da Christus die Bande des Todes zerrissen, vom Grabe erstand! Dies ist die Nacht, von der geschrieben steht, die Nacht wird Licht um mich sein! Freuen soll sich die ganze Erde, da so strahlendes Licht sie umflutet!« Das Ostergeheimnis wird Gegenwart, ich bin einbezogen, zu neuem Leben befreit! Darum folgt die Taufe, beziehungsweise das Taufgedächtnis. Dann beginnt im hellen Licht, im Klang von Glocken und Orgel, dem Singen von Chor und Gemeinde, das festliche »Abendmahl«, die Eucharistie, die alt und jung im Dank vereint. Und ich hoffe für diese arme, schöne Erde, daß ein sinngebender, liebender großer Gott uns »alles zum Besten dienen lassen« wird! Ostern sendet hinein in diese Welt, in die Auferstehung und das Tun der Hoffnung im Alltag.

Ostergottesdienst in Griechenland

Zu Ostern sind wir in Griechenland, abseits vom Touristenstrom. Karfreitagmorgen erregen wir Verwunderung: Wie ist es möglich, daß wir heute etwas essen möchten und nicht völlig fasten, wie es Brauch ist? Dann sind wir dankbar für eine Tasse Tee und ein Stück trocken Brot.

Am Abend kommt die junge Wirtin. Mit wenigen englischen Worten fordert sie uns auf, mit zur Kirche zu kommen und die Grablegung Christi zu feiern. Wir gehen schweigend hinauf zu der weißen Kapelle, die hoch über der kleinen Fischerstadt liegt. Letztes Licht liegt noch über dem Wasser, der Duft von blühenden Orangen und harzigen Kiefern begleitet uns.

Die Kirche ist fast dunkel, dichtgedrängt voll. Einige Kerzen erhellen den Raum und die alten dunklen Bilder der Ikonen nur wenig. Freundlich macht man den Fremden Platz und bietet ihnen einen der wenigen Stühle an der Kirchenwand an. Lange dauert das Singen, traurig und dunkel klingen die Melodien, man beklagt den Toten. Auf die Gesichter der Fischer und Bauern fällt schwaches Licht. Besonders die Frauen mit ihren schwarzen Kopftüchern, geprägt von Armut und Arbeit, leuchten von innen. Unverhüllt spiegeln sie die Erwartung der Seele wider. Neu erfahren sie die Trauer des Todes, neu hoffen sie auf die Freude des Lebens. Die Inbrunst des Singens nimmt den Gast hinein in das Gebet. Einzelnes verstehen wir, das immer wiederholte: »Kyrie eleison«. Dann ziehen alle aus der Kirche hinaus, brennende Kerzen in der Hand. Voraus die Popen und Diakone, kleine Jungen mit Fahnen und Weihrauchfässern, der Chor und, getragen von Männern, eine mit Blüten über und über geschmückte Sargnachbildung mit der Ikone des Gekreuzigten: Christus wird zu Grabe getragen! Draußen leuchten die Sterne, der Mond geht auf. Stundenlang zieht die Prozession durch all die holprigen Gassen, den Ort zu segnen. Auch am Strand gehen wir vorbei, die Brandung schwillt an und verebbt. Kerzen und Mondlicht spiegeln sich auf den Wellen, Trauer und Freude sind ineinander verschlungen.

Zwei Tage später: Osternacht. Wieder ist die Kirche dunkel, die Enge noch größer. Der Pope geht hin und her. Lang erscheint die Zeit des Singens, noch klagt man über den Tod. Es wird still, dann der große Augenblick: Die Osterkerze wird hereingetragen! Nach dem langen Warten, bis in alle Fasern des müden Körpers hinein tief erfahren, das große Staunen: »Christus ist das Licht!« Dreimal wiederholt die klare Stimme des väterlichen Popen diesen Ruf. Und jetzt jubelt es auf: »Gestern bin ich mit Christus begraben, heute bin ich mit ihm auferweckt, halleluja!« Jeder drängt sich heran, die eigene Kerze zu entzünden. Fröhliches Lachen erfüllt den Raum, als dabei das Osterlicht verlischt. Schnell ist es neu entzündet: Die große weiße Kerze ist von roten Rosen umschlungen, und dabei ist erst Anfang April!

Wieder ziehen alle hinaus. Weit liegen Land und Meer vor uns, vom Mondlicht erhellt. Alles stellt sich mit brennenden Kerzen im großen Halbkreis auf. Es wird still, jetzt kommt der Höhepunkt: Mit der Osterkerze in der Hand, von lichttragenden Diakonen in goldblinkenden Gewändern umstellt, singt der Pope laut und klar das Osterevangelium. Manches Wort erkennen wir. Neu wird es für uns gegenwärtig: »Christus anesti – Christus ist erstanden!« Das wird zur Antwort aller. Jeder umarmt die um ihn Stehenden mit dem brüderlichen Osterkuß, Einheimischer und Fremder, Mann und Frau, Freund und Feind: »Er ist wahrhaftig auferstanden!«

Und dann beginnt das, was für Fremde erschreckend ist und sein soll, was für Griechen, die Großen und die Kleinen, lang erwarteter Ausdruck der Freude ist: das Feuerwerk! Dicht neben uns, an unseren Ohren vorbei, zischend und knallend: Die Felsen sind zersprungen! Hört ihr es, seht ihr es? Tod und Dunkel sind besiegt, Licht und Leben leuchten auf. Freut euch! Und in den Lärm hinein klingt das scheppernde Glöckchen der Kirche. Vom Berg herab sieht man, wie die Lichter der Heimkehrenden sich in den Häusern verteilen. Dort wird das Feuer im Herd neu entzündet; nach langem Fasten beginnt das Mahl mit grüner Kräutersuppe und roten Ostereiern. Am nächsten Morgen brutzeln in jedem Garten die Osterlämmer auf offenem Feuer. Christus ist erstanden, Leib und Seele erfahren es.

Dies ist der gotterschaffene Tag,
lasset uns freuen und jubeln.
Die ganze sichtbare und unsichtbare Welt
möge feiern den auferstandenen Christus,
denn ewig ist die Freude.
Laßt uns im unbeschreiblichen Osterlichte
den strahlenden Christus erblicken,
singet den Osterlobgesang!
Lasset uns fröhlich einander umarmen und sagen: Bruder!
Vergeben wir all unsern Feinden
um der Osterfreude willen!

Aus der Osterliturgie

Die Lerchen, zur Sonne sich hebend,
Singen: Christ ist erstanden!
Die Grasmücken in allen Büschen
Singen: Christ ist erstanden!
Die Schwalben um alle Fenster
Funkeln: Christ ist erstanden!
Die Herzen der Mädchen, der Jungen
Jauchzen: Christ ist erstanden!
Antwort geben die Gräber:
In Wahrheit ist er erstanden!

Ostkirche

»Aufsteigt im Osten
des Lichtes heiliges Morgenrot,
und
es hallen vom Lobgesang
die Räume des Himmels.
Jauchzend frohlockt die Erde.«

Ostkirche

Die Freude feiern

Freude steigt auf. Unscheinbar kann der Anlaß sein, aber die Welt erscheint uns wie in einem anderen Licht. Befreit atmen wir auf. Die Freude drängt uns dazu, sie mit anderen zu teilen. Froh wollen wir miteinander feiern. »Froh«, wer denkt schon daran, daß das Wort ursprünglich »hüpfen, springen« bedeutet? Ja, Freude macht leicht, bringt zum Schwingen, führt zum Tanz. Tanz, darin drückt sich das Geschenk unseres Geschöpfseins aus, dieser Zusammenklang von Leib und Seele, von Musik und Spiel der Gemeinsamkeit.

In Griechenland erlebte ich es an einem Ostersonntag: Die Großfamilie, vier Großeltern, Kinder, Enkel und Urenkel, war zusammen beim festlichen Mahl. Danach begann der Tanz, ausdrucksstark, beschwingt, von alter Tradition geformt, angeführt von einem der weißhaarigen Großväter. Hübsch war es, als in den Pausen die jungen Väter ihren ganz kleinen Kindern liebevoll die ersten Tanzschritte zeigten. Zwischendurch saß man zusammen und sang miteinander. Das Singen war getragen von den vollen Männerstimmen, wie der Kirchengesang sie geformt hatte. Oft waren es improvisierte, eben erfundene, humorvolle Strophen, beantwortet vom allgemeinen Kehrgesang. Und wir Fremden aus dem Ausland, ungewohnt solcher Festlichkeiten, wurden in überschwenglicher Gastfreundschaft mit hineingenommen. Man brachte uns vom Lammbraten und Harzwein und forderte uns zum Mittanzen auf.

Für mich war dieses Fest wie ein Ausdruck des uralten »hochzeitlichen Bandes« zwischen Mensch und Leben, aus dem heraus der Mensch wieder gesunden kann, das es wieder zurückzugewinnen gilt, wie es der Philosoph Gabriel Marcel sagt. Das hochzeitliche Band zwischen Mensch und Leben wächst da, wo Menschen wagen – trotz aller Bedrohung –, zum Dasein ja zu sagen!

»O Mensch, beginne in deinem Leben zu tanzen!
Jetzt ist es Zeit! Sonst können die Engel im Himmel
mit dir nichts anfangen!« AUGUSTIN (354–430)

Das Zeichen

Freunde, daß der Mandelzweig
wieder blüht und treibt,
ist das nicht ein Fingerzeig,
daß die Liebe bleibt.

Daß das Leben nicht verging,
soviel Blut auch schreit,
achtet dieses nicht gering
in der trübsten Zeit.

Tausende zerstampft der Krieg,
eine Welt vergeht.
Doch des Lebens Blütensieg
leicht im Winde weht.

Freunde, daß der Mandelzweig
sich in Blüten wiegt,
bleibe uns ein Fingerzeig,
wie das Leben siegt.

SCHALOM BEN-CHORIN (zu Jeremia 1, 11–12)

Die Älteren unter uns haben das, von dem dies Lied singt, unmittelbar erfahren, besonders die Soldaten des Krieges. Junge Menschen singen es gerne, auch wenn sie nur Wohlstand und relative Sicherheit erleben. Sie singen es in dem Wissen, daß unsere Welt heute weiterhin genauso bedroht ist. Vor dem nüchternen Verstand kann das Lied nicht bestehen, denn wir fühlen uns heute doppelt gefährdet. Aber im Herzen wird jeder, in jedem Jahreskreis neu, es als Wunder, als wiederkehrende Hoffnung erleben: »Daß der Mandelzweig wieder blüht und treibt!« Ein stärkeres Gewicht gewinnt das Gedicht dann, wenn wir bedenken, daß es durch die Glaubwürdigkeit gelebten Lebens bewährt ist. Schalom Ben-Chorin wurde 1913 in München geboren. Es gelang ihm noch die Ausreise nach Palästina. Nach dem Krieg bemühte er sich um die Verständigung zwischen Deutschland und Israel: »Ist das nicht ein Fingerzeig, daß die Liebe bleibt!«

Lob, schwing dich auf

Aufglänzt
der gottgeschaffene Tag.
Er macht die Todesnacht
zunichte;
in seinem Schein
erscheint der Sieger
leibhaft den Liebenden:
Erst seiner Mutter,
nun seinen Jüngern
und kündet das Wort
und öffnet die Herzen,
alles Verschlossene
sprengt er auf.

Dem graberstandenen
Heiland huldigt
geheilt, geheiligt
rings die Natur.
Verjüngt erwachen
aus Winterstarre
Saaten und Blüten;
Schwärme von Vögeln
schmettern ihr Lied.

Antlitz der Gestirne,
beim Kreuzestod verfinstert,
lichtet sich glorreich.
Die Erde, die tief
in den Festen geschwankt,
da man den Leichnam
ihr in den Schoß gesenkt,
grüßt den Erstandenen
mit grünen Reisern.

Erfüllt den Ostertag
alle mit Jubel:
Den Weg des Lebens
hat Christus uns aufgetan.
Meer, Länder, Sterne,
frohlockt!
Himmlische Chöre,
stimmt ein!
Aller Geschöpfe Lobgesang
schwinge empor sich zu Gott!

Notker der Stammler (950–1022)

Rudolf Alexander Schröder (1878–1962)

Botschaft der Hoffnung

Rudolf Alexander Schröder war ein vielseitig begabter »Humanist«, der als Architekt, Dichter und Übersetzer von Homer und Virgil, Molière und Shakespeare Anerkennung fand. Während des Zweiten Weltkrieges schloß er sich der Bekennenden Kirche an und schrieb zahlreiche geistliche Gedichte, von denen viele vertont und gerne gesungen wurden. Einige finden sich im Evangelischen Gesangbuch. Er selbst ist einen weiten Weg gegangen, bis er den folgenden Bericht schreiben konnte:

»Ich habe als Sohn eines frommen Vaterhauses etwa von meinem siebzehnten Lebensjahr bis gegen mein vierzigstes gemeint, alle Brücken zwischen mir und einem bekennenden Christentum abgebrochen zu wissen, dem ich mich hoffnungslos entfremdet wähnte ...

Nun habe ich in jenen Jahren trotz allem mein Erlebnis mit der Schrift gehabt ... Das waren die Berichte der vier Evangelien von der Auferstehung Jesu Christi. Wahr dünkten mich diese Geschichten, wahr freilich in einem Sinn, der weniger den Verstand als das Herz traf; gerade vor den Auferstehungsgeschichten habe ich's auch damals mit unwiderstehlicher Gewißheit empfunden. Ich habe mich vor ihnen, als Kenner der größten Leistungen meines Fachs, gefragt, ob ich es allen Ernstes für möglich halten könne, daß eine Erzählung wie die von der Begegnung in Emmaus oder die von dem Fischzug im letzten Johanneskapitel ein Märchen, gar ein ›zu frommen Zwecken‹ ausgedachtes und weitergegebenes Märchen sei. Und ich halte das ›nach bestem Wissen und Gewissen‹ als Kenner meines Handwerks für ausgeschlossen.

Es hat eine Weile gedauert, bis ich auch nur die notwendigsten persönlichen Folgerungen aus diesem Eingeständnis gezogen und den Sprung in den Abgrund gewagt habe, in das ›Stirb und Werde‹. Aber das tut nichts zur Sache. Die Gewalt jedes ihrer Worte, die Beschränkung auf das unumgänglich Wichtige und Nötige – schon damals mußte ich mir sagen, daß ich von keinem

Meisterstück in meiner Kunst wisse, das in irgendwelchem Punkte hier hätte standhalten können. So sind gerade diese letzten Berichte der Evangelien zu einem der Fäden geworden, die mich zurückgeführt haben in die Gemeinschaft derer, die das Osterfest feiern.

Noch ehe ich wußte, wie es eigentlich um mich stand, habe ich einmal gewissermaßen Probe aufs Exempel gemacht: Es war im letzten Frühling des Weltkrieges. Da starb unerwartet einer der Männer meiner engsten Freundschaft ... Dann saßen wir, ehe der Schwarm der andern Leidtragenden von nah und fern herangekommen, um den Sarg des Vaters und Freundes. Ich nahm die Bibel zur Hand und hab' uns die Auferstehungsgeschichten der Reihe nach vorgelesen. Da haben wir einen Trost verspürt, so gewaltig und fest, wie kein anderer je hätte sein können; und er ist mit mir gegangen bis heute und wird, so Gott will, mit mir gehn bis ans Grab und übers Grab hinaus. Es hat sich auch keiner von uns in jener Stunde daran gestoßen, daß die Berichte von dem Geschehen am Grab jedesmal ein wenig anders lauteten; das schien uns im Gegenteil ihren Charakter als den unmittelbarer Zeugenschaft nur in ein noch helleres Licht zu rücken.

Das war es, was ich habe erzählen wollen. Und da es der Bericht eines Mannes ist, der sich in vieler Weisheitslehre der Welt umgesehen hat und in jeder bis auf die Hefe ihrer Rat- und Trostlosigkeit durchgedrungen ist, mag er hier wohl seinen Platz haben, zumal er weit davon entfernt ist, andere Meinung richten zu wollen, weil er sich selber noch in den äußersten Vorhöfen weiß. Es ist mir schon genug, wenn man begreift, warum ich mir von den Ostergeschichten nichts abdingen lasse und mir eine Kirche, die sie fallenlassen würde, lieber gar nicht erst vorstelle.«

»Der auferstandene Christus wirkt im Zentrum
und auf dem Gipfel der Schöpfung
und führt sie zu ihrer Vollendung.«

PIERRE TEILHARD DE CHARDIN

Ostern heute

In der Dämmerung dieses Aprilabends gehen wir am Waldrand entlang. Über die grünenden Wiesen hinweg sehen wir das Farbenspiel der untergehenden Sonne. Der alte, emeritierte Naturwissenschaftler stützt sich schwer auf seinen Stock. Er erzählt von der Todesnachricht eines Freundes, einer nach dem andern ist nun nicht mehr da. Dann beginnt ein Gespräch, das mich tief aufwühlt: »Was soll das Gerede von Friedenskonzil und Bewahrung der Schöpfung – es ist alles irreparabel, es ist zu spät. Wir merken schon die Folgen der Klimaveränderung. Wer will die weitere Zerstörung noch aufhalten? In ein paar hundert Jahren können Menschen auf dieser Erde nicht mehr leben!« Mit bitterer Leidenschaft werden diese Anklagen vorgetragen. In mir bäumt sich alles auf. Wer Hoffnung zerstört, verhindert den Neuanfang, die Veränderung des Verhaltens. Aber was muß noch geschehen, daß uns endlich die Augen geöffnet werden?

Mir stehen plötzlich die beiden hoffnungslosen Jünger vor Augen, wie sie am Abend nach Emmaus wandern. Daraus erwächst mir die Kraft, zu widerstehen. Ist der Tod nicht ebenso eine unabwendbare, irreparable Tatsache wie die unaufhaltsam aufsteigende Nacht? Wo bleibt der Unbekannte, der sich den Wandernden zugesellt?

Auf dem Rückweg strahlt der Westhimmel immer leuchtender auf in lichtgoldenem Grün. Hoch darüber blitzt ein Stern. Tröstliches Zeichen in dieser Stunde. Was war denn dies Geschehen, damals in der Osternacht, von dem durch die Jahrhunderte hindurch Menschen neu einbrechendes Leben empfingen und sich von Todesangst befreit erfuhren? Wenn Ostern sich je als Wahrheit erwies, dann gilt das auch für uns. Ostern galt nie nur für den einzelnen. Von der ersten Überlieferung an verstand man die Auferstehung als ein umfassendes Geschehen für die ganze Schöpfung. Ostern hat eine kosmische Dimension! Damals wie heute ist Ostern Hoffnung wider den Augenschein, Aufbäumen gegen die Furcht vor dem Nichts – und die befreiende Erfahrung, daß sich neue, noch unbekannte Türen öffnen.

Mai

Daß dir die Freude wieder blühen möge

Daß dir die Freude wieder blühen möge!

Wie lange habe ich das Wort Freude nicht mehr gehört,
wie lange war es aus meinem Leben verbannt!
Wie konnt' ich so lange ohne Freude leben,
ohne Freude über den Sonnenaufgang,
dein täglich neu zu entdeckendes Gesicht!
Wenn unsere Hingabe die Fesseln nicht sprengt,
in die uns unser Kleinmut schlägt,
sind wir getrennt von der Fülle, Fahnenflüchtige der Erde,
nicht mehr für das Wagnis bereit,
uns zu ihrer Herrlichkeit zu bekennen.
Unerschöpflich sind die Anlässe zu dem Funken,
der uns in Brand setzt:
Aus allen Dingen spricht die Freude, und für alle
gilt die gleiche Sprache.
Sollten da nur wir Stammelnde sein,
die keine Erwiderung wissen auf die Geisteskraft,
die in den Gestalten wirkt?
Die Zikade, die für das Unmögliche eine Lanze bricht,
lehrte mich die Freude, und ich habe eingestimmt
in ihr Preislied, diese heimliche Quelle,
die unversiegbar bleibt, solange die Erde Früchte spendet,
der Vogel nistet und ihr Feuerrad die Sonnenblume dreht.
Verkettet durch die Freude,
die sie zum Sein erweckt und die von innen glüht
als Unterpfand des Schöpfungskerns,
ist das Samenkorn mit dem Kristall,
der Tau mit dem Edelstein.

Cyrus Atabay

Es blüht unser
vergängliches Dasein –
vergänglich, aber es blüht!

Ilse Langner

Einflug in den Mai

Kalt war der April, kahl ragten die Zweige in den grauen Himmel. Wir aber freuten uns auf den Urlaub im »sonnigen Süden«. Dort fanden wir Sonne, weiten Strand und blaues Meer. Wir fanden Gastfreundlichkeit, Frauen von großer Schönheit mit warmleuchtenden Augen und weißem Kopftuch, in weiten Pluderhosen. Vom Minarett rief der Muezzin. Liebenswertes, freundliches Volk!

Aber ein karges Land, von Menschenhand einst entwaldet: graue steinige Felshänge, Krüppelkiefern, dorniges, graues Grün, von Ziegen gierig gefressen. Unsere Augen suchten die wenigen Blüten an versickernden Bachläufen und dünne Getreideflächen auf felsigen Terrassen.

Nicht zu verkraften die Gegensätze: Wir Touristen in großen, weißen Hotels, mit fließendem Wasser und laufenden Rasensprengern. Dahinter die niedrigen Fischerhütten über der einstmals so stillen, fischreichen Bucht. Und zwischen ratternden Lastwagen schleppten Frauen kilometerlang vom einzigen Brunnen das Wasser herbei für die eine magere Kuh, für das winzige Gärtchen, zum Kochen und Waschen.

Fast wie eine Flucht war der Flug zurück. Wunderbar der leichte Aufstieg der schweren Maschine, wie von Luft getragen, aus der dunklen Tiefe des frühen Morgens in die strahlende Helle des Himmels, überglänzt vom Licht. Jedesmal neu wie eine Erfahrung von Transzendenz! Weiter Blick auf blinkende Schneefelder über den zackigen Felsen des Taurusgebirges, danach über das unendliche weiße wogende Wolkenmeer. Zurück blieb das graue, arme, so gastfreundliche Land.

Dann senkte sich die Maschine hinab. Immer näher rückte die Erde. In großen Bögen umkreisten wir den Flughafen – und wir sahen: Die Ebene war grün, leuchtend die Saaten, die Wiesen, dazwischen gelbstrahlende Rapsfelder. Tausendfältig grün zeigten sich die Waldhänge; schwarzgrün die Nadelhölzer, gelblich Eichen und Ahorn, rotschimmernd und lichtgrün Buchen und Erlen; dazu der Zauber der Obstblüte: an den Hängen weiße Kirschen und Birnen, in den Tälern rosa Apfelbäume. Ganz neu, wie zum ersten Mal, erlebten wir diese Schönheit und dachten fast wehmütig an die Tage, die wir versäumt, und das Knospen und Aufblühen, das wir nicht miterlebt hatten. Es wurde uns bewußt, welch ein Reichtum uns durch die Jahreszeiten geschenkt ist, wie bevorzugt wir durch unser ausgeglichenes Klima sind.

Nicht lange nach der Landung standen wir vor der Haustür. Aber bevor wir die Mäntel auszogen, gingen wir hinüber in die Gärten und waren überwältigt vom blühenden Mai in seinem Farbenrausch: hell- und tiefdunkelviolett der Flieder, leuchtend der Goldregen, weiß der Schneeball, lichtrosa die Zierkirsche. Darunter eine Farbensinfonie in Gelb, Orange und Rot: Azaleen, letzte Tulpen, Doronicum, blau die Hyazinthen, darüber das Lichtgrün der Linden.

Die warme Luft umhüllte uns mit einem unbeschreiblich reichen, vielfältigen Duft. Fast schmerzhaft war diese Schönheit. Eine tiefe Freude drang in uns ein und erfüllte uns mit Dank. Wir fühlten uns zu eng, um das alles in uns aufzunehmen. Aber gerade da erinnerten wir uns an die, die in engen Straßen wohnen und sich vielleicht nur an den wenigen Blüten eines kümmerlichen Obstbaumes in einem dunklen Hinterhof freuen können.

Zurück am Arbeitsplatz, begrüßte ich zuerst die junge Türkin, die dort arbeitet, und ließ mir von ihrer Heimat in Ostanatolien erzählen.

»vielleicht nur dies:
vor der hinterhausmauer
ein kleines büschelchen
veilchen«

J. LEHMANN

Singende, blühende Welt

Die Japaner besingen die Kirschblüte, und alle wollen nach Yoschino fahren, um sie zu feiern. Wissen wir eigentlich, daß wir ähnliches in großer Fülle haben? Wer hat die Wiesen besungen, die leuchten vom Gold des Löwenzahns, die lichten Schleier des Wiesenschaumkrautes? Wer hat die Hecken bedichtet an den grünen Wiesen und Feldern, wenn ihre schwarzen Zweige umhüllt werden von den leichten, weißen Blüten?

In diesem Jahr habe ich es doppelt erlebt. Einen Tag wanderten wir im Odenwald: Die Bäume in hellem Grün, an den Hängen blühte der Ginster, einzelne Rapsfelder strahlten in lichtem Gelb. Wir gingen durch einen Hohlweg, von Hecken gesäumt, bis dahin, wo ein feuchtes Bachtal eng von Sträuchern und Bäumen umschlossen war. Plötzlich geschah es – ein auffallender Vogellaut drang an unser Ohr! Ja, da sang eine Nachtigall mit kräftigem Schlag und langen melodischen Flötentönen. Wir standen und lauschten. Andere antworteten ringsum, dazwischen sangen Amseln, riefen Spechte, schlug der Buchfink. Gerade weil das nicht mehr selbstverständlich ist, war es für uns wie ein Wunder, wir waren wie beschwingt vor Freude.

Wir wanderten weiter zu den Westhängen, wo die Obstbäume blühen, gingen die kleinen Wege an Wiesen entlang mit weitem Blick über die Ebene. Dort setzten wir uns, teilten miteinander fröhlich das Mitgebrachte und sahen übers Land: Wiese für Wiese war mit Obstbäumen bepflanzt. Darunter weideten Schafe mit ihren Lämmern. Kirschen und Birnen waren fast verblüht. Beim Weitergehen umgaben uns Wiesen mit blühenden Apfelbäumen. Jede war mit einer anderen Sorte besetzt. Manche Bäume leuchteten weiß mit kräftig gelben Blütenpollen, andere in hellem Rosa, und auf der nächsten Wiese waren alle Bäume übervoll von rötlichen Blüten.

Eine sonnenwarme Luft umgab uns, und von jedem Baum, jeder Wiese drang ein anderer süßer Duft zu uns hin; unmöglich, das zu beschreiben! Ich fühlte mich wie berauscht von dieser blühenden Welt: »Trinkt, o Augen, was die Wimper hält, vom goldenen Überfluß der Welt!« (Und Nasen und Ohren auch!)

Ein Kirschzweig

Ein kleiner, braungrüner Zweig mit einem Büschel Kirschenblüten steht vor mir auf dem Tisch. Ich holte ihn herein von der Wild-Kirsche im Garten, da hatte er mir von der Freude gesprochen. Verzeih mir, kleiner Zweig, daß ich dich brach!

Du trägst deine Blüten, bevor die Blätter sich zeigen. So strahlt jetzt das lichte Weiß ungehindert. Ich schaue sie an, lasse ihre Schönheit in mich ein. Ich sehe die fünf kleinen, purpurgrünen Kelchblätter, wie sie schützend die fünf lichtweißen Blütenblätter umgeben. Aus ihrem Rund ragen die vielen zarten Staubgefäße heraus, umschließen den innersten Teil, den kleinen, hellen Stengel mit dem Fruchtknoten. Sie alle warten auf die Bienen, auf daß Frucht wachse.

Du kleine fünfstrahlige Schönheit, du bist Teil alles Blühens, alles Fruchtens, alles Lebens auf dieser Erde. Auch in dir liegt das ganze Geheimnis der Schöpfung verborgen! Aus enger, brauner Knospe des Winters entfaltetest du die lichten weißen Blütenblätter.

Oft fühle ich mich gepreßt und blind, verschlossen von dunkler Hülle, in Sorge und Angst, und merke alle Verpannungen, die mich klein machen und starr. Da stehst du vor mir, lichte Kirschblüte – ich spüre dein Leben, deine Weite; und ich kann mich lösen, schwinge wie du im Frühlingswind. Ich strecke mich dem Licht entgegen und fühle, wie Freude blüht: Auch ich trage das Geheimnis der Schöpfung in mir verborgen, trotz allem und immer wieder. So entfalte ich mich zum Rund, halte still und warte, was zu mir kommt, Leben in mir weckt. Dann werde ich die lichten Blütenblätter leicht dem Winde lassen.

Hab Dank, kleine weiße Kirschblüte auf dunklem Zweig, du hast Freude geschenkt!

»Alle wollen das Blütenmeer sehen
an den Berghängen von Yoschino.
Ein Zweig in der Nische genügt.«

Japanisches Haiku

Nun singt die Amsel wieder

Wenn erstes Grau die Nacht durchzieht, kommt sie.
Dann steige ich aus dem Bett, noch voller Schlaf.
Dicht vor mir sitzt sie. Auf einem Lindenzweig,
dessen Knospen schon wachsen.
Hoch reckt sie den Kopf, dem Himmel zu,
wo letzte Sterne zittern und Feuer im Osten aufglüht.
Sie singt. Ihr Körper bebt. Vor Hingabe. Das Lied der Amsel
ist wie ein Gebet. Ist helle Freude, hohe Lust.
Ich stehe am Fenster. Der Tag wird Sorgen bringen.
Wird die Taxe pünktlich sein, der Zug nicht zu voll?
Wo werde ich heute essen, wo schlafen?
Die Amsel auf dem Zweig lobt nur den Tag.
Ich werfe den Mantel über und höre zu.
Barfuß stehe ich, weil eine Amsel singt.
Einen Tag besingt, den sie nicht kennt.
Nun kommt der Tag. Sie fliegt fort. Aber sie kommt wieder:
Morgen, übermorgen, viele Wochen.
Und ich werde am Fenster stehen und hören.
Denn die Amsel wird wieder singen
und mir Freude schenken für den Tag.

Herbert Berger

Was weiß ich von den Bäumen?

Auf die Natur kann ich verzichten,
jeden Morgen das gleiche,
Wind und Regen, ein paar Wolken,
ab und zu eine lachhafte Sonne,
was weiß ich von Bäumen,
Vögel sind Vögel,
ich kann mein Gehirn nicht mit Singsang belasten,
an jedem Wegrand, auf jeder Rinne,
alles was grün ist, was soll ich mit Gras.

Hans Ulrich Treichel

Brief aus dem Gefängnis

Gestern abend habe ich ein herrliches Schauspiel gehabt. Ich bemerkte in der Fensterscheibe den leuchtenden Reflex einer Rosafarbe, die mich überraschte, da der Himmel grau war. Ich lief zum Fenster und blieb wie gebannt stehen. Auf dem völlig grauen Einerlei des Himmels türmte sich im Osten eine Wolke von so überirdisch schöner, rosa Farbe, daß sie wie ein Lächeln aussah, wie ein Gruß aus unbekannter Ferne. Ich streckte unwillkürlich beide Hände dem zauberhaften Bild entgegen. Wenn es solche Farben, solche Formen gibt, dann ist das Leben schön und lebenswert, nicht wahr? Ich sog mich mit den Blicken fest an dem leuchtenden Bild, bis ich plötzlich über mich selbst auflachen mußte. Herrgott, der Himmel und die Wolken und die ganze Schönheit des Lebens gehen mit mir und bleiben mit mir, wo ich auch bin und so lange ich lebe ...

Da liege ich still allein, gewickelt in diese vielfachen schwarzen Tücher der Finsternis, Langeweile, Unfreiheit, und dabei klopft mein Herz von einer unbegreiflichen, unbekannten inneren Freude, wie wenn ich im strahlenden Sonnenschein über eine blühende Wiese gehen würde. Und ich lächle im Dunkeln dem Leben zu, wie wenn ich irgendein zauberhaftes Geheimnis wüßte, das alles Böse und Traurige Lügen straft und in lauter Helligkeit und Glück wandelt. Und dabei such ich selbst nach einem Grund zu dieser Freude, finde nichts und muß wieder lächeln über mich selbst. Ich glaube, das Geheimnis ist nichts anderes als das Leben selbst, die tiefe, nächtliche Finsternis ist so schön und weich wie Sammet, wenn man nur richtig schaut.

In solchen Augenblicken denke ich an Sie und möchte Ihnen so gern diesen Zauberschlüssel mitteilen, damit Sie in allen Lagen das Schöne und Freudige des Lebens wahrnehmen, und daß Sie in einem sternbestickten Mantel durchs Leben gehen, der Sie vor allem Kleinen, Trivialen und Beängstigenden schützt.

Rosa Luxemburg

(etwa anderthalb Jahre vor ihrer Ermordung geschrieben)

In, mit und unter Bruchstücken unseres Lebens

Ein freier Tag, der den Alltag unterbricht. Ich fühle mich ausgelaugt, kraftlos, leer. Ich brauche etwas, was mich da herausholt. Weil »Festtag« – Himmelfahrt – ist, gehe ich in eine kleine benachbarte Kirche. Grauer Himmel und kühle, neblige Luft entsprechen meiner Stimmung; in mir die sorgende Frage: Wird mir dort das begegnen, was mir weiterhilft? Himmelfahrt, dies Fest des Christus als Herr des Kosmos!

In der Kirche sitzt verstreut die übliche Gemeinde. Auf dem Altar steht ein lieblos gesteckter Blumenstrauß mit weißen Herbst-Chrysanthemen. Ich spüre nichts Festliches, nichts Außergewöhnliches. Schon bin ich enttäuscht. Ein gewohnter Predigtgottesdienst beginnt. Wie schwer ist es für einen Pfarrer, Woche für Woche vor der gleichen Gemeinde mit ihren unterschiedlichen Ansprüchen »Außergewöhnliches« zu sagen!

Als der Text verlesen wird, bleibt etwas in mir haften, das Wort »Segen«. Vor meinen Augen sehe ich das Geschehen, diese kleine Schar der Angesprochenen, ihr Erschrecken, als sie merken, daß es um einen letzten Abschied geht. Sie werden ihren Messias nicht mehr sehen. Es bleibt ihnen »nur« ein Wort der Verheißung, nur das Warten auf eine Kraft aus der Höhe. Dann höre ich den Satz: »Er führte sie hinaus und segnete sie. Und es geschah, da er sie segnete, schied er von ihnen. Sie aber kehrten zurück mit großer Freude.«

Segen. Meine Gedanken wandern. Was meint dies Wort? Von unserem »Gesegnetes neues Jahr!«, »Gesegnete Ostern!« blieb nicht mehr viel übrig; aus dem Segenswort über dem täglichen Essen nur die leere Hülse »Mahlzeit!«. Segen, der hatte einmal eine tiefe Bedeutung. Man schnitt kein Brot an, man zog nicht in ein neues Haus ohne ein Segenswort. Eltern segneten ihre Kinder, wenn sie das Haus verließen, sie gaben ihnen auf dem Sterbebett den letzten Segen mit. Brauchen wir das alles wirklich nicht mehr? Was bedeutet es für unsere bruchstückhafte Existenz im Sichtbar-Greifbaren, wenn wir nichts mehr spüren von einer anderen Dimension, die uns über uns selbst hinausführt, die Sinn und tragenden Grund gibt? Heute, so heißt es, suchen junge Paare wieder häufiger den Segen zur Hochzeit. Fast jede Familie bittet beim Tod eines Angehörigen um den Segen am Grab. Weihnachten sind die Kirchen übervoll. Ist da nicht doch ein Ahnen, daß wir an wesentlichen Stationen unseres Lebens etwas brauchen, was wir uns nicht selbst geben können, daß wir des »Ewigen« bedürftig sind?

Segen. Ich denke nach, ab und zu durch ein Wort der Ansprache weitergeführt oder unterbrochen. Was ist mit den Erschreckten geschehen, die freudig zurückkehrten? Sie haben Segen empfangen, als sie über ihren Schmerz hinausgeführt wurden, als sie erfuhren, da geschieht Größeres, das auch ihr Leben zu einem Ganzen macht. Als Verwandelte kehren sie zurück. Vor ihnen ein neuer Weg. Segen meint doch wohl, daß sich in uns etwas verwandelt, daß in unsere so unvollkommene Welt Kräfte hineinwirken. Das wird ihnen bewußt an dieser Grenze ihres Lebens, als ihre Freude in Frage gestellt ist. Für die Jünger wird die Unmöglichkeit, sich am Sichtbar-Greifbaren festzuhalten, zur »gewissen Zuversicht« in eine Wirklichkeit, die wir nicht sehen, nicht begreifen können. Stationen auf einem Weg des Glaubens.

Meine Gedanken werden unterbrochen. Der Gottesdienst ist zu Ende. Plötzlich wird mir bewußt, daß auch ich in meiner Kraftlosigkeit etwas empfangen habe in, mit und unter unserer so bruchstückhaften Existenz.

Ich stehe auf, weil alle sich erheben. Da spricht der Pfarrer mit weit geöffneten Armen die Segensworte:

»Der Herr segne dich und behüte dich!
Der Herr lasse leuchten sein Angesicht über dir
und sei dir gnädig!
Der Herr erhebe sein Angesicht auf dich
und gebe dir Frieden!«

Pfingsten im alten Rußland

Morgen, am heiligen Pfingstfest, wird der Herrgott kommen und die ganze Erde durchwandern. Auch uns wird er besuchen. Morgen feiert die ganze Erde ihren Namenstag. Deshalb besucht sie der Herrgott auch. Jeder Mensch hat seinen Heiligen, seinen Schutzengel. Und unser Mütterchen, die Erde, hat den Herrgott selbst: am heiligen Pfingstfest. »Ich komm' hernieder«, spricht der Herr, »am heiligen Pfingstfest und werde mir alles anschauen. Ich komme zu Besuch.« Adam hatte gesündigt. Der Herr aber sprach zu ihm: »Durch dich ist die ganze unschuldige Erde verdammt. Schau nur an, was du getan hast!« Morgen wollen wir ihn kniefällig bitten – zur Erde gebeugt um unserer Sünden willen. Diese Erde hat ihm zu Ehren allerlei Blumen hervorgebracht, auch die Birken und Gräser ... Schau, wir werden sie ihm darbringen.

Die Urgroßmutter Ustinja hat mir ein Gebet anvertraut. Es steht in einem Buch der Altgläubigen. Wenn wir in der Kirche, mit Blumensträußen in den Händen, niederknien, dann sprich leise flüsternd zum Gras geneigt: »Wider dich, Mütterchen feuchte Erde, habe ich gesündigt, vernimm es, mit dem Leib und der Seele.« Wir alle versündigen uns an ihr. Wenn du groß bist, wirst du es verstehen, wie wir sündigen. Sonst wäre das Paradies auf Erden! Schau, morgen wird der Herrgott die Erde besuchen und sie segnen. Am Tage der Ausgießung des Heiligen Geistes wird er uns vielleicht Regen schicken ...

Ich schaue die graue Erde an – sie sieht jetzt so ganz anders aus, als sei sie lebendig – sie schweigt nur. Mir ist so froh ums Herz, und doch erfüllt mich, ich weiß nicht warum, ein stiller Gram.

Die Morgensonne blendet mich; denn jemand hat den Bettvorhang zurückgezogen. Ich kneife die Augen zusammen und entsinne mich: Heut' ist Pfingsten! Vor der Ikone der Dreifaltigkeit (ist) eine kleine Birke angebracht, in ihr glimmt eine Lampada (Lampe). Meine Kammer sieht jetzt so ganz anders aus, etwas Lebendiges ist darinnen. Ich schlendre durch die Zimmer. An jeder Ikone sind Birkenzweige befestigt. In den Ecken stehen Birken. Man meint, man sei gar nicht in einem Hause. Es duftet so wunderbar nach grünem Wald.

Wir ziehen mit Blumen beladen in die Kirche. Ich trage einen Strauß Maiglöckchen mit einer großen Pfingstrose in der Mitte. Die Einfriedung der Kirche verschwindet im Grün der Birken. Die Stufen sind so dicht mit Gras bestreut, daß man darin mit den Füßen einsinkt. Es duftet nach grüner Wiese. In der Kirche umfängt uns grünliche Dämmerung und Stille; man hört keine Schritte, denn alles ist durch das Gras gedämpft. Der Duft ist ganz ungewöhnlich. Der Gesang tönt von irgendwoher, hinter den Birken hervor. Birken stehen auch am Altar. Ich lausche – man singt das »Stilles Licht der heiligen, unsterblichen Herrlichkeit« und gleich danach eine ungewöhnliche, sieghafte Melodie: »Du bist der wunderschaffende Gott! . . .«

Das ist doch gar nicht unsere Kirche: das ist ein heiliger Garten. Wir sind hergekommen, um zu einem Feste Blumen darzubringen. Am Altar schaut zwischen den Birken unsichtbar der Herrgott auf uns hernieder. Mir ist gar nicht mehr bange. Denn mit uns sind alle diese Birken, Blumen und Gräslein hierhergezogen – und wir alle, wir Sünder, und die Erde selbst, welche nun zum Leben erwacht ist, verneigen uns in Anbetung vor ihm. Er ist unter der Birke gegenwärtig. Er ist mitten unter uns, ganz nahe! Und wir sind jetzt keine Sünder mehr . . .

Mitten in der Nacht erwache ich. Durch die Vorhänge zuckt ein Blitz, und der Donner rollt. Ich flüstere: »Heilig, heilig ist der Herr Zebaoth!« – und bekreuzige mich. Der Regen rauscht hernieder und schwillt zu einem Sturm an. Nun hebt der Tag des Heiligen Geistes an. Der Herrgott hat die Erde durchwandert und gesegnet: es wird einen guten Sommer geben!

Iwan Schmeljow

»Atme in mir, o Heiliger Geist, daß ich Heiliges denke.
Treibe mich, o Heiliger Geist, daß ich Heiliges tue.
Locke mich, o Heiliger Geist, daß ich Heiliges liebe.
Stärke mich, o Heiliger Geist, daß ich Heiliges hüte.
Hüte mich, o Heiliger Geist, daß ich es nie verliere.
Atme in mir, o Heiliger Geist.«

Augustinus (354–430)

O Feuerbrand der Liebe

O Feuergeist des Trösters, innigste Kraft aller Natur,
heilig bist du, in dem du Jedwedes zum Leben erweckst.
Heilig bist du, der du heilst, was gebrechlich ist.
O Feuerbrand der Liebe, in dem sich spiegelt,
wie Gott den Fremdgewordenen findet und sucht.
O Hoffnung aller, löse die Gebundenen!
Alles durchdringst du in Höhen, auf Erden, in Abgründen.
Durch dich fluten die Wolken und fliegen die Lüfte,
durch dich bringen die Quellen die Bäche hervor,
und quillt aus der Erde das frische Grün.

Du führst auch meinen Geist ins Weite,
wehest Weisheit ins Leben
und mit der Weisheit die Freude.
Daher sei dir Preis,
der du des Lebens Freude bist!

Hildegard von Bingen

Pfingsten – pentekoste – der fünfzigste Tag der Osterzeit ist das Fest der Sendung in die Welt. Acht Tage danach bringt Trinitatis eine Abrundung der großen Feste des Kirchenjahrs: Gott der »Dreieinige« hat sich in seinem Heilswillen offenbart. In der nun beginnenden zweiten Jahreshälfte, in der die Natur ihre Kräfte wieder einzieht, geht es darum, aus dem Empfangenen zu leben, den Glauben zu bewähren.

Pfingsten feiern

Mit jungen Menschen bin ich zusammen. Wir wollen miteinander Pfingsten feiern, es neu für uns entdecken!

Wir haben uns erinnert, daß Pfingsten auf die Erzählung vom Turmbau zu Babel zurückgreift, wo Menschen in ihrer Maßlosigkeit verlernten, einander zu verstehen, wo Sprache sich verwirrte und alles Planen scheiterte. Das Pfingstgeschehen ist wie eine Antwort darauf, und zugleich ist es Auswirkung dessen, was Ostern beginnt. Der Auferstandene tritt zu der verängstigten Jüngerschar, die sich hinter verschlossenen Türen versteckt. Er bringt seine Botschaft: »Nehmt hin den Heiligen Geist. Friede sei mit euch. So wie mich mein Vater gesandt hat, so sende ich euch!« Und die Verängstigten wagen sich hinaus, sind wie »Feuer und Flamme«. Göttlicher Geist hat sie erfaßt. Sie finden eine Sprache, die alle verstehen, und beginnen Menschen zu sammeln, die an Gottes Friedensreich bauen möchten. – Das ist Pfingsten!

So versammeln wir uns an diesem Frühlingsabend vor einem hochgeschichteten Holzstapel. Wir singen die neuen Lieder. Wir rufen zum Himmel, »daß er über allen aufgehe«! Jeder hat einen großen Karton vor sich und schreibt darauf, was ihn hindert zu leben, seine Trauer, böse Erinnerungen. Er schreibt darauf, was zwischen ihm und Gott, was zwischen ihm und dem anderen, was zwischen Menschen und Völkern wie eine Mauer steht.

Jetzt prasselt das Feuer auf, die Funken stieben glühend zum Himmel. Einer nach dem anderen wirft mit dem Karton seine Lasten hinein, damit das Feuer sie verzehre. Nun ergreift uns Fröhlichkeit und Lachen, wir umarmen uns im Friedensgruß, und wir tanzen um das Feuer, beschwingt und leicht. Danach sammeln wir uns, teilen flaches Türkenbrot, Wein und Saft, beten um den Segen und feiern Agape, das alte Liebesmahl, auch im Gedenken an die Hungernden in der Welt und die Fremdlinge in unserem Land. Wir sitzen am wärmenden Feuer, singen und erzählen. Offen sprechen wir über Fragen, Ängste und Spannungen, aber auch über Erfahrungen von Freude und Zuversicht. Wir versuchen, aufeinander zu hören und jeden einzelnen zu verstehen. Es ist, als ob ein lebendiger Geist unter uns wirke.

So feiern wir das Fest, das uns verbindet, das Freude weckt und Mut für die Zukunft. Unter uns wächst ein neues Ja zum Dasein und der Wille zu einem anders gelebten Leben.

Komm, Gott Schöpfer, lebenschaffender Heiliger Geist, erneure die Gestalt der Erde!

Der Song vom Dennoch

Ich singe ein trotziges Lied
das Dennoch gegen diese Welt
aller Verzweiflung ins Gesicht.

Und wenn mich der Schrecken packt
so reiße ich mich los
und singe weiter gegen den Wind.

Ich singe mein Lied
weil ich lebe auf dieser Erde
und nur im Singen Leben ist.

Ich murmele das Lied noch in der Nacht
und da höre ich ein anderes
das mit mir aufsteht für den neuen Morgen.

Gregor von Nyssa (334–396)

Gottes Dreieinigkeit

»O All, o Jenseitiger!
Denn wie anders dürfte man dich nennen?
Wie sollte ein Wort dich preisen,
keinem Worte bist du sagbar.
Wie soll Vernunft dich betrachten,
keiner Vernunft bist du faßbar.
Du bist unerkannt durch Gedanken;
denn durch dich erst ist Gedanke und Denkbares.
Dich preist, was sprechen kann und nicht sprechen kann.
Dich ehrt, was denken kann und nicht denken kann.
Aller Begehren, alle Schmerzen zumal sind um dich.
Zu dir fleht das All. Auf dich hin stammelt alles,
sinnend dein Sinnbild, schweigenden Hymnus.
Dir einzig verharrt alles. Zu dir hin drängt sich alles.
Und aller Ziel bist du: Du einer und alle und keiner.
Allnamiger, wie benenne ich dich, den einzig Ungenannten?
In das Dunkel über den Wolken dringt kein Verstand.
O Gnade – o All – o Jenseitiger!
Wie anders dürfte man dich nennen?«

Dieser Hymnus aus der Frühzeit der Kirche kann Türen öffnen zu dem Geheimnis, das wir mit dem Wort »Gott« aussagen: Ursprung, Mitte, Sinn und Ziel alles Seins. Diese Worte können aus Sprachlosigkeit befreien, um wieder staunen zu lernen: Gott, du bist verborgen! Verborgen hinter der blinden Geschäftigkeit der Menschen, hinter allen Rätseln dieser Welt, in der Unermeßlichkeit des Raumes! Dieses Staunen über Gottes Unbegreiflichkeit war bei vielen Theologen der frühen Kirche lebendig. Einer von ihnen ist Gregor von Nyssa. Weil er Gottes Unermeßlichkeit erahnte, wurde ihm die Aussage über die Menschwerdung zum Geheimnis. »Aus Liebe wird der Unsichtbare sichtbar, stieg der Unfaßbare zu solcher Niedrigkeit herab durch Christus, den ›Sohn‹.« Nun können wir zu dem Unbegreiflichen »Vater« sagen:

»Wer wird mir Flügel geben, wenn ich es wagen soll, dieses Wort nachzusprechen, mich im Geist aufzuschwingen, daß ich zu jener Macht komme, die alles Dasein trägt, daß ich Ihn mit dem vertrautesten Namen anrufe: Vater! Welche Seele ist zu diesem Worte nötig! Welches Vertrauen! Wer von uns dürfte wagen, solch ein Wesen Vater zu nennen?«

Das Ergriffensein vom Geheimnis, diese Sehnsucht über sich selbst hinaus prägte Gregor. Er war einer jener »betenden Kirchenväter« der Frühzeit, die versuchten, ein Bekenntnis des Glaubens zu formulieren. Es ging um die Grundfrage: Wer ist Christus? In Abwehr der Aussage: »Ein Geschöpf, ein herausragender Mensch«, entstand die Antwort: »Wahr Mensch und wahrer Gott, rettet von Sünd' und Tod.« Aber das hat Folgen für unser Gottesverständnis. In der Bibel heißt es: *»Gott* hat den *Geist* seines *Sohnes* in unser Herz gegeben, der in uns ruft: Abba, *Vater!«* Um diese Vielfalt, Lebendigkeit, Liebe und Größe in Worte zu fassen, bekennt man sich zu »einem dreifaltigen Gott« (Trinität) und weiß doch, daß alle Worte nur ein Stammeln sind: »Wer kann sagen, wie Gott ist? Wir reden von drei Personen, nicht weil wir damit der Wirklichkeit genügen könnten, sondern um nicht ganz zu verstummen« (Augustin, 354–430).

So bekannte man neben Vater und Sohn den Geist, durch den Gottes Liebe in uns wirkt, der die Gestalt der Erde erneuert. Übrigens gab es damals eine Tradition, die im Geist (= ruach, im Hebräischen weiblich!) das weiblich-mütterliche Element in Gott sah: »Ich will euch trösten, wie einen eine Mutter tröstet.« Auch Gregor sprach davon (de virginitate).

Eine weite Schau spiegelt sich in Gregors Schriften. Er sieht alle Schöpfung im großen Zusammenhang und hat eine hoffnungsvolle Vision der endgültigen Zukunft, weil Gott Liebe ist. Darin findet er Gelassenheit und Kraft, in seiner unruhigen Zeit zu wirken. Seine Darstellung der Schöpfung ist bemerkenswert modern: »Eins nach dem andern« gewinnt durch den göttlichen Geist Gestalt, in »notwendiger Reihenfolge«, »logischer Entfaltung«, »wachsender Beseelung« und »geistiger Begabung«. So wurde der Mensch geschaffen, denn:

»Es sollte das Licht nicht ungeschaut,
die Herrlichkeit nicht unbezeugt,
das Gute nicht ungenossen,
noch alles übrige nicht unbenutzt bleiben,
wenn keiner da wäre, der sich daran erfreut hätte.«

So ist der Mensch Ebenbild Gottes, sich selbst ein dreigestaltiges Geheimnis. In sich trägt er Materie, Leben der Pflanzen, Empfindung der Tiere, Leib, Seele und Geist als Einheit und wird gleichsam zum Bindeglied zwischen unbewußter Kreatürlichkeit und dem göttlichen Schöpfergeist. Aber diese Harmonie ist gestört: Der Mensch vergaß seinen Ursprung und verlor dadurch auch die eigene innere Harmonie. Nun ist alles voller Unruhe, voller Widersprüche, Täuschungen und Beschwerden.

Davon ist Gregors eigenes Leben, in einer Zeit tiefen Umbruchs, geprägt. In seiner Jugend nahm er noch die antike Bildung in sich auf und blieb für ihre Weite offen, auch nach seiner entschiedenen Hinwendung zu Christus. Er wirkte in einem Kernland der Christenheit, in Ostanatolien, der heutigen Türkei. Wohl nach dem Tode seiner Frau wurde er Mönch und übernahm nur mit Widerstreben ein Bischofsamt, weil er die Notwendigkeit aktiven Einsatzes erkannte.

Sicher werden wir heute Fragen an ihn und seine Zeit stellen, zum Beispiel an seine spätere einseitige Wertung ehelosen Lebens. Die Kirche damals befand sich in doppelter Gefährdung: anerkannte, reiche, abhängige Staatskirche zu werden und sich andererseits in leidenschaftlichen Kämpfen mit vielen Intrigen untereinander um das rechte Bekenntnis aufzureiben. Gregor war Wortführer beim Zweiten Ökumenischen Konzil von Konstantinopel, lebte eine Zeitlang am Kaiserhof, verlor sein Bischofsamt, kam in Gefängnis und Verbannung. Das Römische Reich zerbrach, »Barbaren« überfluteten die Grenzen, die antike Welt versank.

Für Gregor wurde das Gleichnis des verlorenen Sohnes zu einem Bild für Gottes Handeln an seiner Schöpfung. So wie der Vater den Sohn liebend in die Freiheit entläßt und nach dem

Zurückkehrenden Ausschau hält, so wußte »Gott die Zukunft und hinderte nicht, was geschah. Wie er den Abfall der Menschen schaute, so erkannte er auch ihre Rückkehr zum Guten.« In einer immerwährenden, durch Gottes Liebe bewirkten Bewegung wird der Weg des Menschen und aller Schöpfung durch diese und die zukünftige Welt zu Gott zurückführen. Der Tod ist keine absolute Grenze. Wer hier nicht Gott erkennt und ihm gemäß handelt, der wird drüben »erkennen, wie er erkannt ist«. Durch Irrtum und Sünde hindurch wird Gott, auch im Gericht, sein Bild in uns reinigen und vollenden. In jedem Menschen, oft verschüttet und in die Irre gehend, lebt ein unstillbares Sehnen nach ihm, zu dessen Bild hin er geschaffen ist. »Das Ziel des Suchens liegt jenseits alles Wissens, wie von einer Wolke allseits umhüllt von Unbegreiflichkeit.« Christus wurde Mensch, um alles in einer großen Verwandlung zur Gnade zurückzuholen, »auf daß Gott sei alles in allem«. »Wenn die Zurückführung erfolgt sein wird, dann wird der Dank der ganzen Schöpfung einstimmig« und ohne Ende erklingen:

»Du, o Herr, bist ewiger Quell der Güte.
Du hast den Kerker geöffnet,
Adam braucht sich nicht mehr zu schämen.
Alles hat sich für uns in Freude verwandelt,
der Himmel steht den Menschen offen.
Die Schöpfung, Himmel und Erde, durch Sünde zerrissen,
singt einstimmig das neue Lied.
Wir Menschen, den Engeln geeint, feiern das Gotteslob.
Darum laßt uns den Freudenhymnus jubeln,
den einst der Prophet anstimmte:
Es juble meine Seele im Herrn,
denn er umkleidet mich mit Heilsgewändern
und hüllt mich in den Mantel der Freude!«

In der Freude gegründet

»Status mundi in dei laetitia fundatus est – Die Gestalt der Erde ist in der Freude Gottes gegründet.«
CALVIN (1509–1564)

Mai – du bist der schönste Monat im Frühling, im festlichen Jahr! Deine Tage sind lang, die Sonne hat fast ihre Höhe erreicht; sechzehn Stunden steht sie am Himmel, sieben Stunden länger als im Winter. Wenn wir uns nur aufmachen, dann nimmst du uns hinein in die Wunder des Werdens. Merken wir es, wie die Erde atmet, sie »läßt aufgehen Gras und Kraut«, strömt alle Kräfte aus, dem Licht engegen. Noch können wir den Zauber des Schöpfungsmorgens erfahren – sei es im Kleinsten –, wenn wir uns dafür öffnen. Um uns her ist alles durchdrungen von werdendem Leben, alles, was da grünt und blüht, was geboren wird und sich zum Licht entfaltet.

Wir gehören hinein, sind allem Geschaffenen verwandt: »Der Vogel und der wehende Wind (sind) mir ähnlich und meine Brüder« (Hesse). Wem einmal Ähnliches begegnet, ahnt wieder, daß die Erde in der Freude Gottes gegründet ist.

Neu begegnen wir den Festen im Mai, die hineinverwoben sind in dies Werden, in die Wunder des Ursprungs:

Himmelfahrt: Christus als Herr und Hoffnung des Kosmos.

Pfingsten: Fest des lebenschaffenden Heiligen Geistes, der alles grünen läßt, alles durchflutet, der die Erde und das Leben der Menschen erneuert und der in uns wirken will.

Trinitatis: Geheimnis des »Dreieinigen Gottes«, Schöpfer, Erlöser, Vollender. Ich sehe es wie im Bild: Unsere Erfahrungen mit Gott sind wie ein Aufstieg zum Berggipfel. In den Jahren unseres Lebens erfahren wir ihn immer neu, immer anders. Ist dann Trinitatis nicht wie ein »schneebeglänzter Gipfel«, vor dem wir staunend stehen – ringsum unendlich weite Sicht?

»Wir sind gesättigt, o Herr, von der Fülle Deiner Geheimnisse.
Wir schöpften aus der heilbringenden Quelle Deiner Güte.
Wir schauen auf zu Deiner Herrlichkeit und bitten,
daß wir im hellen Morgenlicht Deiner Auferstehung
von Deiner Freude durchströmt sein mögen!«

Cyrill von Jerusalem († 386)

Sommer

Traum und Wirklichkeit

Sommerlicher Segen: Sonne, Regen und Erde

Segen sei mit dir, der Segen strahlenden Lichtes,
Licht um dich her und innen in deinem Herzen.
Sonnenschein leuchte dir und erwärme dein Herz,
bis es zu glühen beginnt wie ein großes Torffeuer –
und der Fremde tritt näher,
um sich daran zu wärmen.

Aus deinen Augen strahle gesegnetes Licht,
wie zwei Kerzen in den Fenstern eines Hauses,
die den Wanderer locken,
Schutz zu suchen dort drinnen
vor der stürmischen Nacht.

Wen du auch triffst,
wenn du über die Straße gehst –
ein freundlicher Blick von dir
möge ihn treffen.

Und der gesegnete Regen,
der köstliche, sanfte Regen
ströme auf dich herab.
Die kleinen Blumen mögen zu blühen beginnen
und ihren köstlichen Duft ausbreiten,
wo immer du gehst.

Der Segen der Erde,
der guten, der reichen Erde
sei für dich da.
Weich sei die Erde dir, wenn du auf ihr ruhst,
müde am Ende des Tages,
und leicht ruhe die Erde auf dir
am Ende des Lebens,
daß du sie schnell abschütteln kannst –
und auf und davon
auf deinem Wege zu Gott.

ALTER IRISCHER SEGEN

Traum und Wirklichkeit

Das Sommerlicht will uns segnen,
unsere Herzen erwärmen zum nötigen Tun.
Der Sommer ist Zeit der Lebensmitte,
so wie der Frühling der Jugend gleicht.
Wir wünschen, die Sonnenseite sei das ganze Leben.
Im Sommer sollen Blütenträume zu Früchten reifen.
Wir erfahren, Fruchtbäume müssen den Schnitt ertragen,
das Auslichten der Fülle, Abfallen von Unfruchtbarem,
Gedeihen braucht den Wechsel von Sonne und Regen.

Das junge Leben träumt vom Glück,
sieht Weite und tausend Wege vor sich,
und verwundbar ersehnt es eine bessere Welt.
Der Sommer bringt die Spannung zwischen Träumen
und der uns zur Gestaltung aufgegebenen Wirklichkeit.
In Geduld müssen wir lernen,
daß Erfüllung des Lebens Frucht langen Mühens ist.
Der Sommer fordert alle verborgenen Kräfte
und gibt Segen, von dem wir vorher nicht wußten.
Die Wirklichkeit ist beides: Licht und Schatten.

Zweifach die Träume: Leichtes Gelingen – bessere Welt.
Was wird aus den Träumen vor dem Gestein der Realität?
Resignation in Angst, Utopie, Umsturz von allem,
Flucht zur Scheinwelt, die flimmert von falschem Glück?
Opfern wir alle Träume dem Geld, dem Erfolg?
Nein, denn diese Welt braucht den Einsatz der Herzen
und braucht das nüchterne Denken und Tun,
damit unsere Wirklichkeit sich menschlich gestalte.

Im Sommer wird das Jahr gleichsam erwachsen –
und wir, wann geschieht es bei uns?
Sommersonne wendet ihr Gesicht tapfer dem Dunkel zu –
und wir, wann tun wir es ihr nach?
Sommerregen läßt Frühlingsblüten zu Früchten reifen –
und wir, setzen wir uns ihm aus?

Traum und Technik

Unsere Generation ist in eine zerreißende Spannung gestellt zwischen lebensbedrohenden Folgen der Technik und unserem bisher hilflosen Bemühen, die natürlichen Lebensgrundlagen zu bewahren. Angesichts dieser Wirklichkeit möchten wir in Nostalgie von einem Zurück zur Natur träumen oder auf Inseln der Privatheit flüchten, den Blick vor der Zukunft verschließend. Doch die Entwicklung ist unumkehrbar.

Die drohenden Gefahren sind nur mit Hilfe der Technik einzudämmen, in einem fortschreitenden, verantwortlichen Tun, das Folgen einbezieht und weitere Schäden vermeidet. Die Technik (technê = Geschick, Können, Kunst, Handwerk) ist dem Menschen als Schöpfungsgabe mitgegeben. Wir dürfen sie nicht dämonisieren. Sie hat unser Leben erleichtert und unseren Blick erweitert: Welche Wunderwelten zeigen das Mikroskop, die Teleskope! Wie schön ist ein Flug über die Wolken, über Kontinente hinweg! Wie eindrucksvoll sind die Präzision und die Ergebnisse der Raumforschung!

»Mein Glaube besteht in der demütigen Anbetung Gottes,
der sich selbst in den kleinsten Einzelheiten
der Materie offenbart.«

Albert Einstein

Aber wie gehen wir mit Technik um, zum Beispiel mit dem Fernsehen? Es kann die Not der fernsten Nächsten nahebringen. Es kann Verstehen fördern für fremde Kulturen. Es kann Einsichten vermitteln durch wissenschaftliche und politische Berichte und uns an Kunstwerke heranführen. Aber können wir, vor allem Kinder, Jugendliche und resignierende Zeitgenossen, ermessen, welchen Schaden ein unbegrenzter Konsum der Bilderflut hervorruft, wieviel Manipulation davon ausgeht?

Vor uns steigen die Gefahren der Gentechnologie, der Klimaveränderung, der Weiterentwicklung von ABC- und Laserwaffen auf. Wie soll das Leben auf dieser Erde weitergehen? Kann es noch eine Umkehr des Menschen geben? Wir können nur hoffen, daß er im Erschrecken vor »Störfällen« und Katastrophen »in sich geht« und eine andere, eine sanfte Technik entwickelt.

Wie sollten internationale Zusammenschlüsse – die UNO, der Weltkirchenrat, auch Greenpeace, Amnesty International, der Club of Rome – weltweit für eine bessere Zukunft, für Frieden, Gerechtigkeit und für die Bewahrung der Schöpfung wirken ohne Hilfe der Technik? Medien, Flugzeuge, Computer, Weltraumforschung sind nötig, um Gefahren zu erkennen und abzuwehren und einen Bewußtseinswandel zu erreichen.

Ich hörte die Voraussage einer »planetarischen Wende«, vergleichbar der kopernikanischen, aber in eine andere Richtung weisend. Ich träume davon:

Mit unseren Augen sehen wir die Erde, wie sie im Weltraum kreist: Das Bild eines kleinen blauen Planeten in seiner Schönheit, wie er über der toten Steinlandschaft des Mondes aufgeht im schwarzen, unermeßlichen Weltraum. Diese kleine Erde, der einzige uns bisher bekannte bewohnte Himmelskörper zwischen glühenden Sonnen und toten Planeten, von einer dünnen, verletzlichen Atmosphäre umgeben, die unser Leben möglich macht und zu einer so differenzierten Entwicklung führte.

Kann uns das nicht lehren, daß wir *eine* Menschheit auf *einer* Erde sind, die uns anvertraut ist und auf der alles voneinander abhängig ist?

Muß in uns nicht ein neues Fühlen, Denken, Handeln wachsen, eine neue Ehrfurcht vor dem Geschenk »Leben«, ein Staunen darüber, daß uns solch Erkennen möglich ist?

Der Herr ist unaussprechlich groß,
und seine Macht ist wunderbar.
Wir sehen von seinen Werken nur das wenigste,
denn viel Größeres ist uns verborgen.
Er hat es so geordnet, daß eins dem andern nützt.

JESUS SIRACH (aus Kapitel 43)

Gärten, Bilder des Paradieses

Immer haben Menschen Gärten geliebt. Dort fanden sie im Zusammenspiel mit der schöpferischen Natur ihre Nahrungsreserven, Zuflucht und eigengestalteten Raum. Kinder machten dort tausend Entdeckungen, und die Erinnerung daran begleitet sie ihr Leben lang. Diese Bilder der Kindheit wachen in uns auf, wenn wir von den goldenen Gärten der Vorzeit hören, von denen Völker der verschiedensten Kulturen erzählen. Die biblische Geschichte vom Garten Eden sagt mehr: Das Wort »Garten«, verwandt mit »Gürtel« und »Gurt«, ist das vom Flechtwerk Umschlossene, der Hag, das Gehöft; Hürde und Hecke hegen ihn ein. In der Frühzeit wurde der Garten der Wildnis oder der Wüste abgerungen: eine Nische, die seßhaftes Leben und Entfaltung der Liebe erst möglich machte. Auch das Wort »Paradies« bedeutet »das Umzäunte«; der Garten Eden ist ein bewässerter Fruchtgarten. So ist er nicht für ein »dolce far niente«, für ein süßes Nichtstun geschaffen. Immer war er Ort schöpferischer Arbeit, der Bestimmung des Menschen entsprechend, den Garten zu bebauen und zu bewahren und so dem Bilde des Schöpfers gemäß zu leben. In dieser verantwortlichen Mitgestaltung wurde der Garten zur Freude des Menschen. Dort lebte er in der Zusammengehörigkeit aller Kreatur, in der Begegnung mit Gott.

Im Garten begann das Leben des Menschen; in einem Garten kämpfte der Messias um das Ja zum Sterben; in einen Garten wird der Tote gelegt; dort, am leeren Grab, begegnet am Ostermorgen der Auferstandene der Maria Magdalena, die ihn für den Gärtner hält; im Garten der neuen Erde stehen Bäume des Lebens am Strom des Lebenswassers.

»Ich halte den Garten für die Keimzelle einer Erneuerung unserer Kultur.«

Klaus Michael Meyer-Abich

»Geh aus, mein Herz, und suche Freud
in dieser lieben Sommerzeit
an deines Gottes Gaben;
schau an der schönen Gärten Zier ...«

Dieses Lied Paul Gerhardts, kurz nach dem Dreißigjährigen Krieg entstanden, besingt Sommer- und Gartenfreuden, nimmt Blumen und Bäume zum Gleichnis menschlichen Lebens und hofft auf eine letzte Reise ins Paradies, in den himmlischen Garten.

Das Lied ist ein schönes Beispiel für ursprüngliche Frömmigkeit, die das ganze Leben, die ganze Schöpfung einbezieht. Wir Christen müßten wieder lernen, nicht nur auf Kirchenbänken sitzend von der Schöpfung in Liedern und Psalmen zu singen, sondern sensibel in ihr zu leben; die Natur als Einwohnung Gottes in all seinen Werken mit neuer Freude zu entdecken; sie nicht nur als »Umwelt« zu betrachten, sondern sie als »Mitwelt« zu lieben: Mutter Erde, Schwester Sonne, Schwester Wasser, Bruder Luft und Wind.

Der Sommer war für die Frommen ein Bild endzeitlicher Freude, Vision einer vollendeten Welt. Wenn wir dafür offen werden, erkennen wir, daß auch unsere Welt heute noch eine Ahnung vom Paradies in sich trägt und durchscheinend ist für eine ewige Ordnung, und seien es Gräser, die durch den Asphalt wachsen.

Johannes Walter dichtete 1522:
»Herzlich tut mich erfreuen die liebe Sommerzeit,
wann Gott wird schön verneuen alles zur Ewigkeit.
Den Himmel und die Erden wird Gott neu schaffen gar,
all Kreatur soll werden ganz herrlich, schön und klar ...
... wir werden Früchte essen vom Baum des Lebens stet,
vom Brunn der Lebensflüsse trinken zugleich mit Gott.«

Paradies und Vertreibung

Wenn wir dem Glanz der Schöpfung begegnen,
träumen wir vom Glück im unversehrten Paradies.
Wenn wir erschrecken vor der Zerstörung des Lebendigen,
ersehnen wir die neue Erde, Bild kommender Erlösung.
Die Bibel erzählt die Geschichte vom Garten Eden,
vom Griff nach der Verlockung, vom dornigen Acker.
Wenn wir diese Berichte lesen, erkennen wir,
daß sie nicht etwas lang Vergangenes schildern,
das einmal im Nacheinander geschehen sei.
Nein, sie zeichnen die Wirklichkeit, so wie sie ist:
Gerade heute brauchen wir den Blick für beides zugleich:
Anzeichen der Vertreibung, Spuren paradiesischen Ursprungs!
Die gute Schöpfung und die arme Natur, ausgebeutet, zerstört.
Wir erleben das Licht am Morgen, das Grün im Frühjahr.
Immer wieder geschieht unter uns das Glück der Liebe.
Zugleich leiden wir unter Streit, Zerstörung, Tod.
Einst schrieben Menschen die alten Geschichten auf.
Ihnen wurde ihr Dasein, ihre Erfahrung erhellt:
Über allem ist Gott, alles kommt aus seinen Händen.
Dem Menschen, seinem Ebenbild, vertraute er alles an,
es zu gestalten nach Gottes Art.
Doch immer wieder ist der Mensch blind.
Er fühlt sich eingeengt in den Grenzen seines Seins.
So zerstört er das Gute, das ihm zugedacht ist.
Das sagen die alten Berichte der Bibel uns Heutigen:
Bedenke, jetzt bist du Eva, die Mutter des Lebendigen,
und du bist Adam, mit Gottes Odem beschenkt!
Sieh das Leiden, das du dir und deinen Mitgeschöpfen
überall zufügst. Sieh, daß du das Leben bedrohst.
Du darfst nicht alles tun, was dein Verstand ersinnt,
wozu dein Können dich verlockt, es birgt den Tod!
Darum sieh, staune über die Schönheit der Schöpfung,
daß du Ehrfurcht und Trost gewinnst, um umzukehren!
Erkenne deine Verantwortung:
Leben zu lieben als Weg in der Gefahr!

Ja – aber

Du trittst heraus aus Zimmer und Häuserwand.
Dich umgibt lebendige Schöpfung.
Kleiner, verwilderter Garten am Rand der Stadt.
Linde Luft, Sonnenstrahlen,
die um den Häuserblock wandern.
Du siehst Grünen, Wachsen, Fruchten ringsum.
Du atmest würzigen Duft.
In dir werden Wälder und Moore, Felder und Wiesen wach.
Wie schön ist das Heute, der Morgen.
Paradiesischer Anfang.
Aber dann merkst du es: den Lärm der Stadt,
Autos, Radiomusik, Baumaschinen.
Auch das kannst du nicht überhören:
das ängstliche Warnen der Amsel vor wildernder Katze.
Ihre Jungen, noch nicht flügge, können sich nicht retten.
Der schwere Lastwagen bringt den Geruch von Benzin.
Die Luft wird kühler.
Ich sehe auf: Wolken schieben sich vor die Sonne.

Zu Ende der Traum!
Aus dem Paradies vertrieben?
Nein. Nicht Traum. Nicht Flucht.
Das möchte ich, das will ich lernen.
Das Erfahrene möchte ich festhalten:
Das Antlitz des Anfangs.
Es tief in mich einlassen, einatmen.
Und so der Vertreibung standhalten.
Dornen und Disteln, Schweiß und Tränen.
Schmerzen und Herrschaft. Stich und Tritt.
Zur Erde zurück.
Zum Staub, von dem ich geboren.
Ja – aber:
Staub, der das Paradies geschaut.

An der Paradiesgrenze

Sonderbar
daß hier noch immer
grüne Täler sind als schliefe in ihnen das Glück
und schattige Bäche
von denen man einst ganz sicher wußte
daß es sie gibt
und daß da noch solche Dächer sind
unter denen kleine Kinder schlafen
und das Haus ist dann erfüllt von einer völlig andren Stille

Sonderbar
daß die Wolken bei uns noch immer mit der Sonne segeln
wie rauschende Vögel
und daß es noch die einfache menschliche Güte gibt
außer dem was sich nach oben rankt

Daß reine Musik in den Türen steht
die plötzlich in die Kreuzgänge eines
Palastes verwandelt scheinen

Sonderbar
daß wir noch immer
so lieben und weinen wollen

Anna Kamiénska

Juni

Das Leben lieben

Das Leben lieben

»O halt uns Welt
im süßen Licht der Tage,
und laß
so lang ein Leben währen kann,
die Liebe währen.«

Marie Luise Kaschnitz

Wenn wir den engbebauten Straßen der Städte ausweichen, begegnen wir dem Zauber dieses Monats. In den Gärten sehen wir die leuchtenden Farben der frühen Sommerstauden, die üppige Fülle der Rosenblüten. Der warme Wind trägt uns den Duft von Jasmin, Jelängerjelieber, vom Holunder und den blühenden Linden herüber. Frühe Kirschen glänzen im Grün, und erste Johannisbeeren färben sich bunt. Salat, Radieschen und Kohlrabi werden erntereif. Denn das gehört zur Freude der Jahreszeit, daß wir sie schmecken. So wandern wir weiter und finden am Waldrand kleine rote Erdbeeren und erste süße Himbeeren. Am Wegrain blüht es; Wiesenkerbel und Hahnenfuß, auch Margeriten, Glokkenblumen und Mohn begleiten uns. Hier und da stehen Heckenrosen. Wie schön sind ihre leichten zart-rosa Blüten!

So bringt der Juni die Höhe des Jahres. Noch steigt bis zum Sommeranfang das Sonnenlicht und scheint auch in dunkle, enge Hinterhöfe der Städte. In diesem Licht wird es uns leichter, das Leben zu lieben und uns daran zu freuen. Die Schatten weichen zurück. Die Kraft des Lebendigen erweist sich stärker als Angst und Sorge. Wie schön ist dieser Monat!

Von dieser Zeit der steigenden Sonne spricht ein Liebesgedicht von Simon Dach, diesem Königsberger Dichter, der Anke von Tharau besungen hat:

»Die Sonne rennt mit prangen
Durch ihres Frühlings Bahn.
Sie lacht mit ihren Wangen
Den runden Erdkreiß an....«

Weiter singt das Lied von Wind, Blumen, Gras und Kräutern und von dem Vieh auf den Weiden:

»Der Schäffer hebt zu singen
Von seiner Phyllis an.
Die Welt geht wie im springen,
Es frewt sich was nur kan...«

Der Mensch aber »folge dem guten Rat, daß er seine Liebe nicht aufschiebe« und daß, »wenn er dazu ein ehrlich Mittel habe«, sich eines zum andern lege.

Dies Lied ist ein Ja zur natürlichen Freude des Lebens im Wissen, wie schnell der Sommer vergeht. Simon Dach erfuhr die Bedrohung durch Kriegswirren, Seuche und Hunger. Aber mitten darin bekennt er sich zum Leben, zur Liebe, und jede echte Liebe strömt über und wird allumfassend.

»Liebet die ganze Schöpfung Gottes, die ganze Welt und jedes Sandkörnchen auf Erden! Jedes Blatt, jeden Lichtstrahl Gottes habet lieb! Liebet die Tiere, liebet die Pflanzen, liebet jedes Ding! Wenn du aber jedes Ding lieben wirst, dann wirst du auch das Geheimnis Gottes in den Dingen erfassen! Du wirst es Tag für Tag immer mehr erkennen! Und du wirst dann endlich die ganze Welt lieb gewinnen in ihrer Einheit und mit einer Liebe, die das Weltall umfaßt!«

F. M. Dostojewski

Ein Frühsommertag

Plötzlich weißt du, wie wichtig das ist.
Jetzt – dir Zeit lassen.
Nichts tun, nichts wollen.
Nur – dasein.
Am Rande der Großstadt,
im Schatten hoher Buchen,
diese wundersame Stille des Sonntags.
Der Wind, der die Wipfel wiegte, schweigt.
Summen von Insekten in bunten Blüten.
Ab und zu Lockrufe von Vogeleltern,
zwitschernde Antwort der Jungen.
Von ferne Kinderstimmen,
leises Geräusch eines vorbeifahrenden Autos.
Vor dir Grashalme im silbrigen Schwingen,
Käfer, die daran emporklettern.
Stille.
Laß sie in dich ein.
Verbanne die kreisenden Gedanken,
was du tun, was du erledigen mußt;
Sorgen, die aufsteigen, laß sie beiseite.
Stille.
Gegenwärtig sein – lauschen
sich lösen – empfangen –

Du bist ein Teil dieser
noch so wunderbaren Welt,
umgeben vom frischen Hauch
des Wachsens und Blühens.
Sieh den blauen Himmel
über den grünen Baumsilhouetten;
die schnellen Vögel, die ihn durchschneiden.
Hörst du die frohen Rufe, die herabklingen?
Sieh den leichten Tanz der Blätter,
das Farbenspiel im Sonnenlicht.
Laß diesen Sommertag in dich ein.

Du bist ein lebendiges Wesen,
mitten im Lebendigen,
erweckt vom Anhauch des Windes,
vom Pneuma, dem Schöpfergeist.
Du spürst Leben in dir: Wärme des Körpers,
Schwingen des Atems, Schlag des Herzens.
Du atmest aus
allen grünen Blättern zur Nahrung.
Du empfängst
erneuerte Luft von ihnen,
um leben zu können.
Rings um dich ist lebendiges Leben,
nicht berechnet, nicht gemacht, nicht perfekt,
wie menschliche Hybris es will.
Es gibt Größeres als unser Vermögen.
Noch gibt es Lebenskräfte,
die aus sich selbst heraus
sich immer wieder erneuern.
Du spürst dich leicht, getragen,
du bist hineingenommen in den Strom des Lebens.
Frühsommertag vom ersten Morgenlicht an
bis zur langsam dunkelnden Nacht.

Der Rosenbusch

Es haben meine Wilden Rosen,
erschauernd vor dem Hauch der Nacht,
die windeleichten, lichten losen
Blüten behutsam zugemacht.
Doch sind sie so voll Licht gesogen,
daß es wie Schleier um sie weht.
Und daß die Nacht in scheuem Bogen
am Rosenbusch vorübergeht.

Hermann Claudius

Überraschender Gruß

Schickst mir den Lindenblütenduft
durchs Telefon, –
sagst auch.
»Die Heckenrosen blühen
schon, –
Holderbüsche sind über und über
mit Dolden bezogen,
die Amsel kommt durch den
frühesten Morgen
und am späten Abend
geflogen,
singt und singt, süß
und voll jubelndem Jubel
in diese Pracht«
und man möchte die Arme breiten
in dieser sternüberzogenen
Sommernacht ...
Schick mir den Lindenduft
durchs Telefon,
vergiß ihn nicht,
den tröstlich leisen
Ton ...

OTTO LOHSS

Liebe Freunde,
gerne komme ich wieder einmal zurück zu Euch!
Die wechselnden Jahreszeiten
sind für mich ein unfaßbares Erlebnis geworden:
Der herrliche Sommer, der goldene Herbst,
das Absterben des Lebens im Winter,
und dann das Wiedererwachen der Natur –
dies alles ist mir wie ein Wunder erschienen!
Beim immerwährenden Sommer meiner Heimat,
um den Ihr uns vielleicht beneidet,
kann dem Menschen der Kreislauf des Lebens
nie so deutlich werden.

BRIEF AUS INDONESIEN

Ein Sommerabend in der Stadt

Nach dem Konzert treten wir hinaus auf die Straße. Die hohen Sandsteingiebel der schönen alten Häuser am Marktplatz leuchten in warmem goldbraunem Glanz und fangen unseren Blick ein. Sie spiegeln den hellen Westhimmel, an dem eben die Sonne untergeht. Hoch von oben klingt das Srie-Srie der Mauersegler, dieser Boten des Sommers, auch über den Städten.

Die Fußgängerzone ist noch auffallend belebt. Alt und Jung hielt es nicht in den Häusern, man möchte diesen hellen, lauen Samstagabend draußen genießen, die Scheinwelt des Fernsehers bleibt abgeschaltet. Die Menschen wirken entspannt und beschwingt. Sie schlendern dahin, sehen hier und da in ein Schaufenster, sie sprechen miteinander und grüßen die Begegnenden.

Draußen vor den Lokalen und Cafés stehen Tische und Stühle. Auch von dort hören wir besinnliches Gespräch, Erzählen und fröhliches Lachen. Wir gehen zur Eisdiele und stellen uns dort mit in die wartende Schlange. Vorwiegend junge Leute sind es, die uns ältere ansprechen, auffallend offen und zuvorkommend. Plaudernd und scherzend wartet ein jeder, bis er an der Reihe ist.

Dann horchen wir auf. Es klingt wie Geigenmusik durch die Straßen. Wir gehen weiter. Auf einem Vorsprung am Kirchplatz sitzt ein alter Mann mit gutmütig-runzligem Gesicht und struppig-weißem Bart. Er hat ein Cello zwischen den Beinen. Junge Leute sitzen um ihn herum, horchen versonnen und selbstvergessen. Auch die Vorübergehenden dämpfen ihre Schritte, bleiben stehen und sprechen leiser. Irgendwo muß ein Jasminstrauch blühen, der warme, süße Duft weht heran, und hoch von der großen Linde, die voller Knospen ist, singt eine Amsel. Ihr Lied mischt sich in harmonischem Zusammenklang mit dem Cellospiel tief unter ihr.

Mir scheint, als ob alles, die Straßen der Stadt, die Menschen, Bäume und Vögel, umfangen ist vom Zauber dieses Abends. Ein Hauch von Stille, von Friedsamkeit liegt über allem.

Dann schlägt vom Kirchturm die alte Uhr. Erst zeigt sie viermal die volle Stunde an, dann erklingt es mit warmem, vollem Schlag zehnmal nacheinander. Die Fußgänger sehen auf ihre Uhren und vergleichen die Zeit. Der alte Mann steht auf und beginnt, sein Instrument einzupacken. Seine Zuhörer klatschen Beifall. Manche, gerade die Jungen, kommen zu ihm, reichen die Hand zum Dank, helfen beim Einpacken des Instruments und werfen Geld in die hingelegte Mütze. Eine alte Frau, auf den Stock gestützt, tritt heran, spricht den Spieler an und verneigt sich vor ihm. Langsam gehen die Menschen weiter. Allmählich ist der Glanz des Himmels gewichen, es wird dunkler. Das Licht der Straßenlampen gewinnt die Überhand. Nur die hohen Giebel am Marktplatz leuchten noch, jetzt von verborgenen Strahlern getroffen.

Was haben wir erlebt? Da war eine Atmosphäre von Feierabend, von südlicher Stadtkultur, versetzt in unsere Breiten. Die alte Funktion der Städte, kulturelles Ausstrahlungszentrum und Begegnungsort für Menschen zu sein, zeigte sich in den Straßen, die sonst nur von einer anonymen vereinzelnden Menschenmasse durcheilt werden. Menschen öffneten sich füreinander und spürten Verbundenheit. Einsamkeit, Rationalität und Kälte moderner Zeit waren für eine Weile durchbrochen. So kann die Stadt wieder zur Heimat werden und Wohnlichkeit gewinnen, nach der wir uns alle sehnen. Dieser Abend war wie ein Hoffnungszeichen.

»Mondbeglänzte Zaubernacht,
die den Sinn gefangen hält,
wundervolle Märchenwelt,
steige auf in alter Pracht.«

Ludwig Tieck

»Ab und zu – Du Gott – berührst uns«

Ein Geschehen, vor langer Zeit im Film gesehen:

Unterm grauen Himmel hockt ein schmächtiges Mädchen am Straßenrand, bitterlich weinend. Neben ihr ein alter Mann, graubärtig, in abgewetzter Jacke. Das Mädchen in seinem dünnen Kleid stößt schluchzend hervor: »Ich bin nichts wert, alles mache ich falsch. Vater und Mutter sind fern. Wozu bin ich da? Ich will nicht mehr!« Zornig stößt ihr Fuß einen grauen Stein, der staubig auf der Straße liegt, weit weg: »So wie dieser graue Dreck, so bin ich!« Der alte Mann steht auf, geht über die Straße, hebt den Stein auf, wäscht ihn sorgfältig in der Pfütze am Straßenrand, reibt kräftig daran und reicht ihn wortlos dem Kind. Das schaut den Stein an, dreht ihn hin und her, sieht auf mit leuchtenden Augen: »Der blitzt ja wie lauter Sterne! Schön ist er, und ich wußte es nicht.« Behutsam legt der alte Mann seine Hand auf ihre Schulter: »Ja, du fühltest dich wie ein grauer, staubiger Stein, weggeworfen, am Straßenrand. Aber das bist du, glitzernd von Licht. So sieht dich Gott, der dich auf dieser Erde haben will!«

Kennst du das, mitten im Dunkel oder im Sonnenlicht,
da geschieht es dir, eine leise Berührung.
Du fühlst dich durchströmt, atmest tief auf.
Woher kommt mir das?

Einmal, da nimmt Gott von dunkler, fruchtbarer Erde,
formt meinen Leib mit sorglicher Hand,
richtet mich auf, mich durchdringt sein göttlicher Atem.

Wir sehen uns an – und er freut sich seines Werkes.
Er läßt mich nicht aus den Augen, rührt mich an, ab und zu.
Er bittet: »Erkenne doch meinen Weg mit dir!
So möchte ich dich reifen lassen in Freude und Schmerz,
im Fallen und Aufstehen, auf krummem und gradem Pfad,
zum unentbehrlichen Stein im großen Mosaik der Welt,
auf daß du wirst, wie ich dich liebend gedacht!«

Die Liebe durchdringt das All

Hildegard von Bingen besingt die Liebe, die das All durchdringt. Teilhard de Chardin spricht von ihr als dem Strukturprinzip des Kosmos, das sich schon in den gewaltigen Anziehungskräften im Innern der Atomkerne zeige. In diesen Strom gehört die Liebe zweier Menschen zueinander. Deshalb ist es möglich, daß das Hohelied, ein altes Liebeslied, sich mitten in der Bibel findet und im jüdischen Gottesdienst der Passanacht gesungen wird.

»Gott will nicht die Einsamkeit. Darum schuf Gott den Menschen mit allem Zubehör unter der Sonne, damit es ihm auf Erden nicht einsam werde. Auch er, der Gott im Himmel, ist ja nie allein im Glanz seiner himmlischen Harmonien. Und so jubelt auch im Herzen des Menschen eine warme Freude auf, wenn eins das andere glücklich weiß, im gegenseitigen Erkennen und Schenken.«

Hildegard von Bingen

»So nahe am Herzen
eines Menschen zu ruhn,
daß man vor lauter Glückseligkeit
schon zu müde ist, auch nur die Hand zu heben
nach seinem geliebten Gesicht –
oder auf seine Lippen
noch den einen Kuß zu hauchen,
den zu geben man so sehr verlangt, –
das ist Liebe.«

Christine Busta (ein Gedicht der 67jährigen)

»Die innigste Verbindung der Leiber, aus der das Kind im Mutterleibe seinen Ursprung nimmt, ist ein Hinweis auf die Zeugungskraft der Ewigkeit und ein immer wieder sichtbares Zeichen für Gottes Schöpfungsgüte.«

Hildegard von Bingen

Juni

aufsteigendes Jahr
verlängerte Tage
pulsierender Lebenssaft
gesammelte Kräfte
Blüte
Schönheit
unberührte Bereitschaft

Mitte des Jahres
Mitte der Zeit
Fülle des Ganzen:
Begegnung
Hingabe
Empfängnis
Neubeginn

Sterben
Leben
Nichts
Alles
Spannweite
der Liebe
Tor zur Reife

Hildegard Stegmann

Ausgesetzt den Rätseln der Welt

Der Juni mit seinen hellen Tagen, mit der höchsten Entfaltung des Lebens im Jahreskreis, hat mich seit jeher verzaubert. Nie liebte ich das Leben mit solcher Intensität. Dies wurde mir am stärksten bewußt einst in der Runde um die Sonnenwend-, um die Johannisfeuer. Wenn uns der süße Heuduft umwehte, fühlte ich in mir ein zerreißendes Zugleich von Lebensfreude, Lebensdank und den Schmerz über Vergänglichkeit und aufsteigendes Dunkel. Viel später erkannte ich, daß ich in dieser Gleichzeitigkeit von Freude und Schmerz eine Grunderfahrung des Menschen durchlebte: die bleibende Spannung zwischen Leben und Sterben, zwischen Paradies: »Siehe, es war alles sehr gut« und Vertreibung: »Von Erde bist du genommen, zu Erde sollst du werden.« Aufgrund dieser Erkenntnis war das Thema »Paradies und Vertreibung« geplant vor der Katastrophe von Tschernobyl.

Aber als der Sommer 1986 kam und uns erst ganz allmählich bewußt wurde, was in Tschernobyl geschehen war, warf mich das in eine tiefe Krise, die mein Lebensvertrauen, meinen Glauben radikal in Frage stellte, ähnlich wie in den Nächten des Zusammenbruchs 1945. Wo war die schützende Hand eines liebenden Gottes? Diese Frage spiegelt sich in den folgenden Texten wider.

In diesen Tagen habe ich das Geschehen von Paradies und Vertreibung neu durchlebt. Mir wurde bewußt, daß ich bis dahin trotz Krieg und Wissen um neue Bedrohung wieder in einer »kindlichen Geborgenheit« wie »im Paradies« gelebt hatte. Geborgen in den Worten der Verheißung: »Solange die Erde steht, soll nicht aufhören Sommer und Winter, Saat und Ernte ...« Jetzt aber fühlte ich mich vertrieben, ausgesetzt allen Rätseln der Welt.

»So bleibt uns nichts übrig, als uns einzugestehen, daß wir nichts an der Welt verstehen, sondern von lauter Rätseln umgeben sind.«

Albert Schweitzer

Sommer-Sonnenwende 1986

Immer war es des Jahres Los
von der Höhe in die Nacht zu sinken.
Immer war es der Menschen Los,
Abschied zu nehmen für alle Zeit.
Immer schnitten die Messer das Gras,
und die Blumen welkten im Feld.
So war es allem bestimmt.
Aber immer neu stieg des Jahres Rad
aus Wintertiefe neuem Frühling zu.

Immer neu stieg das Sonnenlicht
über Dunkel auf zu neuem Tag.
Immer trotzten Menschen der Furcht
vor dem kommenden Dunkel.
Sie entzündeten helle Feuer
und tanzten in der kürzesten Nacht.
Immer rief Johannes der Täufer
und zeigte auf das kommende Licht,
auf das Kind, das blüht wie eine Rose,
mitten im kalten Winter, zur halben Nacht.

Aber lähmend kommt die Wolkenfrage
jetzt mit dem Wind uns zugeweht:
Wie lange währt die alte Wahrheit,
daß jedem Winter ein Frühling folgt?
Wir glaubten, die Erde sei ewig,
und getrost beuteten wir sie aus.
Jetzt aber schreckt uns eine Winternacht,
durch deren Wolken kein Licht dringen wird.

Uns schreckt eine todbringende Wärmeglocke,
unter der Gletscher schmelzen, Fluten steigen
und fruchtbare Erde zur Wüste wird.
Aber wenn wir die Erde verderben,
was können Mütter ihren Kindern antworten,
was bleibt noch, um hoffen zu können?

Die Frage bleibt

Ich muß mit dieser brennenden Wunde leben lernen, sie aushalten. Das ist es, was mich bedrängt: Ich begreife diese Welt und ihr Elend nicht. Keine rationalen und keine frommen Erklärungen können das ändern. Nein, ich kann die Schuld der Menschen, die das Leben auf dieser Erde zu vernichten drohen, nicht wie ein Bußprediger nur anklagend bei ihnen selbst einfordern. Meine Anklage wird zum Zweifel an Gott! Warum schuf er den Menschen, sein Ebenbild, so blind, so verführbar? Kennt die Liebe, die ihn in die Freiheit entließ, keinen anderen Weg, als dies mit millionenfachem Leid ohnmächtiger Wesen zu bezahlen? Was heißt »Gott ist allmächtig«? Was heißt »Gott ist barmherzig«? Fragen, die Abgründe aufbrechen lassen!

Ich blicke hinaus ins Grüne. Ich sehe den Sommerhimmel und das helle Licht. So schön ist diese Welt! Ich mache mir klar, daß Freude schon immer dem Leid verschwistert war, daß Menschen sehr oberflächlich und unsensibel bleiben, wenn sie sich der Tragik des Lebens verschließen. Aber ich finde keine Antwort.

An einem Nachmittag kommt Besuch. Wir essen Beeren aus dem Garten, trotz allem. Und die Fragen in mir werden wieder laut. Im Versuch, mich zu erklären, wird mir die eigene Situation verstehbar. Wie sollte ich nicht verstummen angesichts der Tatsachen, für die das Unglück in Rußland nur Symptom ist? Wie kann ich noch den wunderbaren Rhythmus zur Sprache bringen, diesen sich immer erneuernden Gang des Jahres durch die Zeiten: das Schöpfungsgeheimnis, das mich selbst durchgetragen hat, als nach Bombennächten am Morgen die Amseln sangen; als die Trümmer der Städte vom Grün überwachsen wurden?

Aber: Wie lange gilt das von mir so geliebte Wort vom Anfang der Bibel noch, diese Zusage: »Solange die Erde steht, soll nicht aufhören Saat und Ernte, Frost und Hitze, Sommer und Winter, Tag und Nacht«? Hat der Mensch jemals das nicht getan, was er konnte? Hat er sich jemals selbst Grenzen setzen können? Muß ich nicht verstummen angesichts dieser Unbegreiflichkeit? Wie viele Lebewesen sind im Lauf der Millionen Jahre der Entwicklung wieder verschwunden! Warum nicht auch der Mensch? Führt diese Bedrohung nicht unausweichlich zur Frage nach Gott selbst ...

»Der Alte Bund ist zerbrochen. Der Mensch weiß endlich, daß er in der teilnahmslosen Unermeßlichkeit des Universums allein ist, aus der er zufällig hervortrat. Nicht nur sein Los, auch seine Pflicht steht nirgendwo geschrieben ... Er muß aus seinem tausendjährigen Traum erwachen und seine totale Verlassenheit, seine radikale Fremdheit erkennen. Er weiß nun, daß er seinen Platz wie ein Zigeuner am Rande des Universums hat, das für seine Musik taub ist und gleichgültig gegen seine Hoffnungen, Leiden oder Verbrechen.«

Nur so ist eine »Ethik der Erkenntnis« möglich, schreibt Jacques Monod, Nobelpreisträger 1965, in seinem Buch »Zufall und Notwendigkeit« (1970).

Halte dich still, halte dich stumm,
nur nicht forschen, warum, warum?
Nur nicht bittre Fragen tauschen,
Antwort ist doch wie Meeresrauschen.
Wie's dich auch aufzuhorchen treibt,
das Dunkel, das Rätsel, die Frage bleibt.

THEODOR FONTANE

Höher als unser Begreifen

Langsam ertastete ich neuen Grund. Ich sah die Wirklichkeit: In diese Welt, so wie sie ist, bin ich gestellt. Ich lebe, ich bin mitverantwortlich für andere, für die weitere Entwicklung. Darf ich da verzweifeln? Ist mein Leben sinnlos angesichts aller Ungewißheiten? Leben ist Herausforderung, ist Anfrage an mich. Ich muß Antwort geben. Verzweiflung lähmt, mich und den andern neben mir. Ohne Vertrauen, ohne Hoffnung kann ich auf die Dauer nicht leben. Was bleibt? Es gibt keine rationalen Erklärungen für meine Fragen. Gott ist nicht beweisbar. Aber es gibt Erfahrungen, die in der Ungewißheit tragen.

Ich mußte neu anfangen. Ganz allmählich fand ich zu dem Frieden zurück, der höher ist als unser Begreifen, zu einem tiefer gegründeten Lebensvertrauen vor einem größer gewordenen Gott.

In diesem schmerzlichen Prozeß fand ich bei dem Theologen Karl Rahner Worte, die meinem Suchen Wege wiesen:

»Welcher Gott ist dir fern? Nicht der wahre, lebendige Gott. Dieser ist der Unbegreifliche. Fern ist dir ein Gott geworden, den es nicht gibt: Ein begreiflicher Gott der kleinen Gedanken; ein Gott der irdischen Sicherheit. Soll man solche Gottesferne nicht aushalten? Verzweifle in der Verzweiflung nicht! Es wird dir nur das Endliche genommen, *dein Bild* von Gott. Wenn du standhältst, dann wirst du merken, daß deine Leere nicht heißt, daß er fern und unwirklich ist, sondern daß er die *Unendlichkeit* ist, die nicht begriffen werden kann. Dann kommt dir ein Vertrauen, das sich nicht mehr fürchtet; das Leben, das im Tode aufgeht.«

Robert Jungk (* 1913)

Das Ja zur Zukunft

Robert Jungk war einer der ersten, der auf die Gefährdung der Zukunft hinwies. Bis heute ist der Altgewordene unermüdlicher Warner. In Berlin geboren, fand er durch Martin Buber zu seinem Judentum zurück und wanderte 1933 nach Palästina aus. Heute lebt er in Österreich. Er sagt selbst, daß die Kraft seiner Hoffnung, seine Vision einer brüderlichen Welt auf dem prophetischen Zeugnis der Bibel ruht. Er nennt Gründe, die gegen einen unvermeidlichen Weltuntergang sprechen:

»Fehlurteile sind vor allem aus drei Unterlassungen zu erklären:

1. Dem Überhören neuartiger und daher ungewohnter ›leiser Signale‹, die sich im Denken und Handeln von Personen und Gruppen ankündigen, welche mit dem herrschenden Zeitgeist nicht konform gehen.

2. Der Annahme, daß ›der Mensch sich nicht ändert‹, die vielleicht bei kurzfristiger Betrachtungsweise zutrifft, langfristig jedoch nicht voll aufrechterhalten werden kann.

3. Der Unterschätzung der menschlichen Phantasie, die immer wieder unerwartete und unvorhersagbare Problemlösungen in scheinbar ausweglosen Lagen findet.

Gerade die Unsicherheit und Gefährdung der Welt kann statt zu lähmen auch mobilisieren.

Wer die Hoffnung erschüttert, indem er Erfolglosigkeit prophezeit, lähmt jene Kräfte, die das Rettende noch ins unsichere Spiel bringen.

Die Angst müßte zum Antrieb werden, in einer entscheidenden, vielleicht in der Tat der entscheidendsten Stunde des Menschengeschlechts, dem Drohenden zu widerstehen und ihm auch ohne Erfolgsgewißheit Ansätze anderen Denkens, anderen Tuns entgegenzusetzen.

Verzweiflung ist ein ›Luxus‹, den wir uns in unserer Lage nicht leisten dürfen.«

»Hoffnung, sagt sie, und Liebe, das süßeste Wort«

Erst wenn wir aufgeben, den Stein am Fuße des Berges liegen lassen und nicht mehr Sisyphus sein wollen, erst dann wären wir ganz verloren.

Günter Grass

»Und immer war einer, der sagte, die Sonne geht unter,
und immer war einer, der sagte, fürchtet euch nicht.

Vom Kommenden hör ich sie flüstern, die ewige Stimme.
Nicht von Maschinen spricht sie,
nicht von Vermehrung der Ernten,
nicht von gewonnenem Schiffsraum.

Zusammenklang, sagt sie, und Würde des Menschen und Freiheit.
Hoffnung, sagt sie, und Liebe, das süßeste Wort.«

Marie Luise Kaschnitz

Anfang der achtziger Jahre gab es in einer Schule in den USA eine Umfrage über die Wahrscheinlichkeit eines Atomkriegs. Alle Kinder, bis auf eins, bejahten die Frage. Als man das Kind fragte, warum es nicht mit einem Atomkrieg rechne, sagte es: »Weil Papi und Mami dagegen arbeiten.«

Nach Dorothee Sölle, »Ein Volk ohne Vision geht zugrunde«

Auf der Höhe des Jahres

Wie schön ist dieser Monat, geben wir ihm Raum!
Er nimmt uns mit auf die Höhe des Jahres.
Sein Anfang ist frühlingshaft jung im hellen Grün.
Eine Fülle des Lichtes, der Düfte bringt er uns.
Die Tage wollen nicht mehr dunkel werden.
Wenn die Sonne scheint, möchte die Seele Flügel ausbreiten,
möchte eintauchen in die Freude dieser Tage und erkennen:
Der Kosmos ist schön, alles Geschaffene gut.
Regen und Kühle, sie können das nicht verstellen!
Wem dies geschieht, und sei es einen Augenblick lang,
sei es vor einer blühenden Linde im Straßenverkehr,
sei es in einem Blick der Liebe, der uns beglückt,
der erfährt Einssein mit allem, mit sich selbst,
Freude des Daseins, Liebe als Maß der Schöpfung. –
Die Höhe des Jahres – sie öffnet uns weiten Blick.
Aber auf ihr kann ich nicht verweilen.
Ich bin aufgestiegen – ich werde absteigen.
Und die Erfahrung von Schönheit und Liebe macht verletzlich,
verwundbar für alles Widersinnige dieser Welt.

Sinnbild dafür ist der Prophet Johannes der Täufer,
dessen Fest wir im Juni feiern, in der Mitte des Jahres.
Sein Leben wurde Hinweis auf alle Vergänglichkeit:
Dies ersehnte Kind, sechs Monate vor Weihnachten geboren,
beglückt von der Berufung, Vorläufer des Heils zu sein,
froh als Freund die Stimme des Kommenden zu hören.
Aber es kommt für ihn die Stunde des Abnehmens,
Gefängnis, Zweifel, Tod durch die Laune der Mächtigen.
Rätsel des Lebens – immer neu erfahren.

So liegt beides zugleich über den Johannisfeuern:
Überschwang des Lichtes, Unbegreiflichkeit der Nacht.
Und es ist die Sehnsucht der Sonnenwende,
Ausschau zu halten auf der Höhe des Jahres
nach unvergänglicher Liebe, bleibender Freude,
nach dem wachsenden Licht.

Gott des Kosmos,
unbegreifbar
über aller Zeit.

Wir brauchen Dich
heute nötiger
als je ein Geschlecht.

Laß Dich erfahren
als Bergung
über Verstehen hinaus.

Verwandle uns,
daß wir Zeichen lesen
an der berstenden Wand.

Reiße uns aus Verzweiflung,
baue die Brücke
der Hoffnung.

Die Erde zu retten
vor dem Verderben,
das wir bringen.
Du hast sie uns anvertraut.

Laß wahr bleiben,
was Propheten sagten:
»Wo aber Gefahr ist,
wächst das Rettende auch!«

Juli

Unterwegs sein

Unterwegs sein

Es ist Sommer geworden. Er hat sonnige Tage mit sich gebracht. Jetzt möchten wir unseren Arbeitsalltag, das Leben in »geschlossenen Räumen«, am liebsten sprengen. Wir sehnen uns hinaus ins »Freie«. Für viele bringt der Juli den ersehnten Urlaub. Da wiederholt sich etwas von dem Kinderglück, wenn am letzten Schultag Hefte und Bücher gleichsam von uns abfielen. Endlich Ferien!

Wir freuen uns auf das große Atemholen, den Aufbruch aus dem Netzwerk von Pflichten und Zwängen, hinaus ins Ungewohnte, in die Begegnung mit unverstellter Natur – soweit noch möglich –, in die Freiheit eigener Lebensgestaltung, in das Unterwegssein. In diesem Wechsel begegnet uns etwas vom Geschenk polarer Rhythmen: Ebbe und Flut, Begeisterung und Ernüchterung, Aktivität und Ruhe, Zuhause und Auf-dem-Wege-Sein. Alltag und Urlaub, von beidem her strömt uns die Ganzheit des Lebens zu.

So braucht der Urlaub etwas von der polaren Spannung zu unseren üblichen Gewohnheiten: Nicht der Hektik verfallen, lassen wir uns Zeit, uns im Miteinander wieder neu zu entdecken. Zeit haben zum Spiel, zu Liebhabereien, aber auch zur Besinnlichkeit, zu Ruhe und Stille. (Das ist nicht einfach zu finden!) Ferien können wir auch im Garten, in der eigenen Umgebung von Herzen genießen. Aber unterwegs, da wollen wir uns Unbekanntem öffnen, eigene Entdeckungen machen, abseits von Betrieb und Menschenmengen offen sein für das »Fremde« in fremden Ländern. Wir brauchen das »andere«, auch die Einfachheit einer Hütte, eines Bauernhofes, die Stille des Waldes, den Duft der Feldwege, die Weite des Meeres, die Herrlichkeit der Berggipfel.

»Fragen wir einen Menschen, der, auf einer Hochtour begriffen, das Alpenglühen erlebt und von der ganzen Herrlichkeit der Natur so ergriffen ist, daß es ihm einfach kalt über den Rücken läuft – fragen wir doch einmal ihn, ob nach solchem Erleben sein Leben noch jemals gänzlich sinnlos werden kann.«

Viktor E. Frankl

Es ist zu wenig, in den Ferien nur äußerlich den Ort zu wechseln. Wir sollten die schöne Möglichkeit erproben, auch innerlich uns auf den »Weg« zu machen, allein, mit der Familie oder mit Freunden. In dieser geschenkten Freiheit können wir entdecken, was in uns jung geblieben ist, können dem so oft »verlorengegangenen« tieferen Ich wieder Raum geben. Das kann dann zum inneren Unterwegssein führen.

In unserer Sprache verbirgt sich viel Lebensweisheit. Hören wir einmal auf die Worte: Gehen, Wandern, Weg, denn das wird oft Ferienfreude sein. Gehen, darin steckt: eine Fährte, eine Richtung, einen »Sinn« suchen, dem nachsinnen. Ein nachsinnendes Wandern kann »sich wandeln, sich wenden, aus Erstarrungen aufbrechen« bedeuten. Auch mitmenschliche Beziehungen können sich so erneuern, vielleicht not-wendige Lösungen finden, ein neues Miteinander wagen.

»Weg« leitet sich vom Wort »Waage« ab. Sehen wir sie einmal vor uns, die Waage: Sie schwingt, von einer Mitte getragen, hin und her, schwingt aus, bis sie zum Gleichgewicht findet und damit zu einer beschwingten Ruhe. Kennen wir das nicht beim Gehen, besonders, wenn wir in Bedrängnis sind? Wie oft schon kehrten wir zurück, innerlich gelöst, beschwingt, hatten zum inneren Gleichgewicht zurückgefunden und erkannten auf unserem Weg, im Wandern und Gehen wieder die Richtung, den Sinn.

So können wir erneuert in unseren Alltag, nach »Hause« zurückkehren, in der Hoffnung, daß die verwandelte Lebenseinstellung sich auch in unserer Umgebung auswirkt. Mit Freude spüren wir das junggebliebene Herz in uns, das unterwegs bleibt, auch im Älterwerden. »Die Seele nährt sich an dem, woran sie sich freut« (Augustin).

»Anfangen
Sobald du dich auf den Weg machst,
öffnet der Horizont seine Grenzen.«

Verfasser unbekannt

Übers Gebirge gehen

Am 2. Juli gab es ein heute vergessenes Fest; es steht in innerem Zusammenhang mit dem Thema »Unterwegssein, sich wandeln«. Die lutherische Agende erwähnt noch die Begegnung von Maria mit ihrer Verwandten Elisabeth. Die Bibel berichtet, wie Mirjam, Maria, die junge jüdische Frau, die wegen ihrer Schwangerschaft sicher in ihrem Dorf ins Gerede gekommen war, sich eine Zeitlang aus ihrer Familie löste und eilends aufbrach, über hundert Kilometer weit.

Sie wanderte übers Gebirge von Galiläa nach Judäa zu Elisabeth, die im hohen Alter noch ein ersehntes Kind erwartete: Johannes, den man später »den Täufer« nannte.

Ein Volkslied singt von dieser Wanderung: »Maria durch den Dornwald ging, da haben die Dornen Rosen getragen ... Was trug Maria unter ihrem Herzen, ein kleines Kindlein ohne Schmerzen, Jesus und Maria.« In der Liturgie des Festes wurde aus dem »Hohenlied« gelesen. Der Winter ist vorbei, die Blumen blühen, und ein Ruf ertönt: »Stehe auf, du Schöne, komm!« Vom Freunde heißt es: »Sieh, er kommt, hinspringend über die Berge, hüpfend über die Hügel.«

Lukas erzählt von der Begegnung der Frauen, beide gesegneten Leibes. Mittelalterliche Bilder zeigen Maria und Elisabeth in inniger Umarmung, wie sie sich gegenseitig zart die Hand auf den Leib legen, um das werdende Leben zu spüren und zu segnen. Als bei der Begrüßung das Kind im Leibe der Elisabeth »vor Freude hüpft«, da tröstet und ermutigt Elisabeth ihre junge Verwandte: »Du bist gesegnet, Maria, es wird alles geschehen, wie Gott es bestimmt hat!« Glücklich beginnt Maria zu singen: »Mein Geist freut sich Gottes, meines Heilandes ...«, und sie preist ihn, daß er die Niedrigen ansieht und erhöht, die Armen mit Gütern segnen wird, aber die Hoffärtigen zerstreut, die Gewaltigen vom Throne stürzt und die Reichen leer ausgehen lassen wird.

Heute merken wir, wie dieses Lied der Maria, das »Magnifikat«, im Grunde revolutionär, auf Veränderung bedacht ist. In unseren Tagen machen Frauen in Süd- und Mittelamerika und in Südafrika es sich bei ihren Zusammenkünften neu zu eigen. Es wird für sie zu einer Quelle der Hoffnung, zu einer Kraft zum Aufbruch.

Im frommen Volksbrauchtum ist das Fest sehr beliebt gewesen und in die Lebenswirklichkeit hineingestellt worden. Frauen und Mädchen wanderten an diesem Tage zu weit entfernten Wallfahrtskapellen. Den Tag über waren sie fröhlich und fromm zusammen und einmal ganz unter sich. So konnten sie über Persönliches miteinander reden, sicher auch angeregt von dem, was die Bibel so selbstverständlich erzählte und was in den Andachten gelesen wurde. In ihren Gebeten fühlten sie sich in den Glanz des göttlichen Geheimnisses mit einbezogen, das Maria und Elisabeth umschloß. Dies »Übers-Gebirge-Gehen« wird mancher Frau geholfen haben, ihr Frauenschicksal tiefer zu verstehen, und Mädchen werden unbefangener nach Empfängnis, Schwangerschaft und Geburt gefragt haben.

Spätere Legenden schmückten die Erzählung weiter aus. Sie berichteten, daß Maria überall am Rand des steinigen Pfades erste Erdbeeren fand, sich daran laben konnte und so zum Haus der Elisabeth geführt wurde.

In der Begegnung von Maria und Elisabeth schwingt noch Tieferes mit. Warum erzählt Lukas davon? Sicher will er ein frühes Christuszeugnis geben. Aber wir fragen weiter. Maria machte sich eilends auf den weiten Weg. War es eine äußere, eine innere Bedrängnis, konnte sie nicht fassen, was ihr geschehen war, suchte sie einen Menschen, der sie verstand? Wir wissen es nicht. Lukas sagt, das Kind im Leib der Elisabeth hüpfte vor Freude. Welche inneren Schwingungen gehen hier vor sich? Eins ist sicher, diese Begegnung der beiden Frauen »jenseits des Gebirges« hat in Maria etwas verwandelt. Sie findet die innere Bestätigung: Ja, Gott steht zu mir! Das öffnet ihr den Mund zu Freude und Lob. Sie hat erneut den Sinn ihres Lebensweges gefunden.

Verwandlung des Lebens

Schon länger arbeite ich mit einer jungen Frau zusammen. Vor einiger Zeit vertraute sie mir – in tiefer Freude – an, daß sie ein Kind erwarte. Mich bewegte das stark. Ich dachte an andere Gespräche der letzten Woche mit einer etwa gleichaltrigen Frau, die unter dem Druck von Schwierigkeiten und Spannungen die Kraft nicht mehr fand, ihr Kind auszutragen, und nun von ihrer inneren Zerrissenheit zwischen Trauer und Erleichterung sprach.

Nun sitze ich in der Pause mit der jungen Mitarbeiterin zusammen, sie spricht wieder von ihrer Freude. Vorsichtig, zurückhaltend erzählt sie, wie sie die Bewegungen des Kindes in ihrem Leibe spürt, wie sie ertasten kann, wenn die kleinen Füße sich kräftig gegen ihre Bauchwand stemmen. Sie berichtet, wie sich ihr Leben unaufhaltsam umgestaltet, oft fast beängstigend; wie sich ohne ihr Zutun alle Bezüge verändern. Ich sehe ihr Antlitz, es ist ein Stück verwandelt. Schön erscheint es mir. Nicht nur die Schatten unter den Augen, die stärker hervortretenden Backenknochen prägen es. Es ist, als ob die junge Frau gleichsam nach innen auf das neue Leben in ihr horche, um ihm Raum zu geben, als ob Übermut und Selbstgewißheit der Jugend einer stilleren Behutsamkeit gewichen seien. Das Kind, das in ihr wächst, fordert ihre Rücksichtnahme, ihre Offenheit, ihre Bereitschaft zu Verzicht und Veränderung, ihr geduldiges Warten. Ich empfinde, ihr Gesicht ist von Demut gezeichnet und strahlt von der Freude, keimendes Leben in sich zu tragen. Ein neues, ein einmaliges Menschenleben ist ihr anvertraut. Sie sagt, noch nie sei sie sich so selbstgewiß gewesen. Mir ging dies Gespräch noch lange nach.

Nicht müde werden

Nicht müde werden
sondern dem Wunder
leise
wie einem Vogel
die Hand hinhalten. HILDE DOMIN

Julikinder

Wir Kinder im Juli geboren
Lieben den Duft des weißen Jasmin,
Wir wandern an blühenden Gärten hin
Still und in schwere Träume verloren.

Unser Bruder ist der scharlachene Mohn,
Der brennt in flackernden roten Schauern
Im Ährenfeld und auf den heißen Mauern,
Dann treibt seine Blätter der Wind davon.

Wie eine Julinacht will unser Leben
Traumbeladen seinen Reigen vollenden,
Träumen und heißen Erntefesten ergeben,
Kränze von Ähren und rotem Mohn in den Händen.

HERMANN HESSE

Weiße Wolken

O schau, sie schweben wieder
Wie leise Melodien
Vergessener schöner Lieder
Am blauen Himmel hin!

Kein Herz kann sie verstehen,
Dem nicht auf langer Fahrt
Ein Wissen von allen Wehen
Und Freuden des Wanderns ward.

Ich liebe die Weißen, Losen
Wie Sonne, Meer und Wind,
Weil sie der Heimatlosen
Schwestern und Engel sind.

HERMANN HESSE (2. 7. 1877– 9. 8. 1962)

Ein freier Tag

Ein freies Wochenende liegt vor uns. Ein geschenkter freier Tag mitten im Ablauf der Arbeitstage. Wir haben beschlossen, an diesem Tag den Sommer zu genießen. Wir lassen die Häuserwände der Stadt hinter uns. Einen Tag lang wandern wir über die Felder. Wir suchen die kleinen Wege abseits der Autostraßen, und dann liegt das weite Land vor uns. Ringsum reift das Korn. Goldgelb leuchten die langen Grannen der Gerste. Der hohe Roggen riecht schon kräftig nach Korn und Mehl. Ein leiser Windhauch bewegt die Halme. Dazwischen kommen wir an einzelnen Weizen- und Haferschlägen vorbei. Wir bleiben stehen und spüren, daß die warme Luft von jedem Feld einen anderen Geruch heranträgt. Wie ist er? Wie könnten wir ihn unterscheiden? Wir finden keine Worte dafür. Dann treffen wir auf hohe, dunkelgrüne Wände der Maisfelder. Der Mais beginnt gerade zu blühen. Sein Anbau nimmt immer mehr zu.

Heute aber wollen wir alle Fragen beiseite lassen! Wir möchten uns dem Geschenk des Sommers öffnen, wie es ringsum noch Wirklichkeit ist. Ihn möchten wir wahrnehmen mit allen Fasern unseres Leibes und unserer Seele. Wir sind seines Zaubers bedürftig! So wandern wir durch den sommerlichen Tag. Am Wegrand blühen gelbes Johanniskraut, violette Flockenblumen, der Rainfarn steht dicht vor der Blüte. In den Feldern leuchtet es hier und da ein wenig kornblumenblau, mohnrot und weiß von Kamille. Im Weitergehen führt uns der Weg an einem feuchtkühlen Graben vorbei. Von dort steigt ein stark aromatischer Duft auf. Da strahlt das Goldgelb des Gilbweiderichs, das Violett des Blutweiderichs und das helle Lichtgelb des Mädesüß, der Bachspiräe mit ihrem süßen Geruch. Dazwischen duften Pfefferminze und Wermut. Dahinter beginnt ein lichtes Waldstück mit Fingerhut, Weidenröschen und lockenden roten Himbeeren. Sommerduft und Sommerglanz. Uns umfängt die Wärme dieses Tages!

Fluchtweg

Einen Sommer lang gehn
durch Heide und über Gebirg
sich vom Wegrand ernähren
segeln durch wogendes Getreide
immer den Vögeln nach und den Sonnen
bevor sie ausgerottet sind.
Man muß erfahren haben
welche Welt vergeht.

Ludwig Fels

Im Schatten eines Wildrosenstrauchs, der die ersten roten Hagebutten zeigt, setzen wir uns am Wegrand nieder. Wir hören in der Stille das Summen der Insekten, das Lied der Goldammer und von ferne einen hellen Bussardruf. Wir sind glücklich – aller Zeit, allem Grübeln enthoben.

Dann liegen wir flach auf dem Boden. Kein Wort fällt zwischen uns. Wir schauen, wie über uns große weiße Wolkenballen über den blauen Himmel ziehen. Wir sehen staunend hinauf zu den Lerchen, die, wie in der Luft angeheftet, ihr Lied über die Weite klingen lassen. Immer wieder die gleiche beschwingte Melodie. Wir vergleichen unsere Uhren. Mehr als zwanzig Minuten lang vermag dieser kleine Vogel an einer Stelle zu fliegen und zu singen. Wir liegen unter ihm. Wir hören den Klang des Sommers, spüren die Wärme der Luft, sehen hinauf ins Blaue. Wolken wandern, Lerchen singen, ein Windhauch bringt den Duft der reifenden Felder. Wir werden müde und schlafen ein. Die Zeit wandert weiter, mit ihr die Sonne am Himmel. Bis tief in unser Unbewußtes hinein erfahren wir die Kräfte, die um uns herum lebendig wirken. Wir spüren, wie dieser Sommertag in uns einzieht, wie Unruhe und bohrende Fragen still werden, wie wir aufgenommen sind in den großen Kreislauf des Lebens. Ringsum reift das Korn in den Ähren. Der Sommer ist über dem Land ...

Den Ort wechseln

Die Anstrengungen, die den Urlaub einleiten, sind überstanden: Mein Feriendomizil ist erreicht. Ich sehe mich in dem Raum um, der für die kommenden Tage meine Wohnung sein wird. Ich gewinne ihn in seiner kargen Schlichtheit lieb, wo nicht Vielfältiges beengt. Ich gehe zum Fenster und öffne es weit. Ein ungewohnter, verheißungsvoller Duft ursprünglicher Natur dringt herein. Stille ist um mich und Weite.

Ein tiefes Aufatmen: Freisein vom Muß, vom Zwang der Zeiteinteilung, vom ständigen Bemühen, alles Nötige rechtzeitig zu bedenken und zu erledigen. Freisein von Kleiderzwängen, Luft und Sonne an den Körper lassen, schwimmen, wandern, ruhen.

Ich spüre, wie Spannungen von mir abfallen, wie Hals und Schultern sich lockern und Brustraum und Leib sich weiten. Lebendige Bewegtheit ist in mir; Wärme, die mich durchströmt. Mir ist, als ob mein Selbst wieder in mir Raum gewinnt und Seele und Körper in Einklang kommen. Jetzt ganz dasein im Gegenwärtigen, sich öffnen und aufnehmen. Ein tiefes Ausatmen und Einatmen. Die Ferien haben begonnen.

Nach den ersten Tagen der Erkundung nehme ich ein kleines Büchlein zur Hand: »Schenk dir einen Wüstentag!« Es rät dazu, Zeit auszusondern, innerlich und äußerlich den Ort zu wechseln. Viele Möglichkeiten gibt es im Urlaub, sich körperlich zu erholen. Aber die Seele braucht auch ihre Zeit, ihren Raum! So verabrede ich mit den anderen, den nächsten Tag für mich zu bleiben. Ich bereite alles vor, Proviant, Regenmantel, Fernglas, Schreibzeug, eine kleine Taschenbibel.

Nach der Weisheit der Alten beginnt jeder Tag am Vorabend. So gehe ich, als es dämmert, noch einmal nach draußen. Ich spüre, wie es über dem Land still wird, und lasse das Vielerlei abklingen. Bevor ich einschlafe, öffne ich mich, ich horche nach innen, nach oben. Ich möchte bereit sein für Begegnendes, für das Geschenk des morgigen Tages, für die Nacht, für den Schlaf. In der Nacht erwache ich. Ich stehe auf und trete ans offene Fenster. Über dem Land liegt lichter Mondschein. In der Ferne schlägt ein Hund an. Im Gebüsch singen die Grillen – das macht die Nacht noch stiller. Wie gebannt bleibe ich am Fenster stehen und nehme die Nacht in mich auf.

In diesen Urlaubstagen träume ich stärker als sonst. Die Bilder bleiben lebendig. Ich denke an den Traum, aus dem ich eben erwachte. Ich ahne, was er mir sagen will. Manches, was mich lange nicht mehr bis ins Unbewußte hinein bewegte, taucht darin wieder auf. Ich frage mich: Wie lebst du dein Leben? Hast du nicht vieles unbeachtet gelassen, von dem du weißt, daß du es brauchst? Oft bist du unruhig, unkonzentriert, ohne eine Mitte, an der du dich wieder einpendeln kannst. – Ich brauche über meinem kleinen Alltag den weiten Sternenhimmel, um atmen zu können, die Erfahrung des Ganz-Anderen.

Der Mond ist um das Haus gewandert. Jetzt fällt sein Lichtschein auch bei mir ins Fenster. Ich lege mich wieder hin und schlafe bald ein.

»Am Morgen breche ich auf, ganz gleich wie das Wetter ist. Ich habe nicht vor, eine Wanderung zu unternehmen. Es wird ein Tag werden, den ich wie in der Zeitlupe lebe. Ich gehe und freue mich, daß ich gehen kann. Ich atme tief durch. Ich bin dankbar, daß ich Augen habe, die sehen können; Hände, Füße, die tasten und fühlen. Das, was mich zum Menschen macht, soll heute ins Bewußtsein kommen: der aufrechte Gang, Nachdenken und Mitfühlen, Gelassenheit, Lächeln und Verweilen. Für ein paar Stunden bin ich weg von Menschen, bin ich bei mir selbst zu Gast, um wieder ein ganzer Mit-Mensch zu sein.«

BRUNO DÖRIG

Tage am Meer

Eine kleine Geschichte berichtet von einer fernöstlichen Stadt, die im Meere versank, ähnlich wie 1362 der Hafen von Rungholt: »Nach der Überlieferung ertönten die tausend Glocken ihrer Tempel weiterhin, unaufhörlich, und jeder konnte es hören, der aufmerksam lauschte. Beflügelt (davon) reiste ein junger Mann Tausende von Meilen, um dies Wunder zu hören. Tagelang saß er an der Küste und lauschte – mit allen Fasern seines Herzens. Aber er hörte nur die sich brechenden Wellen. Er bemühte sich, das Brausen zu verdrängen, damit er die Glocken hören könnte. Aber vergeblich, das Rauschen schien das Universum zu erfüllen. Entmutigt beschloß er, den Versuch aufzugeben. Vielleicht war es ihm nicht bestimmt, zu den Glücklichen zu gehören, die die Glocken vernehmen konnten. Vielleicht stimmte die Legende nicht. Er wollte zurückkehren und seinen Mißerfolg eingestehen. Am letzten Tag ging er zum Strand, um sich von der See zu verabschieden. Er lag im Sand, blickte in den Himmel und lauschte dem Rauschen des Meeres. An diesem Tag sträubte er sich nicht gegen das Rauschen. Er gab sich ihm hin. Bald hatte er sich so in diesen Klang verloren, daß er sich seiner selbst kaum mehr bewußt war, so tief war die Stille in seinem Herzen geworden.

In der Tiefe dieser Stille hörte er es! Das helle Klingen einer Glocke, und bald ertönten alle tausend Tempelglocken in wunderbarem Zusammenklang, und sein Herz war außer sich vor Freude und Staunen.

Wenn du die Tempelglocken hören willst, lausche dem Klang des Meeres. Wenn du Gott sehen willst, sieh dir die Schöpfung mit offenen Augen an. Lehne sie nicht ab, grübele nicht darüber nach. Sieh sie dir einfach an.«

Anthony de Mello

Südliche Nächte

In einer italienischen Nacht sitzen wir auf dem Dach unseres Hauses. Auf einmal fangen die Grillen im Chor an zu geigen, die in der Dämmerung geschwiegen. Da sagt die Mutter: »Die Kinder müssen ins Bett!« »Still, Mutter«, sagt Edgar, der Jüngste, »die Sterne fangen an zu singen, da müssen auch die Muttern still sein.« Manni lacht mir leise ins Ohr: »Vater, is der Edgar dumm, der meint, die Sterne singen, un dat tun die Grillo!« Edgar sagt: »Nein, die Sterne singen, dann müssen auch die Mannis still sein!« Manni lacht leise: »Un et sind doch die Grillo! Sterne können doch nit singen!« »Nein, Manni, wenn die Sterne singen, dann müssen auch die Grillo still sein!« sagt der Kleine ernst, und wir lauschen alle zusammen auf den Gesang, der aus den Gärten quillt, zum nachtblanken Himmel steigt und niedersinkt in unser stummes Schweigen. Der Kleine lallt in das Schweigen hinein: »Die ganze Welt ist still, wenn die Sterne singen.« Nun lacht keiner mehr, niemand widerspricht.

Viele Abende sanken ins Meer, aber nie stieg solche Nacht auf, ohne Zeit und ewig. Im Banne dieser Nacht empfinden wir die Brüderlichkeit von Stern und Meer und Mensch, von Baum und Mond.

Andächtig schaut der Junge ins Weltall hinauf. Durch ihn und uns alle geht die Zeit hin. Die Nacht, der Mond, die Pinien, die weißen Häuser, die Gärten und das Meer, das Silbrige in der Ferne. Sind das Grillen, die durch die Nacht zirpen? Der Junge hat recht: Die Sterne singen. Manni ist auf Mutters Schoß eingeschlafen. Der Kleine sagt leise: »Ich bin so müd.« Nun ist auch er eingeschlafen. Die Welt in den Augen, die Heimat auf dem Schoß, sitzen wir noch lange auf fremdem Dach in dem fremden Land. Wir können nie wieder traurig werden. Wir haben die Sterne singen gehört.

Heinrich Lersch

Abschied vom Urlaub

Nun wird es mir schwer, von diesem »Ferienparadies« Abschied zu nehmen, vom einfachen Leben in diesem kleinen Holzhaus. Zu wenig gelingt es mir, meinen Alltag so zu leben, wie es nötig wäre.

Schön waren diese freien Tage. Schön war das Erleben der Schöpfung: die Kühle am Morgen, die Wärme am Mittag, die Stille des Abends, nächtliche Vogelstimmen und das Singen der Grillen, der Sternenhimmel, der sich in seiner ganzen Pracht zeigte. Wie gut tat es, Zeit zu haben für liebe Menschen, für gute Gespräche. Wichtig waren die Stunden allein im stillen Winkel mit weitem Blick über das Land.

Aber jetzt möchte ich erwägen, was ich aus diesen Ferien in den Alltag mitnehme: Ich brauche in ihm Möglichkeiten des Atemholens, des Sich-frei-Fühlens. Es sollte noch etwas nachklingen von der freundlichen Seite des Lebens, so wie es im Urlaub möglich war. Vielleicht bringt das Distanz zu dem oft bedrängenden Alltagstrott. Was kann ich bewahren, um im Gleichgewicht zu bleiben, Gegengewichte zu finden, die ich brauche, um offen zu sein für andere und um leben zu können in dieser Welt, die sich oft erweist wie eine »Nuß aus Blei«?

Gegengewicht

Wie kann ich
in meinem blauesten Kleid
und riefe ich alle die blühenden Zweige
und alle Nachtigallen zu Hilfe
wie kann ich mit Lachen oder mit Tränen
das Gleichgewicht halten
der anderen Schale
in der die Welt liegt
eine Nuß aus Blei?

HILDE DOMIN

Tagelang prasselt der Regen herab

Für die Jahreszeit zu kühl, sagt das Radio. Ich fühle mich ins Haus eingesperrt und stelle die Heizung an. Die Tage werden schon kürzer. Der Sommer ist so kurz! Ich bin wie zerschlagen, allen Sorgen ausgeliefert. Dies Wetter in der schönsten Jahreszeit ist schwerer zu verkraften als im November. Dann braucht das Land Winterruhe, und das Leben sammelt neue Kräfte. Jetzt scheint mir der natürliche Rhythmus gestört. Ich denke an die Bauern und an alle, die Ferien machen. Plötzlich werde ich wach: Was geht in mir vor? Ich spüre die Gefahr, mitgeschwemmt zu werden, wenn ich mich nicht wehre. Wie schön war es im aufsteigenden Jahr!

Ich sehe hinaus auf die kleine Wiese, die nicht mehr als Rasen geschnitten wird. Die Grashalme sind vom Regen niedergedrückt. Mir fällt ein, daß Halme, solange sie wachsen, die Kraft haben, sich im Knoten selbst wieder aufzurichten. Dieser wird durch die Blattscheiden vielfach verstärkt, und die Knoten wirken festigend wie Zwischenböden in Hochhäusern. So biegt er sich im Wind und Regen elastisch hin und her, auf einer winzigen Grundfläche, auf der man einen Schornstein tausend Meter hoch bauen könnte. Vor meinen Augen ist zähes Leben; Kräfte, die Widerstand leisten, die sich aufrichten.

Im Regen geschrieben

Wer wie die Biene wäre,
die die Sonne
auch durch den Wolkenhimmel fühlt,
die den Weg zur Blüte findet
und nie die Richtung verliert,
dem lägen die Felder in ewigem Glanz,
wie kurz er auch lebte,
er würde selten
weinen.

Hilde Domin

Hilde Domin (* 27. 7. 1912)

Weggehen können

»Man muß weggehen können und doch sein wie ein Baum ...« Unterwegs-Sein, das reicht bis in eine andere schmerzliche Grundbedingung alles menschlichen Lebens hinein, in die »Flüchtigkeit unseres Hierseins«. Es ist die Erfahrung, »Wanderer zu sein von Tag zu Tag«, Abschied zu nehmen, loszulassen, ausgeliefert zu sein, fremd zu sein, die Erfahrung letzter tiefer Einsamkeit. Flüchtlinge, Asylbewerber, Vertriebene, Einsamgewordene erleben das in exemplarischer Weise: Wir haben hier keine bleibende Statt.

Hilde Domin, Deutsche jüdischer Abstammung, verließ mit 20 Jahren die Heimat, floh von Land zu Land, überall nur auf Zeit geduldet, bis sie nach 22 Jahren heimkehrte in ihre deutsche Sprachheimat. Um überleben zu können, mußte sie ihrer Erfahrung Worte geben, und es gelang ihr, diese in »Lieder der Ermutigung« umzuschmelzen, Bitterkeit und Haß zu begraben. »Sein wie ein Baum«, was kann das heißen? Ich empfinde es bei Hilde Domin als Anruf an jeden, um seine Bestimmung zu wissen, »Mensch zu sein« das heißt in der Liebe zu wurzeln, den Verführungen zur Unmenschlichkeit zu widerstehen. In der Erinnerung sehe ich ihre grazile Gestalt, das klare, schmale Antlitz mit den sprechenden Augen und nun, fünfzehn Jahre später, dies mütterliche, faltige Gesicht einer ältergewordenen Frau, die mit warmem, gütigem Blick ihr Gegenüber anschaut und weiterhin lebendig und mutig »ihre kleine Stimme erhebt«. Unvergeßlich bleibt mir, wie sie die Kraft der Liebe beschwört, die »des Todes und der Auferstehung« fähig ist, wie sie Abel anruft, aufzustehen, damit ein neuer Anfang möglich werde, damit Kain sagen kann: »Ja, ich bin hier, ich, dein Bruder.« »Abel steh auf, damit es anders anfängt zwischen uns allen!«

Sehnsucht

Die Sehnsucht
läßt die Erde durch die Finger rinnen
alle Erde dieser Erde
Boden suchend
für die Pflanze Mensch.

Hilde Domin

Ziehende Landschaft

Man muß weggehen können
und doch sein wie ein Baum:
als bliebe die Wurzel im Boden,
als zöge die Landschaft und wir ständen fest.
Man muß den Atem anhalten,
bis der Wind nachläßt
und die fremde Luft um uns zu kreisen beginnt,
bis das Spiel von Licht und Schatten,
von Grün und Blau,
die alten Muster zeigt
und wir zuhause sind,
wo es auch sei,
und niedersitzen können und uns anlehnen,
als sei es an das Grab
unserer Mutter.

HILDE DOMIN

Im Wandel des Jahres

In der Nacht hat es sich abgekühlt. Alles strömt an diesem Julimorgen die Frische der Frühe aus. Ich sitze auf der kleinen Gartenbank und freue mich am Sommertag. Da geschieht es mir, daß ich wieder diese seltene Stille erfahre, wie sie uns am Rand der Stadt nur noch am Sonntagmorgen begegnet. Aber heute sagt sie mehr aus. Leise geht ein Windhauch durch die Blätter, um die Blüten im Garten summen die Insekten. Das übermütige Zirpen der jungen Meisen, Morgenlied und Lockruf der Amseln haben aufgehört. Es ist Mauserzeit. Die Vögel ziehen sich ins Verborgene zurück. Nie ist es so leise in der Natur wie in diesen Tagen. Wenn das Kürzerwerden der Tage spürbar wird, merken wir es, wie der Rhythmus des Jahres in die Wendung nach innen einschwenkt; die Kräfte sammeln sich und fließen wieder zurück. Die Saftströme in den Bäumen werden langsamer und hören allmählich auf. Nach dem Überschwang des Wachsens und Blühens beginnt der Sommer die Frucht auszutragen. Ich horche hinein in diese Sprache des Jahres und spüre, wie ich mitgenommen werde in diese Verwandlung.

Es gibt im Leben nicht nur die Zeit, Neues zu suchen, aufsteigende Kräfte zu erproben, schnelle Lösungen zu finden, zu handeln. Der Sommer braucht Geduld, Beständigkeit, Ausharren im Wechsel von Hitze und Unwetter, in langen gleichförmigen Tagen, in täglichen Pflichten und im Durchtragen des Miteinanders.

Grenzen anzunehmen und in ihnen zufrieden zu sein heißt auch, dem Langsamen und Stillen Raum zu geben, ein wenig bescheidener zu werden, auf Frucht zu warten, die ich nicht erzwingen kann.

Jahr für Jahr begegnet mir dieser Wandel. Anders in der Jugend, anders, wenn ich die Höhe überschritten habe. Mit dem wandernden Jahr bin auch ich unterwegs.

August

Fruchtbringen

Fruchtbringen

Bis die Sonne den höchsten Stand erreicht,
entfaltet sich das Jahr im Überschwang,
als ob die Erde alle Kräfte ausströme
wie mit einem großen Ausatmen.
Am Tage der Sonnenwende,
wenn die Tage wieder kürzer werden
und die Höhe überschritten ist,
dann erst beginnt der Sommer, merk-würdig!
Was sagt uns das?
Was bringt der Sommer? Er bringt die Frucht.
In den Halmen bildet sich das reife Korn,
die Obstbäume zeigen den Behang des Jahres.
Aber wie gehört das zusammen, die Frucht des Jahres
und die kürzer werdenden Tage?
Die Erde scheint die Kräfte, die sie aussandte,
wieder einzuholen, zur Reife zu sammeln
wie in einem großen Einatmen,
damit unreife Frucht sich wandle zur Süße.
Was bringt der Sommer? Die Höhe des Lebens:
Sommerwärme, Draußensein, Wandern, Schwimmen.
Graue Regentage, Trockenheit, Schwüle, Gewitter
und darin unsere Tage mit ihren Freuden und Forderungen,
eingebunden in Pflichten, in Arbeits- und Lebensräume.
Was bringen uns die Sommer? Die Mitte des Lebens,
Höhen menschlicher, beruflicher Erfüllung!
Aber jede Höhe ist Übergang, die Wege führen hinab.
Wir erfahren Schmerzen und Grenzen.
Erkennen wir im Weitergehen dahinter neue Wegstrecken?
Das Jahr wartet auf die Reifung unseres Herzens,
auf Früchte, die in uns wachsen.
Ja, so will ich die Sonnenwärme der Freude tief einatmen,
Kräfte im Inneren sammeln, horchen nach oben,
Freier werden zum geduldigen Miteinander,
die Kostbarkeit der einmaligen Tage schmecken,
mich einfügen in den Kreislauf der Jahre.

Lilium regale – Königslilie

Dieser Duft!

Der Sommer
befällt unser Herz.

Das Glück
einer
sterbenden Stunde –

königlich
gibt es sich preis.

Hans Günter Saul

6. August – Fest der Verklärung Christi

Iwan Schmeljow, ein Russe, nach Westeuropa emigriert, erinnert sich an ein geliebtes Fest seiner Kindheit, das heute in der Ökumene neu entdeckt wird: der Tag der Verklärung Christi. Die Bibel erzählt, wie Jesus, vor seinem Ende in Jerusalem, in einem Gespräch mit vorangegangenen Gottesboten, Mose und Elia, für sich Klarheit über seinen Weg findet. Dabei verwandelt sich sein Aussehen, er erglänzt in einem verklärten Licht, und die Jünger träumen davon, diesen Höhepunkt festzuhalten. Aber Christus geht vom Berg hinab ins Tal, in die Not der Menschen, und wandert nach Jerusalem, um seinen Lebensauftrag zu erfüllen.

An diesem Tag, da den Jüngern zuerst etwas aufleuchtet vom Geheimnis Christi, ist in der Ostkirche auch die Festliturgie überstrahlt vom Licht. Sie preist Christus als den Lichtglanz Gottes, der diese Welt durchdringt und heiligt. Das volkstümliche Brauchtum zeigt die Ganzheitlichkeit russischer Frömmigkeit. Alle irdischen Gaben sind Zeichen der Güte Gottes, und die Schöpfung als »Ursakrament« wird durchscheinend für Gott.

»Der Tag der Verklärung des Herrn ... Sein freundlich-mildes Licht erfüllt meine Seele heute noch. Dieses goldgrüne Leuchten kam wohl vom morgendlichen Garten, vom blaßblauen Himmel, von den Strohhaufen und den ›Birnäpfeln‹, die aus dem grünen Laub hervorlugten, an dem sich schon einzelne Blätter gelb färbten. August: ein klarer Tag. Die ersten Äpfel sind jetzt in unserem Garten reif und leuchten rot. Im Garten ist es ungewöhnlich hell, alles leuchtet in goldenem Glanz: der Sommer ist trocken. Am Zaun prangen viele Sonnenblumen; scharf zirpen die Grillen, und mir scheint, als käme dies goldschimmernde Licht von diesem Zirpen her. ›Herbstliche Lieder sind das! ...‹, sagt Gorkin wehmütig. ›Sommer, leb wohl, ... Bei uns zu Hause fliegen jetzt schon die Schwalben fort ...‹ Du schließt die Augen und atmest den Duft ein: der kräftigsüße Duft mit allen Wohlgerüchen des von der Sonne durchglühten Gartens, des zertretenen Grases, der schwarzen Johannesbeere.

Die Kirche ist zum Bersten voll, daß man sich nicht durchdrängen kann. Über den Häuptern der Andächtigen schweben Äpfel – lauter Äpfel, und nochmals Äpfel. In dieser heißen Luft duftet es sonderbar nach frischen Äpfeln. Alles ist ungewöhnlich heiter, als wären Gäste hier versammelt. Und der Herrgott weilt mitten unter uns – auch er denkt an die Äpfel. Ihm hat man sie ja auch hierhergebracht: Schau sie dir nur an, o Herr, diese auserlesenen Früchte! Er betrachtet sie und spricht zu allen: ›Nun, gut so! Esset sie zu eurer Gesundheit, Kinder!‹ Und so wird man sie auch verzehren, diese Äpfel, die schon ganz andere geworden sind: es sind keine gekauften mehr, sondern Kirchenäpfel, heilige Äpfel.

Die Priester und der Diakon tragen heute ungewöhnliche Ornate, die man ›Äpfelgewänder‹ nennt. Hernach liest der Älteste das Gebet für die Früchte und den Weingarten – ein außergewöhnlich fröhliches Gebet – und beginnt die Äpfel zu besprengen. Die Diakone reichen jedem einen oder zwei Äpfel, wie es sich eben trifft. Alles ißt Äpfel, daß es ringsum nur so knistert und knirscht. Gar lustig geht's zu wie bei einem Festmahl ...

Auch jetzt noch, wenn du fern der Heimat einen noch nie gesehenen Apfel findest, der wie diese Birnäpfel duftet, und ihn mit der Hand drückst und dabei die Augen schließt – erinnert dich sein süßlich saftiger Duft lebhaft an jenen kleinen Garten, der dir einstmals so groß erschienen war und den du für den schönsten Garten auf der Welt gehalten hattest; er ist nun spurlos verschwunden ... Ja, alles kommt dir dann wieder in Erinnerung.«

Iwan Schmeljow

»Du hast uns erfreut, o Herr, mit den Gütern deiner Schöpfung,
und ob der Werke deiner Hände sind wir fröhlich.
Du hast uns gezeichnet mit dem Licht deines Angesichtes.
Herr, du hast mein Herz erfüllt mit Freude.
Mit Korn, Wein und den Früchten der Bäume
hast du mich gesättigt.
Lehre uns stets deiner gegenwärtig zu sein!«

Aus der Ostkirche

Im Garten

»Hier bin ich Mensch, hier darf ich's sein!«
Woher kommt unsere Freude am Garten?
Durch das Arbeiten draußen in frischer Luft,
diesen Ausgleich einseitigen Lebens?
Durch das Miterleben von Wachsen und Werden der Natur?
Ja, wir sind Nachkommen alter Bauerngeschlechter,
die in natürliche Zusammenhänge eingebunden waren.
Daher die Sehnsucht nach den Ursprüngen,
nach dem Bild des »Großen Gärtners«, wie ihn Nolde malte.
Im Garten erfahre ich mich selbst ganz elementar,
finde darin zur Befriedigung, zum Frieden.
Ich erlebe neu den Schöpfungsauftrag des Menschen.
Seine Verantwortung im Hegen und Pflegen,
im Abwägen von Wachsenlassen und Herausreißen,
denn alles hat seine Zeit.
Ich gebe einem Teil meines Wesens Gestalt.
Ich gebe mich hin in die Mühe um Saat und Ernte
und empfange mich daraus gestärkt, gereift zurück.
Es wachsen mir Früchte meines Tuns zu.
Ich verwachse mit einem Stück Erde,
Sie wird Wurzelboden, der trägt, ein Stück Heimat.
Im Tun erfahre ich mich ganz, nach Leib und Seele.
Meine Möglichkeiten, meine Reserven, meine Grenzen.
Und wenn ich mich auf den Spaten stütze und ausruhe,
spüre ich Feuchte und Wärme der Haut, Herzschlag und Atem.
Mein Blick sucht das Getane und freut sich daran.
Wie schön die Müdigkeit des Abends, der Schlaf der Nacht!
Die Pflanzen selbst lehren mich, was sie brauchen.
Ich warte auf die Blüten am neugepflanzten Apfelbäumchen
und pflücke behutsam seine erste Frucht.
Ich pflanzte es, eingedenk des Rates von Luther:
»Auch wenn morgen die Welt untergeht ...«
Tiere beobachte ich, muß mit ihnen zum Ausgleich kommen,
Igel, Schnecken, Rotkehlchen, Wespen und Regenwürmer.
Ich lerne aus Erfahrung und hole Rat über den Gartenzaun.

Grenzen verschwinden, nur der Mensch gilt und seine Art.
Ich merke, es liegt nicht alles in meiner Hand.
Ich bin nur Teilhaber, gerade darin liegt Freude:
diese Blüte einer Pflanze, die ich nicht aussäte,
die vollkommene Gestalt, zu der ein Setzling wuchs,
die langsame, selbsttätige Umwandlung
der einmal vom Menschen gesetzten Form,
wie bunt blüht jetzt die Wiese, die einmal Rasen war!
So bin ich eingebunden in den Kreislauf des Lebens
und spüre den Duft des wandernden Jahres,
ein Glied im großen Geheimnis der Schöpfung.
Und mir geht durch den Sinn:
Vielleicht wird ja auch Gott wie einst am Abend,
wenn es kühl wird, durch den Garten gehen.
Dann sitzen wir zusammen auf der Gartenbank
und sehen alles Gewachsene an,
und ich stimme ein in das Wort:
»Und siehe, es war alles sehr gut!«
Und wenn du weder Garten noch Balkon hast,
so gibt es den Blumenkasten, die eine Topfblume,
an der sich eine Blüte entfaltet.
Es gibt den Blick auf die Gärten am Weg,
ein freundliches Gespräch über den Zaun:
Ja, hier bin ich Mensch, Adam, aus Erde gemacht.
Hier darf ich es sein!

»O Sprengen des Gartens, das Grün zu ermutigen!
Wässern der durstigen Bäume! Gib mehr als genug und
Vergiß nicht das Strauchwerk, auch
Das beerenlose nicht, das ermattete
Geizige. Und übersieh mir nicht

Zwischen den Blumen das Unkraut, das auch
Durst hat. Noch gieße nur
Den frischen Rasen oder versengten nur:
Auch den nackten Boden erfrische du.«

BERTOLT BRECHT

Obstbäume

In einem naturgemäßen Garten dürfen Obstbäume nicht fehlen – und wäre es nur ein einziges Apfelbäumchen als symbolischer Abglanz aller vergangenen und zukünftigen Paradiesfreuden. Obstbäume sind nicht nur nützlich. Sie gehören zu den uralten Symbolen der Fruchtbarkeit und des Lebens auf unserer Erde. Wir sollten im Umgang mit diesen Bäumen, die uns Nahrung schenken, wieder etwas von der Ehrfurcht lernen, mit der man sie früher betrachtete und behandelte. Welchen tiefen Sinn hatte zum Beispiel die Sitte, bei der Geburt jedes Kindes einen Baum zu pflanzen. Beide wuchsen dann jahre- und jahrzehntelang miteinander auf. Mensch und Baum entwickelten sich zu unverwechselbaren Persönlichkeiten – jeder auf seine Weise.

Obstbäume – Abbilder jedes geträumten Paradiesgartens – schmücken den grünen Lebensraum durch ihre Schönheit im Wechsel der Jahreszeiten. Ein blühender Apfelbaum ist »ein Gedicht«. Auch im üppigen Fruchtbehang bildet er einen wunderbaren Anblick. Selbst im Winter, wenn das Gerüst der kahlen Zweige sich gegen den Himmel abzeichnet, enthüllt ein Obstbaum neue, reizvolle Seiten seines Wesens. Ein Gärtner, der die festen, braungepanzerten Knospen betrachtet, muß nachdenklich und ehrfürchtig werden: In diesen kleinen rundlichen Gebilden ist bereits die ganze Fülle des kommenden Gartenjahres eingeschlossen: Blüten, Blätter und Früchte – Farben, Formen und Düfte. Der Apfelbaum im Garten kann uns den Blick für die Wunder, an denen wir täglich vorübergehen, wieder öffnen.

Marie-Luise Kreuter

»Wenn du dich im Garten ergehst, so lerne dort den Glauben. Unser Haus, Hof, Acker, Garten und alles sind voll Bibel, da Gott durch seine Wunderwerke nicht allein predigt, sondern auch an unsere Herzen klopft, unsere Sinne rührt, und uns gleichsam ins Herz leuchtet, so wir's haben wollen, auf das wir aufmerken und wahrnehmen.«

Martin Luther

Lob der Spatzen

Grau mit viel Braun und wenig weißen Federn,
das Männchen auf der Brust mit schwarzem Fleck,
sie leben unter Palmen, Fichten, Zedern,
und auch in jedem Straßendreck.

In Ingolstadt und in der City Boston,
am Hoek von Holland und am Goldnen Horn
ist überall der Spatz auf seinem Posten
und fürchtet nicht des Schöpfers Zorn.

Inmitten schwarzer Dschungeln von Fabriken
und todgeladner Drähte Kreuz und Quer
sieht man die Spatzen flattern, nisten, brüten, mausern, picken,
als ob die Welt ein Schutzpark wär!

Es stört sie nicht der Lärm der Transmissionen
und keineswegs das Tempo unsrer Zeit –
sie leben (schnell und langsam) seit Äonen
wo sie der Himmel hingeschneit.

Als Jesus über Gräser, Zweige, Blumen
einritt und alle Hosianna schrien,
da pickt ein Spatz gemächlich alle Krumen
aus dem noch warmen Mist der weißen Eselin.

Herr, gib uns Kraft und Mut wie deinen Spatzen,
mach unser Leben ihrem Rinnstein gleich.
Dann mag wer will von edlern Tauben schwatzen,
denn unser ist dein gutes Erdenreich.

CARL ZUCKMAYER

Der Balkon des Großvaters

Beim Weg durch die Schrebergärten, wo morgens noch die Hähne krähen, beobachte ich eine junge Familie, die eifrig einen »biologischen« Garten anlegt. Ich komme ins Gespräch, sie erzählen: »Ja, wodurch sind wir darauf gekommen? Es waren unsere Kinder, die uns dazu drängten – aber eigentlich ist der Großvater an allem schuld! Der lebt ›alternativ‹ und das in seinem Alter und in seiner kleinen Witwerwohnung in der Stadt. Ihn lieben die Kinder und schwärmen davon, wie er mit ihnen durch den Wald zieht, ihnen Ameisenhaufen und Spechthöhlen zeigt, wie sie bei Nachtwanderungen auf Eulen, Frösche und Nachtigallen horchen und Sternschnuppen beobachten. Aber auch die sterbenden Bäume, die stinkenden Bäche zeigt er ihnen und erklärt, wie man der Natur helfen kann. Vor allem imponiert es ihnen, wie konsequent der alte Mann lebt, der von Politik viel mehr weiß als wir und sich im Naturschutz einsetzt. Was es da alles in seiner kleinen Wohnung gibt: Da trocknen Kräuter, da gibt es schöne Steine und verschiedene Vogelnester. Da werden die Abfälle getrennt gesammelt, Wasser wird gespart. Da wird gegessen, was man von den Wanderungen mitbringt: Wildgemüse, Beeren, Löwenzahn. Nur bei Pilzen ist er jetzt vorsichtig, die gibt es nur noch selten. Keine Gardinen versperren den Blick nach draußen, und auch bei Nacht stehen die Fenster weit offen. (Wie schrecklich fanden die Kinder das anfangs, weil sie es gewohnt waren, hinter Jalousien ganz im Dunkeln zu schlafen.)

Aber das Schönste ist für sie Großvaters Balkon. Da wächst so viel Interessantes in Kästen, Kübeln und Eimern, und immer blüht und duftet es. Wenig Platz bleibt zum Sitzen, aber eine Pritsche, um draußen zu schlafen, kann man für die Kinder unter die Pflanzen schieben. Jeden Abend sitzt der Alte auf seinem Balkon, blickt schräg an der Straßenlampe vorbei (da hat er ein Klettergewächs hingepflanzt) auf die Pappeln hinter dem Haus. Er sagt: ›Das ist mein Fernsehprogramm.‹ Er horcht, ob der Wind das Rauschen der Blätter herüberträgt, und glücklich ist er, wenn er im Frühjahr den Duft ihrer aufspringenden Knospen riechen kann. Morgens früh schaut er als erstes aus dem Ostfenster nach dem Wetter und beobachtet, wie die aufgehende Sonne im Jahreslauf über die Dächer wandert. Er horcht auf die Vogelstimmen in der Hecke unten an der Straße. Er sagt: ›Ich möchte doch auch jetzt noch spüren, welche Jahreszeit ist und wie Tag für Tag das Jahr sich verwandelt. Ich brauch' das einfach! Darum gehe ich morgens früh oder am Abend hinaus, wo hinter den Häusern noch das Feld ist, die Wiese und der kleine Teich unterhalb des Waldstücks. Dann ist es da menschenleer und still, wenn der Wind nicht den Lärm der Autostraße herüberträgt. Ich lasse das aufsteigende Licht des Morgens und die beginnende Stille des Abends in mich hinein.‹

Die Kinder sind ganz närrisch gewesen: Wir wollen einen Garten haben mit einem Holzhäuschen, wo man draußen schlafen kann, mit Hügelbeet und Komposthaufen; einen großen Garten, aber der muß so schön sein wie der Balkon des Großvaters! Ja, der Großvater, das ist einer!«

Es wird erlassen, daß von nun an
in allen Fenstern Sonnenblumen stehen
und daß Sonnenblumen das Recht haben,
im Schatten aufzublühen;
und alle Fenster müssen den ganzen Tag
dem Grünen geöffnet bleiben,
wo die Hoffnung wächst.

Thiago de Melo

»Gelöscht das Licht der Lampen
In der mondklaren Nacht sah man den Wind
Den leisesten Hauch in den Bäumen des Gartens«
Japanisch

Mond – du treuer Begleiter der Erde

Ich mag ihn gern, unseren Trabanten, den Mond! Wenn die erste zarte Sichel sich am Westhimmel zeigt, spüre ich so etwas wie einen »Freudenstich«. Sie grüßt mich, ich grüße sie. Nach Kindersitte, nie ganz ernst genommen, vertraue ich ihr einen Wunsch an, der sich erfüllen soll, »wenn der volle Mond sich ründet«. Da lebt in mir Familientradition, aus Irland überliefert, dorthin mit der frühen Kirche aus dem Orient gekommen: Für Völker, die nach dem Mondjahr leben, sagt die erste Sichel den »Neu-Mond« an, den Monatsbeginn. Er wird auch heute noch feierlich begrüßt und gesegnet. Uns allen aber liegt der Siebener-Rhythmus der Woche tief im Blut, ein Maß (menses), das der Mond uns gibt. Tiefer, als wir ahnen, sind wir mit ihm verbunden, zum Beispiel an der See mit Flut und Ebbe (Geburts- und Sterbehäufigkeit) und im Zusammenhang von Mond- und Wetterwechsel, statistisch nachgewiesen, von Wissenschaftlern bezweifelt.

Heute aber mache ich mich auf, fahre vor die Stadt, wo weite Wiesen und Felder und keine Straßenlampen sind. Ich möchte den von mir als Kind so geliebten August-Vollmond erleben. Wir gehen über die Stoppelfelder und warten. Im Westen versinkt die Sonne. Da steigt im Dunst der Sommerwärme langsam im Osten der Mond über den Horizont: so groß, so orangefarben rund, so märchenhaft, wie er einst das Kind verzauberte! An Strohballen gestützt, schauen wir zu ihm hin, bis seine Farbe sich zum warmen Gelb verwandelt. Wir riechen den Brotduft des Feldes, hören das Singen der Grillen.

Dann wandern wir durch den Kiefernwald, im seltsamen Spiel von Schatten und Licht. Von den Kiefern kommt harziger Duft, fern ein Eulenruf, das Rattern eines Motorrades. Sonst ist es still: Zauber der Mondnacht. Wir horchen auf das Singen des Windes, der durch die Bäume streicht. Die Nacht dringt in uns ein, Nacht, fern der Unruhe, geheime Erneuerin der Lebenskräfte, Nacht, die oft von tieferer Weisheit spricht als der laute Tag. Über uns leuchtet der Vollmond, der treue Begleiter der Erde.

Stadtsommer

Inzwischen ist es Sommer geworden, Stadtsommer, die Linden haben bereits, aber enttäuschend, ohne ihren überwältigenden Duft zu verströmen, geblüht. Hitzewellen, eine nach der anderen, mit Abkühlung und Sommerfarben beginnend, aber bald verschleiert in lastende Schwüle, in Gewitter ohne Regen und kühlen Wind. Unter den Bäumen des Parks steht die Luft dick wie Pudding, mit offenem Mund schleicht der Feierabend um die Springbrunnen, die nicht mehr nach Wasser, sondern nach Jauche riechen. In den Schwimmbecken haben die Badenden keinen Platz, um sportliche Stöße zu machen. Die Petunien auf den Balkonen sind hoch aufgeschossen, ihre blauen Blüten verderben schon in der Knospe, rollen sich zusammen, graufaltige Larven, die wir ablesen. Tag für Tag der Blick auf die Wetterkarte nach der Regenfront, die von Westen heranziehen soll, aber nicht heranzieht, nach den Windfähnchen, die nicht auftauchen, die Gardinen hängen schlaff herunter, die grünen Segel der Bäume blähen sich nicht. Aus dem schmelzenden Asphalt ziehen wir schwere Füße, berühren in den Geschäften schweißige Schultern. Wer am Rande der Stadt wohnt, geht da am Abend in keiner Kühle, keiner Stille, kriecht unter staubigen Kastanien, setzt sich zum Bier. Gegen Mitternacht sollte die Temperatur sinken, sinkt aber nicht, so daß, wer schlafen will, keinen Schlaf findet, nackt auf dem bloßen Laken liegend. Nächte des Stadtsommers, Nächte der großen Halluzinationen, von Stränden ohne Strandkörbe, Wasserfällen ohne Aussichtsbänke, Berggipfel allein. Die Fenster zu Häupten des Schläfers, Nichtschläfers stehen offen, über die Zimmerdecke fliegen die Wagenlichter, kleine heiße Sonnen, die will er nicht sehen, dreht sich auf den Bauch. Wühlt sich ins Bett, Bachbett der Kindheit, schattig, gebüschüberwachsen …

Marie Luise Kaschnitz

Im Leid reifen

Die Frucht des Lebens reift oft erst unter Lasten, die wir zu tragen haben. Davon berichtet die Mutter eines schwerstbehinderten Kindes. Sie erzählt, wie ihr Leben erschüttert wurde, wie sie mit dem Schicksal haderte und sich mit dem Wunsch quälte, Raphael, ihr Kind, möge nicht mehr leben. Weinend lief sie durchs Haus, vernachlässigte die beiden älteren Kinder. Zur schwersten Last wurde ihr Mann, der sich in Schweigen abkapselte, in tiefe Depression verfiel und häufig total betrunken war. »Ich wurde aggressiv, ... versuchte, eine Veränderung ... zu erzwingen. Wieder kam es häufig zu Streitereien.« Würde die Familie auseinanderbrechen? Im Wissen, daß medizinisch nicht mehr zu helfen war, ringt sie sich zu dem Entschluß durch, bedingungslos zu ihren Kindern zu stehen. Sie erkennt, daß sie nicht fähig sein würde, dazu noch das Verhalten ihres Mannes zu ertragen, obwohl sie inzwischen sah, daß dieser »durch Selbstzerstörung sein Leid vernichten wollte ... In einem entscheidenden Gespräch versuchte ich, ihm zu verdeutlichen, daß ich die Belastung durch seine destruktiven Aktivitäten nicht mehr ertragen könne. Auch um den Preis einer Trennung, die ich nicht wünschte ... Mein Mann begriff wohl damals die Ernsthaftigkeit meines Anliegens. Kurz darauf ergab sich für uns sehr günstig der Kauf einer alten Schule ... Heute können wir feststellen, daß der Versuch, mit den Renovierungsarbeiten ein Stück ›Selbsttherapie‹ für meinen Mann zu leisten, geklappt hat. Er ist mit großem Eifer, mit Freude und Hingabe dabei, das ... schöne alte Gebäude in seinen ursprünglichen Zustand zurückzuversetzen. Seit dieser Zeit hat der Alkoholkonsum, haben die Depressionen ganz erheblich abgenommen.« Inzwischen soll die alte Schule als Ferienwohnung für Eltern behinderter Kinder zur Verfügung stehen. »Raphael hat unser Leben verändert. Ich bin heute ein anderer Mensch als der, der ich noch vor zwei Jahren war. Ich bin duldsamer geworden und habe gelernt, Schwächen anderer zu verstehen ... Raphael ist, trotz aller Qualen, die wir durch ihn erlebten, für uns eine Bereicherung.«

Erika Markus

Sommer – auf der Höhe des Lebens

Sie sitzen im Kreis zusammen, Frauen in der Lebensmitte, bei einem Treffen, zwanzig Jahre nach gemeinsamem Examen. Mein Blick fällt auf eine unter ihnen. Ich weiß, ihre Kinder werden das Haus verlassen. Sie muß für den im Beruf äußerst geforderten Mann sorgen und für die alte, depressive Mutter. Ich kenne Christiane, seitdem sie zum ersten Mal das Elternhaus verließ. In ihrem nun vom Leben geprägten Gesicht zeigt sich noch immer die schöne Klarheit ihrer Jugend, ihre Augen sind lebendig geblieben. Sie spricht über ihr Lebensgefühl:

»Früher, da war der Frühling meine Jahreszeit. Ich war so ungeheuer lebendig, wenn ringsum alles grünte und blühte. Ich fühlte mich eins mit dem aufbrechenden Leben. Heute scheint mir der Sommer die liebste Jahreszeit zu sein. Das Wachsen geht gelassener vor sich, es überschlägt sich nicht alles. Die Bäume breiten ihre Blätter weit aus, um das Sonnenlicht einzufangen. Ja, auch für mich gilt, gelassener zu werden. Täglich muß ich meine Kinder neu freigeben, meiner Mutter verstehend begegnen, Schwierigkeiten tragen, Geduld lernen. Mir hat die Begegnung mit N. geholfen, einen anderen Blick zu gewinnen, so als ob ich alles einmal von außen sähe. Dabei lernte ich verstehen, was mein Leben belastete. Ich nehme alles nicht mehr so grundsätzlich wie früher. Ich brauche nicht mehr ständig gegen etwas anzukämpfen, zu kritisieren. Ich versuche jetzt, zu ermutigen, zu bejahen und so Vertrauen aufzubauen. Wir können wieder miteinander sprechen, ohne nur gegeneinander loszuplatzen. Wir brauchen nicht mehr immer einer Meinung zu sein, wir sind toleranter geworden. Ich glaube, es hat sich bei uns vieles verwandelt, vielleicht weil ich anders geworden bin. Unser Zusammensein ist kostbarer geworden – so wie diese Sommertage jetzt.«

Marga Bührig (* 1915)

Traum und Wirklichkeit

Marga Bührig, Deutschschweizerin, hat das Buch veröffentlicht: »Spät habe ich gelernt, gerne Frau zu sein«. Darin fand ich Sätze, die mir als Frucht von Lebenserfahrung wichtig erscheinen. Sie beschreibt ihren Lebensweg, wie sie ihn als unverheiratete Frau in kirchlicher Arbeit erlebte; einen Weg, der sie zur Feministin werden ließ. Sie erzählt von ihrem Leiden an der Institution Kirche und ihrem Traum von einer Christenheit, die die Lebenspraxis Jesu konsequenter verwirklicht. 1983 wird sie, im Wissen um ihre kritische Haltung, zu einer der sieben Präsidenten/innen des Ökumenischen Rates der Kirchen (ÖRK) gewählt. Vor Annahme der Wahl fühlt sie den Konflikt: »Wollte ich mich noch einmal auf die Kirche einlassen? Um der Frauen und der Arbeit für den Frieden willen habe ich die Funktion übernommen.« Später fragt sie sich: »Wie soll ich mit dem Leiden an Strukturen umgehen, die ich nicht ändern kann?« Zur entscheidenden Erfahrung wurde ihr eine Reise im Dienst des ÖRK nach Mittel- und Südamerika. Dort erlebte sie vor Ort, wie Kirche für Unterdrückte und Verarmte zur Hoffnung wird, wie wichtig hier die Hilfe der weltweiten Institution ist und Menschen authentisch als Christen leben. Sie spürte auch, daß ihr Dasein als Frau in den Gremien sinnvoll ist.

»Ich mußte nicht warten, bis eine neue Kirche, von der ich träumte, verwirklicht war. Ich konnte jetzt schon bruchstückhaft in ihr leben, zusammen mit Schwestern und Brüdern, die ich schätzen und lieben lernte ...

Seither habe ich gelernt, Widersprüche besser zu ertragen, und versuche geduldiger, das mir Fremde verstehen zu lernen. Seither weiß ich, daß ich als die Frau, die ich geworden bin, ja als Feministin in dieser Kirche bleiben will, trotz allem. Frauenbefreiung ja, aber als Teil der Befreiung aller zu ihrer von Gott gewollten Ganzheit.«

Der August

Nun hebt das Jahr die Sense hoch
und mäht die Sommertage wie ein Bauer.
Wer sät, muß mähen.
Und wer mäht, muß säen.
Nichts bleibt, mein Herz. Und alles ist von Dauer.

Stockrosen stehen hinterm Zaun
in ihren alten, brüchigseidnen Trachten.
Die Sonnenblumen, üppig, blond und braun,
mit Schleiern vorm Gesicht, schaun aus wie Frau'n,
die eine Reise in die Hauptstadt machten.

Wann reisten sie? Bei Tage kaum.
Stets leuchteten sie golden am Stakete.
Wann reisten sie? Vielleicht im Traum?
Nachts, als der Duft vom Lindenbaum
an ihnen abschiedssüß vorüberwehte?

In Büchern liest man groß und breit,
selbst das Unendliche sei nicht unendlich.
Man dreht und wendet Raum und Zeit.
Man ist gescheiter als gescheit, –
das Unverständliche bleibt unverständlich.

Ein Erntewagen schwankt durchs Feld.
Im Garten riecht's nach Minze und Kamille.
Man sieht die Hitze. Und man hört die Stille.
Wie klein ist heut die ganze Welt!
Wie groß und grenzenlos ist die Idylle . . .

Nichts bleibt, mein Herz. Bald sagt der Tag Gutnacht.
Sternschnuppen fallen dann, silbern und sacht,
ins Irgendwo, wie Tränen ohne Trauer.
Dann wünsche deinen Wunsch, doch gib gut acht!
Nichts bleibt, mein Herz. Und alles ist von Dauer.

Erich Kästner

August, was bist du für ein Gesell?

Deinen Namen trägst du von Kaiser Augustus, dem Erhabenen, und im Sternbild des Löwen, so sagt man, geht die Sonne dir auf. Zeigst du uns deine Pranken?

Du trägst, so scheint mir, zwei Gesichter: Das eine lacht mit vollem Sonnenschein über bunten Gärten, blühenden Blumenkästen, über Erntefreuden, über weiten Feldern, über denen langsam der orangefarbene Vollmond aufsteigt. Du schenkst uns warme, schöne Abende und läßt uns Sommerfreuden genießen.

Aber auch so begegnest du uns: Über Städten und verstopften Autobahnen brütest du mit unerträglich schwüler Hitze. Strände und Freibäder sind übervölkert und Hemden verschwitzt. Temperatur und Luftdruck gehen wie im Karussell runter und rauf. Schwer wird es, den Alltag durchzuhalten. Spannungen bauen sich auf und entladen sich plötzlich wie Gewitter mit Regen und Hagel. Bauern wußten es immer, wie anstrengend es ist, die Früchte des Jahres einzubringen.

Aber wenn ich auf deine verborgene Sprache, du Monat August, horche, höre ich noch anderes. Die wachsende Dunkelheit am Morgen und Abend, die kürzer werdenden Tage machen mich nachdenklich. Es gilt, vom Sommer Abschied zu nehmen: Störche und Mauersegler haben uns schon verlassen. Ich muß mich gegen melancholische Gefühle wappnen. Im Wald ist es still geworden, der vielstimmige Chor der Vögel ist verstummt, das dunkelgrün gewordene Blätterdach der Bäume wirft tiefe Schatten. Frühe Dämmerung liegt über dem Land.

Oft werden die Tage nicht hell, wenn in unseren Breiten der Regen nicht aufhören will. Auf den Feldern liegt das Getreide und wächst aus, in den Gärten faulen die Beeren. Auf den Autostraßen schlagen wie auf hoher See sprühende Fluten über die Windschutzscheiben. Der Mensch, der sich nach Sommersonne sehnt, fühlt sich wieder ins Haus gebannt und sieht fröstelnd hinaus in den Regen.

Wer bist du mir, August, Geselle? Was willst du mich lehren? Du erinnerst mich an den Segen des Sommers, daß ich seine Früchte einsammle, ehe die Tage des Herbstes kommen. Ich höre dich sagen: Lerne es, das Leben anzunehmen, seine Schmerzen, seine Freuden. Sieh um dich, die letzten Sommertage sind durchscheinend für das Geheimnis und die Größe des Lebens, auch in geringen Resten. Das Grundmuster der paradiesischen Welt ist nicht vernichtet, nicht völlig vergangen. Du bist nicht nur Vertriebener auf steinigem Grund. Um des Lebens willen, das dir Gott gegeben, um des Tuns der Hoffnung willen, nimm die Gabe der Freude an, wo sie dir begegnet. Wecke die Kräfte, die in dich gelegt sind, gib den guten Träumen Raum, mach dein Herz weit.

August, Geselle, du mahnst mich, daß ich mich nicht Stimmungen und Bedürfnissen des Augenblicks ausliefere, sondern mich, im Abschwung des Jahres, neu im Verborgenen gründe, dort, wo die Freude wohnt.

Draußen scheint die Sonne wieder! Ich will in den Garten gehen, einen großen, bunten Sommerstrauß pflücken, mir zur Freude! Danach laufe ich in die Anlagen hinüber, ob da unter herrenlosen Bäumen wieder helle Augustäpfel liegen, die schmekken gut! Ich habe es schon ausprobiert. August, Geselle, ich glaube, das ist in deinem Sinn!

Und wenn die dunklen Herbsttage kommen, dann will ich mich an den sommerlichen Lichtsegen erinnern:

»Licht sei um dich her
und erwärme dein Herz,
und der Fremde tritt näher
und auch der Freund.«

Irischer Segen

Herbst

Unsichtbare Gleise

Unsichtbare Gleise

Über die Stadt, in der ich lebe,
ziehen in jedem Jahr Vogelscharen,
vor allem die Züge der Kraniche.
Beglückt erlebe ich, wenn sie im März das Frühjahr ansagen.
Und an klaren Herbsttagen horche ich,
ob ihr lautes Rufen mich hinauslockt,
ihnen nachzusehen, wenn sie zurück in den Süden ziehen.
In den Teppich meines Lebens
sind diese jährlichen Züge wie Kettfäden eingewirkt.

Oft habe ich mich gefragt: Was verbindet mich mit diesen großen Vögeln, mich, den erdgebundenen Menschen, in einer so von Menschenhand gestörten Welt? Jahr für Jahr haben sie zu mir gesprochen. Sie riefen im Kinde die Sehnsucht wach, gleich ihnen über die Weiten in unbekannte Ferne fliegen zu können. Sie begleiteten mich in den wandernden Jahren, die mein Leben ausmachten, in Freude und Leid. Immer wieder hörte ich sie rufen: Brich auf in die Weite; wage es, sicheren Boden zu verlassen, um auch in Mühsal und Gefährdung nach unzerstörbarem Ziel zu suchen.

Die Zugvögel ziehen im Frühjahr nach Norden, sind wie Boten und rufen uns zu, sich dem steigenden Licht, dem aufbrechenden Jahr zu öffnen, immer wieder jung zu werden zu neuer Hoffnung. Sie fliegen in die hellen Tage hinein, die ihnen zugezählt sind. Schwierig ist ihr Dasein in fernen Wäldern und Mooren, gering die Nahrung, gefährdet die Aufzucht der Jungen. Kein Traumland wartet auf sie, sondern die Schönheit harter Wirklichkeit.

Jetzt, wo ich alt werde, vernehme ich die Nachricht der Kraniche anders: »Wir haben hier keine bleibende Statt, sondern die zukünftige suchen wir.« – Wir sind unterwegs wie sie zu fernen Horizonten. Wie oft wird mir ihr Ruf noch den Frühling ansagen? Im Herbst stehe ich da, lege die Hand übers Auge, um den ziehenden Scharen nachzuschauen, wie sie ins Abendlicht eintauchen.

»Und mit der Behutsamkeit, mit der sich
der Abend ausbreitet am Fluß,
breitet sich in mir aus der Kraniche Wissen
um jenes unzerstörbare Ziel,
das ihren Flug bestimmt.«

Diese Worte eines russischen Dichters klingen in mir weiter. Meine Gedanken wandern mit den großen Vögeln der sinkenden Sonne nach, sie suchen ein unzerstörbares Ziel, eine unsichtbare Heimat. Ihre Botschaft von der »Wiederkehr der Hoffnung« greift an diesem Herbstabend über irdische Zeit und den Kreislauf des Jahres hinaus. Eine weiterreichende Dimension tut sich auf, eine Hoffnung, die über dies irdische Leben hinausreicht.

Der Abendglanz wandelt sich
zum Morgenlicht einer anderen Wirklichkeit.
Ich fühle mich von den Vögeln getragen.
Unter mir bleiben Felder, Städte und Menschenwerk zurück,
noch einmal dankbar gegrüßt.
Schwere und Schatten sinken.
Ich spüre die Leichtigkeit der Vogelschwingen
in ihrem Flug hoch hinaus ins Weite.
Vertrauend überlasse ich mich Luft und Wind,
dem Unsichtbar-Tragenden.
Vor mir ferne Horizonte – Licht.

»Hört mich an:
Auf unsichtbaren Gleisen
Störche sah ich
durch den Himmel reisen
und meine Angst war fort.«

Peter Gan

Da war das Kind

Da war das Kind.
Von der Mutter geweckt, in Decken gehüllt,
ans offene Fenster getragen.
Es hörte hinaus in die Nacht. Es staunte.
Hoch über ihm im Dunkel ein starkes, helles Rufen.
Und die Mutter sagte:
Kraniche sind es, große Vögel, so groß wie du,
sie fliegen in der Nacht dem Licht entgegen.
Sie fliegen weit nach Norden.
Sie wissen: Der Frühling kommt!
Und das Kind staunte
und sehnte sich, mit ihnen zu fliegen –
dem Licht, dem Frühling entgegen.

Jahre später. Das Kind kommt von der Schule.
Kalt ist der Winter, und früh ist er gekommen.
Tief liegt alles verschneit.
Unheimlich und grau ist die Welt.
Auch die Birken frieren. Einsam fühlt sich das Kind.
Da – über ihm im Nebel ein Rufen, ganz nah.
Seltsam klingt es, tief dringt es ein.
Da kommen sie: große dunkle Vögel
mit langem Hals und weitem Flügelschlag,
schwarze Schatten im Grau.
Auch sie einsam über dem Schnee in der Kälte:
Helles Rufen – und wieder verschwunden im Grau.
Was ruft da? Einsamkeit, gemeinsame Not,
die Sehnsucht, die Weite? Unergründliches Geheimnis.
Was prägt dem Kinde sich ein?

»Immer wieder hört
man der Wandergänse Schrei
Kälter wird die Nacht.« JAPANISCH

Traum der Kindheit

Buch und Traum der Kindheit:
»Nils Holgerssons wunderbare Reise mit den Wildgänsen.«
Mitfliegen können in Wolken und Wind,
dicht angeschmiegt an den weichen Hals der Gans,
geborgen im seidenen Federkleid.
Hoch über dem bunten Teppich der Wälder und Felder.
Hoch über den kleinen Menschen und roten Häusern.
Und im Herbst trauernd den Vögeln nachsehen,
lange, tief unten von der Erde aus, wie sie zurückfliegen
in den unerreichbaren, den sonnigen Süden.
Ach, noch einmal so klein sein,
um mitzufliegen mit den Freunden, den Vögeln.

Der große Kranichtanz auf dem Kullaberg

Nachdem alle Tiere getanzt hatten, »ging ein Flüstern von Hügel zu Hügel: Jetzt kommen die Kraniche! Und da kamen die grauen, wie in Dämmerung gekleideten Vögel, mit langen Federbüschen und rotem Schmuck im Nacken. Die Vögel mit ihren langen Beinen, ihren schlanken Hälsen glitten in geheimnisvoller Verwirrung herab, drehten sich halb fliegend, halb tanzend im Kreise herum. Die Flügel anmutig erhoben, bewegten sie sich mit unfaßlicher Schnelligkeit. Es war, als spielten graue Schatten ein Spiel, dem das Auge kaum zu folgen vermochte, als hätten sie von den Nebeln gelernt, die über die einsamen Moore hinschweben. Ein Zauber lag darin und das Gefühl einer süßen Sehnsucht. Alle (fühlten) einen Drang in sich, ungeheuer hoch hinaufzusteigen, bis über die Wolken hinauf, um zu sehen, was sich darüber befinde. Eine solche Sehnsucht nach dem Unerreichbaren, nach dem hinter dem Leben Verborgenen fühlten die Tiere nur einmal im Jahr, und zwar an dem Tag, an dem sie den großen Kranichtanz sahen.«

Selma Lagerlöf

Natka

Endloses Wehen des Schilfs,
Kaum spürbares Beben der Fluten des Dneprs.
Hin über Rußland zogen die Kraniche.
Jahrhundertelang, erhaben und unbeirrt.
Doch: Nur wenige blieben, sagt man.
Such über den Kronen der Weiden. Der Himmel ist leer.
Die Kugel trifft ein Herz,
Und ein anderes wird still davon.
Wo seid ihr, Kraniche – Rußlands Vögel?
Wo seid ihr? Vögel der Wehmut?
Vorübergeflogen ... verwaist das Land.
In den Himmel ist Glut gegossen
Und eine Wolke darin, schwerfällig zwar,
Doch von der Farbe eures Gefieders.
Und in den Fesseln der Glut mag sie träumen,
Es würden Flügel sie tragen. Vielleicht
Ist ein zurückgelassener Vogel sie?

Vom Schwarm vergessen?
Aber du, Natka, glaube das nicht,
Uns sind die Kraniche treu.
Ähnelt die Wolke dort einer Eisscholle nicht,
Die unser Herz erfrischt?
Doch mit der Behutsamkeit, mit der sich
Der Abend ausbreitet über dem Fluß,
Breitet sich in mir aus der Kraniche Wissen
Um jenes unzerstörbare Ziel,
Das ihren Flug bestimmt.
Die Nacht wie ein schlafschwerer Kranich,
Taucht in die Bucht ihr weißes Gefieder.
Wer sagt, nur wenige Kraniche blieben?
In dein Herz fiel Kummer, und meines wird schwer davon!
Durch die Kronen der Weiden weht lautlos die Nacht.
Kraniche – russische Vögel.
Wir sind geblieben.

Juri Adrianow

Wandernde Jahre

Dann kommen die Lieder der Jugend, des Krieges:
»Wildgänse rauschen durch die Nacht
mit schrillem Schrei nach Norden ...
und fahrt ihr nach Süden übers Meer,
was ist aus uns geworden?«
Und die Zeiten vergehen. Dicht von Leben gefüllt.
Aber Jahr für Jahr wiederholt es sich:
Hoch über die Häuser der Stadt ziehen die Vögel.
Sie stillen – für einen Augenblick – die Unruhe des Alltags
und rufen die Wandlung des Jahres aus.
Botschaft der Hoffnung: Noch gilt die uralte Ordnung.

»Herbstlich färben sich die Berge,
wilde Gänse ziehen vorbei.
Unsichtbar, doch aus dem Nebel
hör ich abends ihren Schrei.«

Japanisch

Jahre später kommt ein Tag in der Heide.
Noch einmal ist die, die einst das Kind war,
zusammen mit den geliebten alten Eltern.
Ein heller, klarer Tag bricht an,
leuchtend bunte Farben des Herbstes.
Und es kommen Kraniche gezogen
durch den weiten Himmel, über die Heide,
Kette nach Kette im Blau,
von Ferne her zu hören mit hellem Ruf.
Hunderte ziehen da nach dem Südland,
denn es ist Herbst.
Schön ist das – und schwer voller Ahnung:
Zwei Jahre später sehe ich den Kranichen nach
– und bin allein.

Die Sehnsucht bleibt

Jahre wandern.
Die Sehnsucht, den Vögeln zu folgen,
sie lebt weiter, auch unter grauem Haar.
Ach, einmal Kranichen ganz nahe sein!
Aufgereckte Hälse über breitem Rücken
auf hohen Ständern; kluges, helles Auge;
roter Kopfschmuck; silbergraues Federkleid.
Einmal ihr Lebendigsein nahe erfahren!
Das ist ein Wunsch, so stark, daß ich denke:
Dann könnte ich sterben, das Leben war schön!
Der Wunsch erfüllt sich.
Ganz in der Nähe der Großstadt,
wo noch Feuchtwiesen den jungen Fluß begleiten,
da sollen die Kraniche rasten, jedes Jahr.
Der Bauer auf einsamem Hof wird zum Freund.
Am Abend gibt er Nachricht: Die Kraniche sind da!

Ein Novembertag dämmert langsam herauf.
Grau bereift die Wiesen.
Im Osten steigt das Licht.
Die Kinder führen behutsam am Waldesrand entlang.
Durch Bäume wird der Blick frei auf die Weide:
Da stehen sie! Nah, grau, äsend, die Federn putzend.
Atemlos schauen wir.
Ein Schritt weiter:
Da steigen sie auf mit lautem Rufen.
Ich höre das Rauschen der Flügel dicht über mir,
schwarze Silhouetten zeichnen sich edel
in den hellen Osthimmel,
mächtige Schwingen, schlanker Hals.
Ich bin verzaubert.
Mensch und Tier, verbunden in einer Schöpfung,
die gleiche Luft tief einatmend.
Geheimnis des Lebens.

Ist einer von euch mein Kranich?

Die Zeitung berichtet:
Auch bei uns in Westdeutschland brüten noch Kraniche.
Seitdem Naturschützer bei den Brutgebieten wachen, findet eine zunehmende Zahl bei uns wieder Heimat.
Das ist eine Gelegenheit! Sie gilt es zu nutzen.
Wir machen Ferien im uralten Wohnwagen,
draußen unter den Eichen auf der großen Wiese,
nicht weit von dem einsamen See an der Grenze.
Und ich weiß, unten im Bruchwald brütet der Kranich.
Ihn gilt es zu schützen vor Störungen.
Unvergeßliches, einmaliges Bild des Anfangs:
Ein Wärter führt uns vorsichtig im frühen Dämmern,
und beim nötigen Abstand sehen wir ihn.
Da steht der silberne Vogel im grauen Bruchwald,
aufrecht sichert er neben dem Nest, mein Kranich ...!
Wir leben Tage im Einklang mit aller Kreatur:
Abends, bei aufsteigendem Nebel, ziehen Hirsche vorbei,
in der Mittagssonne äsen Graugänse.
Und das Reh, das uns auf seiner Wiese duldet,
setzt vor unseren Augen zwei Kitze
und führt sie Tag für Tag über das Gras.
Wir schauen aus nach dem Flug der Kraniche überm Wald
und horchen auf ihr Trompeten, am Abend und am Morgen.
Wir bewundern ihr stolzes Schreiten,
wenn einer der großen Vögel aus dem Wald heraustritt,
sich am Wiesenrand silbern in der Morgensonne zeigt.

Und jetzt, Jahre später, wenn ein Vogelzug zieht,
dann sehe ich hinauf und frage die Wandernden:
Ist einer von euch *mein* Kranich,
den ich bewachte im grauen Bruchwald bei der Brut?
Von ihm lernte ich, mein Dasein tiefer zu verstehen,
die Sehnsucht nach Überschreiten, nach Transzendenz,
das Wissen um Ursprung und Ziel
außerhalb meiner Selbst.

Wir sind wie Zugvögel

Weiter treibt mich die Liebe zu den großen Vögeln.
Im Frühjahr folge ich ihnen nordwärts, nach Schweden,
und finde sie äsend auf verschneiten Äckern.
Ich sehe ihr leichtes Springen, den eleganten Tanz
und höre das auf- und abschwellende Trompeten
der großen Scharen dort am Waldrand.
Am Abend kommen sie durch den rotgoldenen Himmel,
ziehen zum Schlafen ins Schilf am See,
Kette um Kette, hundert und aberhundert und mehr;
hoch über mir, eingezeichnete Winkel im Glanz.
Ich höre den großen Flügelschlag der Vögel,
die sich tragen lassen vom Unsichtbaren.
Ich fühle ihr Rufen. Es ist auch in mir.

»Doch ist es jedem eingeboren,
daß sein Gefühl hinauf und vorwärts dringt,
wenn über uns, im blauen Raum verloren,
ihr schmetternd Lied die Lerche singt;
wenn über schroffen Fichtenhöhen
der Adler ausgebreitet schwebt
und über Flächen, über Seen
der Kranich nach der Heimat strebt.«

Johann Wolfgang von Goethe

»Obwohl wir Gott nie gesehen haben,
sind wir wie Zugvögel,
die eine geheimnisvolle Unruhe empfinden,
eine Sehnsucht
nach einer frühlingshaften Heimat,
die sie nie gesehen haben,
zu der sie aufbrechen,
ohne zu wissen wohin.«

Ernesto Cardenal

September

Licht im Herbst

Licht im Herbst

»Im Nebel ruhet noch die Welt.
Noch träumen Wald und Wiesen.
Bald siehst du, wenn der Nebel fällt,
Den blauen Himmel unverstellt,
Herbstkräftig die gedämpfte Welt
In warmem Golde fließen.«

EDUARD MÖRIKE

Eines Morgens merke ich es: Als ich aus dem Hause heraustrete, verhüllt ein leichter blaugrauer Dunst die nächsten Häuser. Als Schattenbild heben sich die Zweige eines Baumes davon ab. Landschaft ohne Anfang und Ende, wie auf einem japanischen Bild. Der Geruch der Erde ist kräftiger geworden. Ist schon Herbst? Der Sommer war kurz!

Doch dann fällt der Nebel. Die lichten Schleier lösen sich auf, ein klarblauer Himmel wölbt sich über dem Land. Alle Farben beginnen unter diesem Licht des Herbstes zu leuchten, und weit reicht der Blick bis zu den blauen Konturen der fernen Höhenzüge. In der Birke, in der Kastanie blinkt das erste gelbe Laub. Schon liegen Blätter und Bucheckern auf dem Weg. Das dunkle Grün des Sommerlaubes wird durchscheinender. Hier und da rufen Meisen, hoch vom Baum lockt der Kleiber. Während der Mauserzeit schwiegen sie alle.

Die Sonne scheint warm, als ob sie die Süße des Sommers in die Früchte treiben möchte. Auch wir saugen das Licht in uns ein. In den Gärten blühen die Blumen. Herrschende Farbe ist Gelb. Sonnenblumen aller Art spiegeln das Licht der Sonne. Dazu kommt das Rot der Gladiolen, der Dahlien, das Blau und Violett der Astern. Äpfel liegen im grünen Gras.

Vor der Stadt sind die Felder abgeerntet und liegen gelb unter dem hohen Himmel. Eltern und Kinder müssen sich eilen, wenn sie im warmen Septemberwind die Drachen steigen lassen wollen. Schnell ziehen heute die Traktoren über die Äcker, und bald werden aus der tiefbraunen Erde die ersten grünen Halme der

Wintersaat sprießen. Zeit müßte man haben, um den sonnigen Herbst zu genießen!

Am schönsten ist es, wenn die tiefstehende Sonne ihr warmes Licht über das Land wirft. Die Schatten werden länger, alle Konturen treten hervor, Farben leuchten kräftiger. Dort, wo die Sonne noch hintrifft, leuchtet sattes Grün, lichtes Gold, warmes Braun. An den Schattenhängen ist ein wunderschönes Farbenspiel zu beobachten, wenn aus Dunkelgrün und Rostbraun allmählich lichtes und dunkles Violett wird und sich in vielfach getöntes Grau, Dunkelbraun und -blau verwandelt. Aus den Tälern steigen langsam wieder lichtgraue Nebel auf und heben sich leicht von den weitgegliederten fernen Höhenzügen ab. Darüber am Westhimmel wechseln Wolkenstreifen von hellem Rosa in Gold und Grau. Noch lange nach Sonnenuntergang leuchtet der Glanz des Himmels hoch über den Lampen der Stadt, wie die Verheißung einer anderen Welt.

Früh stehen Sterne am Himmel. Wenige können wir noch in Stadtnähe erkennen: Kassiopeia, Andromeda und der himmlische Wagen erinnern uns an das, was länger dauert als unser kleines Menschenleben.

Wenn die Uhren wieder eine Stunde vorgestellt werden, merken wir doppelt die kürzer werdenden Tage. Und jedes Jahr wieder, wenn es früh zu dämmern beginnt, ziehen die Kinder mit ihren zarten bunten Laternen durch die dunklen Nebenstraßen, vom warmen Schein ihrer Lichter begleitet. Geht es uns nicht so, daß dieser alte Brauch uns anrührt und erfreut? Es ist ein schönes Sinnbild dafür, wie wir noch in die Jahreszeiten eingegliedert, darin aufgehoben und zu Hause sind. Auch erinnert es uns daran, dem Licht zu vertrauen, daß es uns ins Dunkel begleiten wird und wir es selbst in die Nacht hinaustragen. Zu Lamberti, zu Martini wandern die Kinder mit ihren Laternen in Erinnerung an Heilige, die mit ihrem Leben, mit ihrer Barmherzigkeit Dunkelheiten erhellten.

Kinder mit Papierlaternen

Sie haben Lichter, welche leise leben
im Innern des verhüllenden Papiers.
Ihr Gang ist wie ein feierliches Schweben,
sie sehn das Haus nicht, nicht den Baum daneben,
sie sehn das Licht nur, und das Licht ist ihrs.

So ziehen sie straßauf, straßab und tragen
den Schein durchs Dorf und durch den Abendwind
und lächeln, wenn sie einen Bogen schlagen,
und singen dann und wissen nicht zu sagen,
warum sie singen und so glücklich sind.

Nun schweben sie hinüber in die Heide.
Ein Mond, ein dunkelroter, geht voran,
dann kommen zwei ganz kleine, golden beide,
dann glimmt es bunt wie zaubrisches Geschmeide
und dann hellblau und wieder golden dann.

Und über ihnen steht in der geringen
und grauen Dämmerung der Große Bär.
Sie gehn am Armenhaus vorbei und schlingen
sich sacht zurück und gehn und gehn und singen
und möchten, daß es nie zu Ende wär.

MANFRED HAUSMANN

Nun beginnt der Herbst
Irgendwo brennt schon ein Licht
in der Dämmerung

BUSON

»Wer eine Birke liebend anschaut...«

Der beginnende Herbst, die leise Verwandlung des Jahres macht auch uns feinfühliger. Wir spüren, wie alles Sichtbare durchscheinend wird, und erfahren Augenblicke, Begegnungen, die wie ein persönlicher Zuspruch sind. Wir fühlen uns seltsam angerührt. Oft aber eilen wir an allem vorbei, ohne etwas wahrzunehmen. Die Welt um uns wird zur leblosen Kulisse, vielleicht noch zu nutzbarem Material. Wie ein Sinnbild dafür sind mir jene, die mit einem »Walkman« im Ohr durch den Wald laufen.

Wir gewinnen Daseinsfülle, wo wir erfahren, daß wir mitten in einem lebendigen Ganzen leben, voller Zusammenhänge, voller Klänge, wo wir uns aufmachen, sie auch heute noch zu finden: »Es schläft ein Lied in allen Dingen...« Auch menschliche Beziehungen werden reicher, wenn wir für innere Schwingungen offen sind, wie es bei Thornton Wilder eine Tochter zu ihrer Mutter sagt: »Wir haben gar keine Zeit, uns anzusehen!« Vielleicht wird uns die Transparenz alles Seins sichtbar: Alle Schöpfung trägt den Widerschein Gottes in sich, so wie es in einem altrussischen Sprichwort heißt: »Wer ein Grasbüschel oder eine Birke liebend anschaut, spricht mit Gott!« – Und Er spricht mit uns.

Das Licht dieser Herbsttage kann in besonderer Weise zum Gleichnis werden, Hinweis auf alles »Licht«, von dem wir leben, Licht der Sonne, der Liebe, der Freude, der Hoffnung. Es war sicher kein Zufall, daß Christus dieses Wort von besonderem Klang an einem Herbstabend sprach: »Ich bin das Licht der Welt!« Was will er damit erhellen? Er steht für den ewigen Sinn alles Seins, für den liebenden Gott, der seine Schöpfung mit »Es werde Licht« begann, der erfülltes Leben geben will. Christus sprach es zu denen, die zum Herbstfest in »Laubhütten« wohnten, zur Erinnerung daran, daß der Mensch ein Wanderer sei, hin zu einem versprochenen Land. Er sprach es, als die Feiernden im Tempelvorhof zu einem Lichterfest versammelt waren.

Die Sonnenblume

Am Anfang war die Sonnenblume eine Nymphe, eine Göttin der Gewässer. Als sie am Ufer des Ganges stand, sah sie zum ersten Mal die Sonne aufgehen. Ruhig stehend, schaute die Nymphe fasziniert auf die Sonne. Vom Augenblick des Sonnenaufganges an folgte sie mit ihrem Blick dem Lauf der Sonne, ständig den Kopf nach der Sonne drehend. Wochenlang blieb sie dort stehen, immer zur Sonne schauend. Die Nymphe begann Wurzeln in den Boden zu schlagen; grüne Blätter erschienen auf ihrem Körper; ihr Gesicht wurde wie die Sonne.

Bis heute schaut die Sonnenblume immer zur Sonne. Die Sonne schauend, ist sie selbst in die Sonne verwandelt.

P. Kristudas (nach einer indischen Legende)

Orientierung

Mein Herz, diese Sonnenblume
auf der Suche
nach dem Licht.
Welchem
der lang vergangenen Schimmer
hebst du den Kopf zu
an den dunklen Tagen?

Hilde Domin

Du bist am Ende deiner Kraft

Du bist am Ende, du magst nicht mehr.
Erkennst keinen Sinn, siehst keine Zukunft vor dir.
Bezweifelst dich selbst und das, was du begonnen.
So höre auf eine alte Geschichte von Elia, dem Propheten,
der Erfolg erlebte, Sieg – und dann Scheitern, Niederlage.
Er flieht in Angst. Er will nicht mehr!
»Herr, nimm mein Leben, ich bin nicht stärker als andere.«
Es wird Nacht – gnädig kommt der Schlaf.
Ein Bote Gottes bringt Essen für den Hungrigen.
Wieder tiefer Schlaf, wieder steht der Engel da:
»Nimm, iß und trink und dann steh auf!
Du hast einen weiten Weg vor dir.«
Einen Weg durch Wüste, Tag und Nacht,
vom Engel gewiesen, Gott zu suchen an einsamem Ort.
Dort auf dem Berg, versteckt im Fels, steht Elia.
Ein einsamer Mensch, der um keinen Weg mehr weiß.
Erdbeben, Feuer, Sturm packen ihn – Gott ist nicht da.
Dann wird es still auf dem Berg,
Elia wird ein Horchender, verlangend nach Gott.
Eine Stimme – wie verschwebendes Schweigen.
Darin ist Gott! Elia tritt hervor, ihm zu begegnen,
und hört die Frage: »Was willst du hier, Elia?«
Elia nennt seine Not, sein Alleinsein.
Er horcht, hört auf die Stimme, die ihm gilt:
Begegnung mit Gott ist Angenommen-Sein!
Durch den Schwachgewordenen wirkt Gott, er sendet ihn neu.
Gottes-Begegnung, erfahren im verschwebenden Schweigen.
Elia geht zurück, ein Angerührter, Gottes Kraft in ihm ...

Du bist am Ende deiner Kraft, zweifelst an dir selbst?
Erinnere dich, Gottes Boten sind auch Schlaf und Essen.
Dann aber steh auf, mache dich auf den Weg durch die Wüste.
Suche Gott an einsamem Ort, werde ein Horchender.
Gottes Stimme ist leise, wie ein verschwebendes Schweigen.
Du wirst ihm begegnen!

Ländlich

Scheunen und Sommertage.
Die steifen Blätter am Baum
verbrannten. Die Asche trage
ich in die Scheuer. Der Raum

knistert von Sommer und Liebe,
wenn es dunkel wird im Jahr.
Altmodische Apfeldiebe
sind lange aus Gefahr.

Die ländlichen Bilder von gestern
zeigt noch eine Fotografie.
Im Finstern flimmert ein Western
seinen Mord so spannend wie nie.

KARL KROLOW

Aber noch ist uns das Dasein verzaubert; an hundert Stellen ist es noch Ursprung. Ein Spielen von reinen Kräften, die keiner berührt, der nicht kniet und bewundert.

Rainer Maria Rilke

Die Wolken glühen abendschön.
Mein Herz, was willst du traurig sein?
Sieh in das Leuchten nur hinein.
Laß alles Dunkle unter dir.

Denn was dich Untergehen dünkt,
ist Aufgehn einer andern Flur.
Es ist doch alles Wandel nur.
Du mußt es wahrlich erst verstehn.

Die Wolken glühen abendschön.
Sieh in das Leuchten froh hinein,
mein Herz, und laß das Traurigsein.
Es kann und kann dir nichts geschehn.

Hermann Claudius

Lob des Regens

Wir sollten uns endlich entschließen, ein Lob des Regens anzustimmen, sosehr wir Licht und Wärme der Sonne lieben. Hören wir auf, über schlechtes Wetter zu klagen!

Anlaß dieser Aufforderung ist ein Bericht: Als der Staatsminister eines afrikanischen Staates die Bundesrepublik besuchte, regnete es in Strömen. Der Außeminister meinte bei der Begrüßung auf dem Flugplatz, er müsse sich für das schlechte Wetter entschuldigen. Der Gast aber erwiderte: »Wir wären dankbar für solches Wetter! Denn Afrikaner wissen, von Sonne allein kann kein Mensch leben« (nach H. Schmiedehausen).

Viele von uns werden sich an die Freude erinnern, wenn sie bei der Rückkehr aus dem Urlaub hier wieder die erste grüne Wiese sahen! Nie wäre unsere Landschaft so grün, noch von Bächen durchflossen, von Mooren getränkt, nie gäbe es den Zauber des sommergrünen Laubwaldes, nicht die Blumen an Wald- und Wegrändern, nicht so schön den Kreis der Jahreszeiten, wenn wir nicht soviel Regen hätten und bei Kälte fröstelten. Wieviel Wasser verbrauchen wir unbedenklich! Wie selten gab es bis jetzt Einschränkungen. Uns ist nicht bewußt, wie kostbar das – saubere – Wasser ist! So haben wir Grund, »das schlechte Wetter« mit anderen Augen zu sehen! Wir wissen, unsere erkrankten Bäume können sich nach regenreichen Sommern erholen. Also denken wir daran, Wasser nicht unnütz zu verbrauchen und zu verschmutzen, damit unsere schöne Landschaft nicht verkarstet!

Und ist es nicht schön und erfrischend, mit Regenmantel und Gummistiefeln nach draußen zu gehen, das Rauschen des Regens, das Wehen des Windes zu hören und rings das Murmeln des Wassers; dort einsame Wege zu finden, wo sich sonst die Menschen drängen? Als Kind liebte ich Robert im Struwwelpeter: »Robert aber dachte: Nein! das muß draußen herrlich sein!« Ich beneidete ihn, wie er im Wind mit seinem Schirm davonflog! Und nun gehe ich hinaus, gerade im Regen!

Vogelstraßen

Hätte einer von uns die Sprache der Vögel verstanden, so würde er das Reiselied gehört haben, das Herbstlied des Aufbruches in den Süden.

Die Vögel erhoben sich scharenweis in den alten, unzerstörbaren Flugordnungen. Die Vogelstraßen sind alt, vielleicht sind sie älter als die früheste, zum Weg ausgetretene Spur des Menschen, und sie sind schöner, zauberhafter als jede Straße der Erdbewohner. Sie wölben sich als ein geheimnisvoller Bogen zwischen Norden und Süden. Sie gleichen dem Regenbogen und sind wie das strahlende Zeichen des Friedens jedem Menschen unbetretbar. Sie steigen empor aus den Wäldern und Wiesen der europäischen Länder, sie wölben sich von der Eismeerküste zu den Pyramiden, von der Nordsee zur Sahara.

»Ja, wäre nur ein Zaubermantel mein, und trüg er mich in fremde Länder . . .«, so würde ich mich in diesen Wochen verloren haben in den Scharen, die aufbrachen, gewiegt von Winden über Gebirge und Feld. Ich würde hören, was sie schreien, die neben mir brausend fliegen, ich wäre mit ihnen auf dem Weg, den niemand sieht, der Menschen entzogen ist immerdar. Mit einem Schrei würde ich den Morgen begrüßen, an dem die Küste zurückbliebe und das Meer sich ausdehnte . . .

Aber nur im Märchen wird Menschen das Geschenk solcher Zaubereien bereitet. Ich bleibe, der ich bin, und spüre in diesen Tagen der Stille plötzlich mit Verwunderung, daß auch die Vögel ein Teil unseres Lebens sind, – jetzt, da sie auf den uralten, geheimnisvollen Straßen reisen, diesen Wegen, wie Regenbogen unsichtbar gewölbt zwischen Heimat und Heimat.

Walter Bauer

»Das Geheimnis der Welt liegt überall dort, wo es uns gelingt, das Universum transparent zu sehen.«

Pierre Teilhard de Chardin

Sturmnacht

Am Abend hat der Weststurm begonnen. Es rauschte so stark in den Bäumen, daß der Straßenlärm nicht mehr zu hören war. Das Fenster zur Nacht zu öffnen war nicht möglich; der Wind ließ die Türen schlagen, Laub wehte herein. Inzwischen ist es zwei Uhr in der Nacht. Der Sturm hat mich geweckt. Am Fenster pfeift er so laut wie an der See, und am Haus klappern Schiefer und Ziegel. Von draußen höre ich das Auf- und Abschwellen der Böen. Im Lichte der Straßenlaternen sehe ich, wie die Wipfel der Bäume hin und her schwanken. Ich kann nicht wieder einschlafen. Sicher hat der Barometersturz mich durcheinandergebracht.

Gedankenfetzen gehen mir durch den Kopf: Was wäre, wenn einer der Bäume auf das Haus stürzte? Im Wald wird es viel Windbruch geben. Und an der Küste? Haben die Halligen schon landunter? Das Radio brachte Sturmflutwarnung. Morgen werden die Meldungen von Unfällen berichten. Inzwischen bin ich hellwach. Die Nachrichten von gestern abend tauchen vor mir auf: Dürre, Hunger, Terror und Vergeltung, Rüstungsausgaben und Konsumsteigerung. Dann denke ich an H. und ihre Depression. Auch sie wird nicht schlafen können. Wie ist ihr zu helfen?

Septemberstürme zur Tagundnachtgleiche. Die Uhr wird wieder eine Stunde vorgestellt: Die langen dunklen Abende beginnen. Morgen ist Michaelis, Tag des Engels, der den Drachen bezwingt, der dem Bösen widersteht.

Der Sturm bricht Äste von den Bäumen und reißt Ziegel vom Dach. Ich höre dumpfes Aufschlagen und Klirren. Ich fühle mich bedroht, nicht nur von den Naturgewalten, nein, ohnmächtig gegenüber den großen, so unlösbaren Weltproblemen und den kleinen zwischenmenschlichen Konflikten. Warum ist der Mensch so von seinem Unbewußten getrieben, ständig im Gefühl, zu kurz zu kommen? Rätsel Mensch!

Michael, der starke Engel, meist in helles, weißes Gewand gekleidet, galt einst als Schutzpatron unseres Volkes. Er war ein einleuchtendes Bild für den Auftrag des Menschen, teilzunehmen an der Gestaltung der Welt und des eigenen Lebens, dem Chaos und der Finsternis zu widerstehen.

Licht im Herbst, das bedeutet auch, Licht in die Dunkelheit hineinzutragen und mit wachen Augen die Lage zu erkennen. Es muß uns wieder die Grundfrage treffen: »Wo bist du, Adam? Wo ist dein Bruder Abel?« Zurückkehren zur Ver-antwort-lichkeit unseres Lebens.

Die Stunden vergehen. Vor meinem Fenster sehe ich die Bäume im Sturm. Tagundnachtgleiche. Nicht aufgeben. Sich dem Dunkel nicht unterwerfen.

Der Traum vom Engel mit dem hellen Antlitz

Bis in den Schlaf hinein bedrängen Frau P. die Rätsel unserer Welt, die bedrohte Zukunft. Im Traum sieht sie neben sich am Bett einen Engel sitzen. Er sieht sie an. Sie blickt in ein helles, leuchtendes Antlitz, so wie sie es von alten Bildern kennt. Oder trägt der Engel die Züge des alten, weisen Naturforschers, dem sie vor kurzem zuhörte, der nicht müde wird, für eine friedliche Welt zu wirken?

Der Engel spricht die Schlafende an: Denke daran, dein Wissen ist begrenzt. Dein Blick sieht nur das Sichtbare. Wir Engel wissen mehr. Wir sehen den Unsichtbaren, der über den unendlichen Weiten und Zeiten des Kosmos und über der Wirrnis dieser Zeit ist. Seine Gedanken sind höher als eure Gedanken. Du kannst sie nicht begreifen. Könntest du sehen, was ich sehe, sei gewiß, du würdest staunen, und dein Herz wäre im Frieden.

Diesen Traum konnte Frau P. nicht vergessen. Sie stellte ein altes Bild auf die Fensterbank, einen Osterengel. Der Engel sieht mit staunenden Augen in die Weite, und sein Antlitz leuchtet.

Ehrfurcht vor dem Leben

Im September 1915 mußte ich auf dem Ogowefluß zweihundert Kilometer stromaufwärts fahren. Nur langsam kamen wir voran. Ich saß auf einem der Schleppkähne. Ich hatte mir vorgenommen, auf dieser Fahrt ganz in das Problem einer Kultur, die größere ethische Tiefe und Energie besäße als die unsere, versunken zu bleiben. Müdigkeit und Ratlosigkeit lähmten mein Denken.

Am Abend des dritten Tages, als wir uns beim Sonnenuntergang in der Nähe des Dorfes Igendja befanden, mußten wir an einer Insel entlang fahren. Auf einer Sandbank zur Linken wanderten vier Nilpferde mit ihren Jungen in derselben Richtung wie wir. Da kam ich in meiner großen Müdigkeit und Verzagtheit plötzlich auf das Wort »Ehrfurcht vor dem Leben«, das ich, soviel ich weiß, nie gehört hatte. Alsbald begriff ich, daß es die Lösung des Problems, mit dem ich mich abquälte, in sich trug. Es ging mir auf, daß die Ethik, die nur mit unserem Verhältnis zu den anderen Menschen zu tun hat, unvollständig ist und darum nicht die nötige Energie besitzen kann. Durch die Ehrfurcht vor dem Leben gelangen wir zu einem geistigen Verhältnis zum Universum, werden wir andere Menschen. Durch sie kommen wir dazu, mit aller Kreatur in Beziehung zu stehen. Die fundamentale Tatsache lautet: »Ich bin Leben, das leben will, inmitten von Leben, das leben will.« Die Ehrfurcht vor dem Leben begreift alles in sich, was als Liebe, Hingebung, Mitleiden, Mitfreude, Mitstreben in Betracht kommen kann. Wir müssen uns von dem gedankenlosen Dahinleben frei machen. Nur die Gesinnung der Ehrfurcht vor dem Leben ist fähig, die Zeit des Friedens in unserer Welt anbrechen zu lassen.

ALBERT SCHWEITZER

Der Ungelehrte, der angesichts eines blühenden Baumes von dem Geheimnis des um ihn herum sich regenden Willens zum Leben ergriffen ist, ist wissender als der Gelehrte, der tausend Gestaltungen unter dem Mikroskop studiert, aber nicht von dem Geheimnis bewegt ist.

ALBERT SCHWEITZER

Nur der Hoffnungslose findet sich ab mit dem, was ist, und mit der Art und Weise, wie es ist. Wer aber Hoffnung hat, sieht vor sich neue Möglichkeiten, wie es anders werden und besser gehen kann.

Jürgen Moltmann

Der Glaube sagt ja, weil er »trotzdem« sagen kann. In dem Trotzdem des Glaubens ist das »Trotzdem« des Mutes zum Sein geboren ... Wenn der Mensch nicht mehr fähig ist, das »Trotzdem« zu sprechen, wird er der geschichtlichen Katastrophe nicht mehr Widerstand leisten können ... Die menschliche Seele kann nicht auskommen ohne das Wissen von einem letzten ewigen Sinn.

Paul Tillich

Trotz aller Gegensätze in der heutigen Welt, trotz der Vielfalt der unterschiedlichen Wege bleibt diese Welt ein untrennbares Ganzes. Wir alle sind Passagiere an Bord des Schiffes Erde, und wir dürfen nicht zulassen, daß es zerstört wird. Eine zweite Arche Noah wird es nicht geben.

Michail Gorbatschow

Gefährden unsere himmelstürmenden Weltraumfahrten die Grundfesten der Religion? Meine Antwort ist ein entschiedenes Nein. Aber ich glaube, es ist im Zeitalter der Weltraumfahrt dringend nötig geworden, Gott als einen weit größeren und mächtigeren Schöpfer und Herrn anzuerkennen, als ihn viele von uns bisher gesehen haben.

Wernher von Braun

Dieser ungeheuren Wirklichkeit gegenüber, in der wir uns vorfinden, ergreift den alten Forscher immer wieder dasselbe Gefühl, das schon den jungen Forscher in die Natur hinauslockte, das Gefühl eines tiefen, ehrfürchtigen Staunens.

Hans Spemann (Nobelpreisträger)

Carl Friedrich von Weizsäcker (* 1912)

Zur Verantwortung gerufen

Carl Friedrich von Weizsäcker (Bruder des derzeitigen Bundespräsidenten), erfolgreicher Atomphysiker, erkannte die möglichen Folgen der durch Otto Hahn gelungenen Atomspaltung. Seitdem fühlt er sich zur Verantwortung gerufen. Er versucht die geistige Situation unserer Zeit zu erhellen und setzt sich engagiert für eine Friedensordnung und die Erhaltung der Schöpfung ein.

Es war während des Kirchentags 1985. In einer der großen grauen Hallen im Messegelände, einem Raum technisch bestimmter Massenzivilisation, sitzen und stehen dicht gedrängt Menschen aller Altersstufen – viele jüngere –, Fragende, Betroffene, Verunsicherte.

Weit vorne der Tisch für die Podiumsdiskussion. Von Weizsäcker beginnt mit seinem Aufruf zum Konzil des Friedens: »Wir bitten die Kirchen der Welt, ein Konzil des Friedens zu berufen. Der Friede ist heute Bedingung des Überlebens der Menschheit. Er ist nicht gesichert. Die Zeit drängt!«

Der Funke springt über, lautlose Stille, dann starke, befreiende Zustimmung. Weizsäcker, der vor allem das Gespräch mit Wissenschaftlern und Politikern sucht, wendet sich hier an die vielen, und die über Fünfundzwanzigtausend in der Halle horchen konzentriert und nachdenklich. Die eine Stimme durchdringt den Raum. Alle Augen sehen auf diesen weißhaarigen alten Mann, der da vorne im Licht der Scheinwerfer sitzt und bedächtig und leidenschaftlich zu ihnen spricht. In seinen Worten spüren sie die Kenntnis des Naturwissenschaftlers, des Philosophen und Historikers, die Demut und den Mut des »Frommen«, der um Verantwortung und Grenzen menschlichen Tuns weiß. Er, der zwei Weltkriege erlebte, weiß um die drohenden Gefahren eines dritten Weltkrieges und der Klimaveränderung.

Es geht um nüchternes Erkennen und verändertes Handeln. Nur das gemeinsame Wollen vieler, die betroffen um die Notwendigkeit eines Sinneswandels wissen, kann zu einer politischen Macht werden, die auch die Mächtigen zum Handeln zwingt.

»Weltfriede ist Lebensbedingung des technischen Zeitalters. Diesen müssen wir anstreben. Er ist nicht der Friede des Reiches Gottes, der läßt sich nicht planen. Es ist die Verwandlung der Politik (der Nationalstaaten) in ›Weltinnenpolitik‹. Aber mir sei hier ein persönliches Bekenntnis erlaubt. Wenn ich an den Frieden Gottes nicht glaubte, wäre mir der Friede der Zukunft nicht mehr als ein Schatten über dem Abgrund ... Daß es möglich ist, anders zu werden, ist die fast unglaubliche Hoffnung (der Bergpredigt).« Etwa so fährt er fort: Wir müssen einen langen Atem gewinnen. Menschliche Entwicklung, die erst vor 6000 Jahren zur Hochkultur und damit zur Macht von Großstaaten führte, geht in langsamen Schritten voran. Das Bewußtsein der Moderne zeigt schon Veränderungen. Fast keiner wagt mehr, den Krieg zu verherrlichen, ökologische Gefahren zu verneinen. Aber »die Sehnsucht aller mag Friede sein, die Interessen aller sind auf die Fortdauer des Unfriedens gebaut«. Nur rationale Erkenntnis hat nie die Kraft, um bis ins Unbewußte hinein eine Veränderung zu bewirken. Es geht um einen Wandel in der Tiefe, damit die Menschen zum Frieden untereinander und mit der Schöpfung fähig werden.

Und nun wendet sich Weizsäcker an jeden einzelnen. Alle müssen den Ruf Jesu zur Änderung, zur Umkehr ernst nehmen. Daraus kann eine neue, religiös gegründete dynamische Kraft erwachsen, die auch in der Politik wirksam wird. »Ich kann mir nicht vorstellen, daß jemand den notwendigen Bewußtseinswandel vollziehen kann, der nicht durch die Verzweiflung hindurchgegangen ist und den nicht die Nächstenliebe aus der Verzweiflung gerettet hat. Dies aber ist christliche Zukunftssicht. Verzweiflung ist Vorwegnahme des Gerichtes und Nächstenliebe das neue Leben. Wenn die Kirche die Tradition ihres Ursprungs versteht, hat sie der Welt etwas zu sagen, was ihr niemand sonst sagen kann!«

Die vielen verlassen die Halle, Fragende, Betroffene. Sie sind einem glaubwürdigen Menschen begegnet. Ihre Gesichter sind aufgehellt. Gewannen sie neu den Mut, Verantwortung zu tragen?

»Hoffen geschieht im Tun des nächsten Schrittes.« KARL BARTH

Ein Licht anzünden

Am 21. September ist Herbstanfang. Speiche um Speiche dreht sich das Sonnenrad seiner Tiefe zu. Gegenüber dem Höchststand im Juni hat die Sonnenscheindauer um vier Stunden abgenommen. Auch die niedrige Mittagshöhe ist jetzt sehr zu merken. Herbstanfang ist zugleich »Tagundnachtgleiche« (Äquinoktium). Tageshelle und Nachtdunkel schwingen für einen kurzen Augenblick wie auf den Schalen einer Waage in gleicher Höhe, dann gewinnt die Nacht die größere Schwere. Nach der Überlieferung gilt die Waage als Sternbild des beginnenden Herbstes. Ist es nicht so, als ob die Erde im Kreislauf des Jahres gleichsam den Atem anhalte? Sollten wir solche Tage nicht wieder bewußter erleben?

Der September, sein alter Name war »Scheiding«, nimmt Abschied vom Sommer – oft in einer Periode von heiteren Tagen, die sich zu betörender Schönheit steigern können. Diese Heiterkeit des Abschiednehmens, das tapfere Hineingehen in die dunklen Tage, das möchte ich lernen: »Es ist besser, ein Licht anzuzünden, als über die Finsternis zu klagen!«

Das gilt besonders dann, wenn die Herbststürme beginnen, die Halligen zum ersten Mal »landunter« anzeigen und es tagelang regnet; wenn wir von Negativ-Nachrichten überflutet werden.

Wieder entspricht das Kirchenjahr dem, was sich rings in der Natur vollzieht. Am 29. September ist der Tag des Erzengels Michael, des Siegers über den »Drachen«. Dieses alte Symbol der Lebensdeutung ist uns verlorengegangen. Es wäre nötig, neu zu lernen, für die eigene Lebensgestaltung selbst die Verantwortung zu übernehmen, uns herabziehender Lähmung nicht auszuliefern, gerade jetzt in den dunkler werdenden Tagen.

Auch in der Verantwortung für das gestörte Gleichgewicht der Schöpfung, für öffentliche Aufgaben gilt es: »Es ist besser, ein Licht anzuzünden, als über die Finsternis zu klagen!« Um der kommenden Generationen willen tragen wir »Verantwortung für die Zukunft« (Hans Jonas), damit nicht aufhöre Saat und Ernte, Sommer und Winter, Tag und Nacht!

Oktober

Dank für das Dasein

Dank für das Dasein

Diese Oktoberwoche brachte nach ersten kalten Nächten eine zauberhafte Farbenpracht. Das Auge mag sich nicht sattsehen, wenn Tag für Tag die Welt sich immer bunter zeigt und die goldbraunen, gelbroten Baumgestalten sich vom lichtblauem Himmel abheben, wenn Blatt um Blatt sich löst und sich dem Winde überläßt. Duft steigt auf von frisch gefallenem Laub, von würzigen Pilzen. Rings reifen die letzten Früchte, lösen sich von den Zweigen und fallen schwer zu Boden. In den Gärten wird geerntet und das Land für den Winter bereitet. Wenn in den Mittagsstunden Kraniche mit lautem Ruf nach Süden ziehen, bleiben die Menschen in den Straßen stehen und schauen hinauf. In den klaren Nächten sind auch über der Stadt noch Sternbilder zu erkennen.

Die Metereologen erklären diese sonnigen Tage: Zwischen Meer und Land gibt es kaum Temperaturunterschiede, deshalb entsteht wenig Luftaustausch, und Hochdruckgebiete bleiben lange seßhaft. Bedenken wir eigentlich, daß diese herbstliche Pracht ein Geschenk gerade unserer Breiten ist mit ihrem sommerlichen Laub? Tropische Länder kennen das nicht. Die Japaner machen fromme Wallfahrten zu den Wäldern, wenn der Ahorn sich rötet.

Eines Morgens, der Nebel ist gefallen, zeigen sich in den Anlagen vor dem Kaufhaus feine weiße Spinnweben, die alle Sträucher überziehen und im Sonnenlicht aufblitzen. Wir sprechen vom »Altweibersommer«. Aber das erinnert nicht daran, daß alte Menschen noch einmal gern in der Sonne sitzen und ihre schmerzenden Knochen wärmen. Nein, das Wort »Altweibersommer« erinnert uns heute noch an uralte Tage. Es erzählt von den drei Schicksalsnornen, die älter und mächtiger waren als die nordischen Göttergestalten unserer Vorfahren (schwedisch: norna – heimlich warnen, leise mitteilen). Sie saßen am Fuß des Weltenbaums, am tiefen Weiher und raunten von künftigen Geschicken. Sie spannen den Lebensfaden, sie »schnitten ihn ab«, unser Leben »hängt wie an einem seidenen Faden«. So klingt in unserer Sprache bis heute etwas nach von dem tragischen Lebensgefühl längst vergangener Vorfahren, der Erfahrung, dem Schicksal ausgeliefert zu sein; eine Angst, die auch in uns, oft tief verborgen, ruht. Gerade so wird greifbar, was die Botschaft bedeutete, daß diese Welt in der Hand Gottes ruht.

So kann die zauberhafte Farbenpracht des Oktobers, manchmal nur sichtbar in einem goldenen oder rotbunten Blatt, wie ein Gleichnis aufleuchten. Ein Jahr hat wieder den großen Bogen des Wachsens, Blühens und Fruchtens durchschritten. Sein Abschied ist zugleich wie ein Höhepunkt. Ein Dank für das Dasein.

Der du die Wälder färbst,
Sonniger, milder Herbst,
Schöner als Rosenblühn
Dünkt mir dein sanftes Glühn.
Nimmermehr Sturm und Drang.
Nimmermehr Sehnsuchtsklang;
Leise nur atmest du
Tiefer Erfüllung Ruh....

Ferdinand von Saar

Wenn ich gestorben bin, sagt dem süßen Königreich Erde, daß ich es mehr geliebt habe, als ich je auszusprechen wagte.

Georges Bernanos

Der Herbst war meine Jahreszeit

Der Herbst war meine Jahreszeit von jeher, was als ungesund empfunden wurde, ein junger Mensch hat den Frühling zu lieben, den schüchternen Vorfrühling mit seinen Schneeglöckchen oder den Liebesmonat Mai, allenfalls noch den Rosensommer. Jahreszeiten, die mich ganz kalt ließen, ja mich, in ihrem Zuwachs an Helligkeit, geradezu störten. Vom 21. Juni, dem Tag der Sonnenwende an, begann ich aufzuatmen, jetzt konnten die Tage nicht mehr länger werden, jetzt begann es sich, langsam, wieder um mich zu schließen, das süße Netz der Dunkelheit, der Höhlentiefe, des Traums. Schon als ich ein Kind war, entzückte mich die besondere Buntheit des Herbstes, was die anderen melancholisch machte, stimmte mich lustig, ich sah gut aus, ich wollte immer essen, meine Haare, meine Nägel wuchsen doppelt so schnell. Ich rannte und wirbelte mit den Füßen das feuchte farbige Laub, daß all dies auf den Winter zuführte, bedachte ich nicht. Im Lauf der Jahre hat sich daran nicht viel geändert, in den Herbst, in dessen pathetischer Klarheit ich sozusagen immer gelebt hatte, wachse ich jetzt hinein, wie ein Kind in ein Kleid aus der Kostümkiste, ein ehemals zu weites, zu langes, zu buntes Kleid. Ich kann es mir heute erlauben, Drachen steigen zu lassen, phantastisch Aufgeputztes, das sich den Winden anvertraut, das hoch hinauffliegt, und das am Ende die Stoppeln zerreißen und der Novemberschlamm bedeckt. Es wird mir auch niemand mehr übelnehmen, daß ich auf meinen Schlaf halte, meine halben und ganzen Träume, und daß mir von allen Altären der liebste der ist, auf dem sich die Früchte häufen, gelber Mais, rote Melone, goldgrüne Birne, Kornährenbüschel, Tomaten, in manchen Gegenden auch Granatäpfel, die tausendkernige Frucht.«

Marie Luise Kaschnitz († 10. 10. 1974 in Rom)

Die Kette unserer Lebenstage

Da sitze ich am Nachmittag mit einer Frau zusammen, von der ich weiß, daß sie in ihrem Leben nicht immer den leichten Weg gewählt hat, daß sie mit Schwerem hat ringen müssen. Nach längerer Zeit treffen wir uns wieder, und sie erzählt.

Über der schlichten leinenfarbenen Bluse trägt Frau H. eine selbstgefertigte Kette, eine bunte Sammlung von braunen Perlen, grauen runden Samen, verschiedenfarbenen Steinchen, winzigen weißen Muscheln und Gehäusen und kleinen Holzscheibchen. Beim Erzählen bemerkt Frau H. meinen fragenden Blick, sie lacht auf, hebt die Kette hoch und spielt mit den Gliedern, die auf dem Faden hin und her gleiten.

Dann sagt sie nachdenklich zu mir: »Weißt du, das ist halt meine Lebenskette. Damals, als ich nach meiner Erkrankung die schönen, stillen Tage am Meer war, da ist mir dieser Gedanke gekommen. Ich wollte mich, wenn ich zurückkäme, doch noch an das erinnern, was ich an Schönem und Schwerem durchgemacht, was ich in dieser Zeit über mich und über das Leben erkannt habe. Ich dachte, es ist wichtig, etwas davon mitzunehmen und in meinen zukünftigen Alltag einzubauen.

So fing ich an, mir für jeden Tag eine kleine Erinnerung zu suchen, eine kleine Muschel, ein Stückchen Holz, ein buntes Steinchen, und eines Tages fand ich sogar ein paar kleine Bernsteinstücke am Strand. Die riefen in mir das Bild der Kette hervor. Ich durchbohrte sie mit einer glühenden Nadel, besorgte mir eine feste Schnur und zog sie auf. Inzwischen besitze ich, auf den Rat eines Juweliers, einen kleinen Bohrer und einen winzigen Schraubstock und habe eine Sammelleidenschaft für kleine Dinge entwickelt.

Als ich wieder zu Hause war, habe ich mir dann die erste Kette aufgezogen, Stück für Stück – zu einer Erinnerungshilfe an diese für mein Leben so wichtigen Wochen.

Jetzt, wenn ich nach der Arbeit am Abend müde dasitze und der vergangene Tag noch einmal an mir vorüberzieht, dann suche ich oft in meinem kleinen Sammelkästchen ein Zeichen, das für diesen Tag paßt: Oft sind es nur kleine graue Samen – und die halten nicht lange. Aber ein andermal suche ich auch nach einem blitzenden Steinchen. Beim Versuch, es zu durchbohren, zerspringt es oft in tausend Stücke. Schwarze Steine brauche ich auch. Gerade durch sie habe ich vieles gelernt, was ich sonst nie gelernt hätte, aber sie sind ja in der Kette rundherum eingebunden in helle Steine und Muscheln.

Ob du verstehst, daß ich viel Freude an diesem Spiel mit der Kette habe? Bei mir zu Hause hängen inzwischen schon einige, und sie haben mich manches gelehrt. Seine Tage zu zählen und sich ihrer zu erinnern, das ist eine gute Sache. Die Zeit zerrinnt mir dann nicht unter meinen Händen im gleichfarbigen Grau. Die schwarzen und die weißen Tage, ich darf sie nicht festhalten, sondern ich muß für jeden Tag neu offen sein. Gut ist es, nicht alle Erinnerungen einfach in einen dunklen Kasten zu werfen, wo alles in einem Haufen übereinander liegt und sich nichts vom anderen abhebt. Nein, es ist nicht gut, gleichgültig zu vergessen, furchtsam zu verdrängen oder an eine Erfahrung gekettet zu bleiben. Ein bißchen ähnelt das Ganze ja meinem früheren Tagebuchschreiben. Das war oft Hilfe, mein Leben zu bestehen.«

Frau H. nimmt die Kette von ihrer Schulter und legt sie auf die tiefgrüne Tischdecke. Ich greife nach dem Band, sehe mir die einzelnen Glieder an und lasse sie durch meine Finger gleiten. Dann lege ich sie zurück auf den Tisch, und wir beide sitzen eine Weile still und sehen auf das bunte Band der Kette. Dann spricht Frau H. weiter: »Jetzt habe ich mein Leben gleichsam vor Augen. Da liegt nun alles aufgereiht und fügt sich zu einem Ganzen. Da gehören die schwarzen Steine hinein und die weißen leichten Muscheln; und im Zusammenklang der Vielfalt wird es gut und bunt.

Die Kette half mir, die bedrückenden Tage besser zu ertragen, die hellen bewußter zu lieben. Ich mußte es ja lernen, mich dem Dunklen nicht auszuliefern. Ich mußte lernen, die Erfahrung festzuhalten, daß das Licht immer wieder neu kommt, so wie die Flut nach der Ebbe, der Frühling nach dem Winter. Ich denke, einmal werde ich eine Kette aufziehen, die mein ganzes bisheriges Leben darstellt. Wie mag die dann wohl aussehen?

Und noch eins möchte ich dir gerne sagen: Manchmal, wenn ich mir die Kette umhänge, habe ich ein ganz warmes Gefühl der Dankbarkeit und des Vertrauens. Ich fühle dann, daß auch mein Leben mit all dem, was es umfaßt, wie ein kostbares Geschmeide ist, von einem Künstler zusammengefügt, Stück um Stück.

Vieles Schmerzliche in meinem Leben kann ich auch heute noch nicht verstehen, aber alles scheint mir doch zusammenzugehören, zu mir zu gehören wie die Glieder in meiner Kette.«

Leben wir nicht unsere Zeit wie eine zusammenhanglose
Folge von Tönen und Mißtönen?
Und doch ist eine Melodie darin.
Gott allein kennt sie und spürt schon den letzten Ton,
wenn er den ersten anstimmt.
Und manchmal läßt er uns eine kleine Weile mitsingen.

Hans Graf von Lehndorff

Der »Roman«, den einer gelebt hat, ist noch immer
eine unvergleichlich größere schöpferische Leistung
als der, den jemand geschrieben hat.

Viktor E. Frankl

Gespräch zwischen den Generationen

Heute ist ein sonniger, warmer Herbsttag. Eine junge Frau kommt zu mir in den Garten. Wir freuen uns an dem schönen Tag, an dem wir noch draußen sitzen können. Sie ist eine der vielen so engagierten Freiwilligen, die in Bethel ein soziales Jahr ableisten. Sie ist zu einem Gespräch zu mir heraufgekommen – zu mir, die ich zur Generation ihrer Großmütter gehöre.

An diesem Nachmittag wünschte ich mir die Augen eines impressionistischen Malers: Vor mir dieses junge Menschenkind, ich freue mich an ihrer jungen Schönheit. Die Sonne leuchtet in ihrem leicht rötlichblonden Haar auf, spielt über ihr sprechendes Gesicht mit der zarten Haut. Ihre Augen blicken mit warmem Glanz. Unter dem weiten blauen Kasack und der verwaschenen Jeanshose zeichnet sich ihr schlanker Körper ab. Über ihr die hohen Buchen, die sich langsam gelb färben, darunter das saftgrüne Gras der Wiese und die bunten Herbstblumen des Gartens. Der Wind bringt einen würzigen Herbstduft herbei, bewegt die Blätter und weht leicht durch Ruths Haare.

Schon lange habe ich dankbar gespürt, daß das Gespräch zwischen den Generationen, das so lange abgebrochen war, wieder neu beginnt, besonders zwischen der Generation der Enkel und Großeltern. Ich weiß, daß die Gruppe der jungen Frauen, zu denen meine Besucherin gehört, eine sehr lebendige Beziehung zu alten Schwestern hat, die hier ihren Feierabend verleben. Wie ist das möglich, moderne junge Frauen und alte Diakonissen? Gibt es denn da eine Gesprächsmöglichkeit? Ruth erzählt von ihren Begegnungen mit alten Menschen, von ihrer geliebten Großmutter, von ihrem Großvater und von der alten Schwester Erna, die sie häufig besucht und die sie ab und zu bei ihren Wegen durch den Wald begleitet.

Und ich frage: »Was ist es eigentlich, was Sie dazu bringt, diesen Kontakt zu alten Menschen zu suchen?« Sie antwortet lächelnd: »Ach, ich möchte wissen, wie es früher war, mir vorstellen können, wie die Menschen da gelebt haben; nur so kann ich unsere Zeit besser verstehen lernen. Mir ist jetzt erst aufgegangen, wie gut wir es doch haben. Das Leben früher war oft sehr viel mühseliger. Ich merke, daß mir trotz der langen Schuljahre viel Wissen fehlt. Ich weiß wenig, ich kann es mir nicht vorstellen. Ich habe meine Eltern gefragt: Wie habt ihr die Jahre nach 1945 erlebt, wie war es da? Meine Großeltern haben mir vom Nationalsozialismus und vom Krieg erzählt, und ich bin ihnen dankbar, daß sie offen darüber gesprochen haben. Wir können ja nur schwer verstehen, wie das alles kam.

Ich merke auch, uns Jungen fehlen oft Wertmaßstäbe, nach denen wir uns ausrichten können. Gerade jetzt, wo ich nicht mehr zur Schule gehe und nicht mehr bei den Eltern wohne, bin ich oft hilflos, wie ich mich entscheiden soll. Ich glaube, wir brauchen heute neue Maßstäbe. Sicher nicht mehr so absolut, wie es bei den Großeltern war, aber wir müssen uns doch irgendworan orientieren können, um dann unseren eigenen Weg zu finden.

Und noch etwas, warum ich so gerne zuhöre, wenn die alten Schwestern aus ihrem Leben erzählen. Sie haben ja viel Schweres durchgemacht. Meine ›Patenschwester‹ erinnert sich noch daran, daß ihr Vater im Ersten Weltkrieg Soldat war und danach arbeitslos; daß ihre Mutter oft nicht wußte, wie sie ihre Kinder satt kriegen und kleiden sollte; daß kein Geld da war, damit sie weiter zur Schule gingen, wie es ihr Wunsch war. Schwester Erna hat es dann erleben müssen, wie ein geliebter Bruder und der Mann ihrer Schwester im Zweiten Weltkrieg gefallen sind. Sie hat selbst als Gemeindeschwester im Ruhrgebiet die Bombennächte durchgemacht. Zweimal ist das Haus, in dem sie wohnte, getroffen worden, und oft war sie die erste, die versuchte, Verschüttete zu bergen und Schwerverletzte zu versorgen. Sie ist nicht bitter geworden. Auch darüber nicht, daß sie nicht wie ihr jüngerer Bruder das Abitur machen konnte. Sie ist gerne Schwester gewesen.«

Ruth schweigt, sie blickt umher, und dann sieht sie mich nachdenklich an: »Ja, es ist mir wichtig, wenn Schwester Erna von dem Gefühl spricht, in ihrem ganzen Leben geführt worden zu sein: ›Ich glaube, daß mein Leben so sein sollte, wie es war, und daß es so gut war!‹

Wissen Sie«, fährt Ruth fort, »wenn ich an mich und an unsere Generation denke: Wir wissen nicht, wie die Zukunft sein wird! Ich habe oft große Angst. Ich frage mich: Was wird aus mir werden? Wie geht alles weiter mit der Umweltzerstörung, mit der Rüstung und dem Hunger bei den anderen? Was wird aus dem Menschen, wenn man ihn in der Retorte züchtet? Manchmal schrecke ich in der Nacht aus furchtbaren Träumen auf. Aber wenn ich dann an Schwester Erna denke – sie hat kein leichtes Leben gehabt, sie hat auch nicht vorher gewußt, was kommen und von ihr gefordert würde. Aber jetzt kann sie dankbar zurücksehen. Sie ist versöhnt mit dem, unter dem sie früher gelitten hat, auch wenn sie nicht versteht, warum alles so kommen mußte. Sie ist fröhlich und jung geblieben und hat viel Verständnis für mich. Wenn ich dann von Schwester Erna weggehe, dann ist in mir wieder die Hoffnung, daß auch ich mein Leben bestehen kann; daß ich darauf vertrauen kann, daß auch mein Leben geführt wird.«

Ruth verabschiedet sich, sie muß zum Dienst. Alte Menschen warten auf ihre Hilfe. Als sie fortgeht, sehe ich lange hinter ihr her mit einem warmen Gefühl großer Dankbarkeit. Wie schön war für mich diese Begegnung mit einem jungen Menschen unserer Zeit. Und auch in mir wächst daraus neue Hoffnung für die Zukunft und eine Ermutigung, dankbar alt zu werden. Wenn wir unser Leben und unser Altsein annehmen, dann können wir den Jungen auf ihrem Lebensweg helfen.

»Einem anderen Menschen zuzulachen, das heißt doch, ihm Hoffnung zu geben, ihn im Glanz seiner unentdeckten Möglichkeiten zu sehen«.

TRAUGOTT GIESEN

Auch das ist ein Oktobertag

Am Morgen beim Erwachen
sehe ich auf eine graue Regenwand.
Sie hängt vor den bunten Blättern der Bäume.
Und ich hoffte auf einen schönen Tag!
Ich ziehe mich zurück in den hintersten Winkel.
Nur nichts sehen von grau überrieselten Fenstern!
Nun bin ich zum Wochenende eingesperrt
ins dunkle Zimmer und bin allein.
Alle Pläne sind verregnet, ich bin enttäuscht.
Unmut steigt auf, Ärger und kreisende Gedanken.

Aber da war doch strahlende Farbenpracht
in den winddurchsungenen Bäumen!
Da gab es das beschwingte Loblied des Jahres,
den weitenden Blick bis zu blau-verlockender Ferne!

Ich will nicht so schnell vergessen.
Mich hatte die Botschaft des Lebens angerührt,
das Verlangen, ja zu sagen zu ihrer ganzen, vollen Melodie.
Ich trete ans Fenster und öffne es weit.
Frisch ist die Luft, die hereinströmt, und kühl.

Der Regen rauscht in den Blättern der Bäume,
prasselt aufs Vordach, rinnt in den Rohren.
Ich horche: ein vielstimmiges Regenlied!

So schließe ich das Fenster, sehe den rinnenden Tropfen nach.
Ja, die Erde braucht das tränkende Naß –
und ich füge mich in den Tag wie das Land ringsum.
Die lang vergessene Flöte hole ich heraus
und spiele vor mich hin – ein Lied vom Leben.

Dank für das Wandern der Jahre

Dank für das Wandern der Jahre
im ruhigen Gleichmaß wechselnder Zeiten.
Dank für das Aufleuchten neuen Lichtes
an jedem Morgen, der kam;
für das Wandern auf den Wegen des Lebens,
für alle Menschen, die mir begegneten;
für alles Empfangen, das weit und barmherzig machte.
Dank für aufsprengende Freude, für die Tränen im Schmerz,
für Umwege, krumme, müde, steinige Pfade im Tal;
für das Gehen, ohne zu wissen wohin, das Erkennen danach,
zu einem Ziel geführt zu sein, das ich nicht plante. –
Aber da liegen in der Tiefe Erinnerungen, schwere Lasten,
Wunden, die schmerzen, für die ich nicht danken kann.
Unverstehbar, unbegreifbar, und das Lob erstickt.
Dunkle Untertöne – immer mitklingend.
Unauswechselbar bin ich durch sie geworden, was ich bin.
Dennoch – wenn es so kommen mußte,
so sage ich ja, das ist mein Leben in dieser Zeit.
Und ich danke für das Dasein. Amen.

Und

Und Wiesen gibt es noch
und Bäume

und Sonnenuntergänge
und Meer
und Sterne
und das Wort
das Lied
und Menschen
und

Rose Ausländer

Herbsteinbruch auf Kreta

Auszug aus einem Brief

Du weißt, daß ich dieses Jahr im Urlaub mit meiner Schwester auf Kreta bin. Vieles wäre zu erzählen, vor allem von der Begegnung mit Griechen aller Schichten, vom Mitleben mit der orthodoxen Kirche, das hier möglich ist.

Heute aber möchte ich Dir nur von einer Naturerfahrung der letzten Woche erzählen, vom Einbruch des Herbstes mit dem ersten Regen nach Monaten der Trockenheit. Vielleicht hat es mich so beeindruckt, weil ich mich ja selbst im Herbst meines Lebens weiß.

Wunderbar war das klare Licht über dem azurblauen Meer und dem braunen, ausgetrockneten Land. Mitte Oktober kamen häufig von Nordwesten Wolken über die Berge gezogen, und mit den Einheimischen erwarteten wir den ersten Regen. Wir wußten, wie nötig er war für den letzten späten Wein und die so klein gebliebenen grünen oder schwarzen Oliven, die in Gefahr standen, zu vertrocknen; auch für die kleinen Gärten und die zartrosa Blütenbüschel der Alpenveilchen zwischen den trockenen Felsen.

Aber Tag für Tag trieb der Wind die Wolken wieder fort und ließ die Wellen gegen die Felsen prallen. Wir sahen die Rauchwolken der Brände in der Macchia und in den Olivenhainen. Es blieb trocken und heiß. Wenn der Wind abnahm, gingen wir hinunter zum warmen Meer zum Schwimmen.

Dann aber kam ein Tag von unbeschreiblicher Intensität, der uns in seinen Bann zog. Am Morgen war die aufgehende Sonne verschleiert, und am Mittag lag der Himmel silbern über der Weite und spiegelte sich im blinkenden Meer. Kein Windhauch kräuselte das Wasser, kein Luftzug bewegte die trockenen Gräser. Eine »silberne Stille« umfing Meer, Berge und lichtbraunes Land. Wir setzten uns auf das niedrige weiße Mäuerchen und sahen lange stumm über die golden leuchtenden Halme und Dornen hinweg auf die Unendlichkeit des Meeres. Zwischen Himmel und Wasser war keine Grenze mehr. Wir sahen hinüber über die Bucht zu den lichtblauen Ketten der nahen und fernen Berge.

Und es geschah uns, daß wir gleichsam mit eingeschmolzen wurden in diese Landschaft, in ihre demütig-festliche Bereitschaft, sich dem Regen zu öffnen und das lebenspendende Wasser neu zu empfangen. Stunde um Stunde umgab uns der Glanz dieser silbernen Stille. Aus dem schweigenden Land wuchs es auch uns zu, ohne Vorbehalt Abschied zu nehmen vom Sommer, loszulassen und einverstanden zu sein mit dem kommenden Sturm und der Dunkelheit des sinkenden Jahres. Denn mit Unwettern würde der Regen kommen, und wir wußten jetzt, dieser Umbruch war nötig, damit das Leben neu beginnen könnte.

Es war uns, als ob wir aus der Zeit herausträten. Wir erfuhren die große Einheit aller Schöpfung mit dem Erschaffenden. Wir fühlten uns hineingenommen in die Dichte eines einzigartigen Augenblicks – Ewigkeit in der Zeit. Lange saßen wir still da.

In der Nacht wurde es schwül. Schlaf wollte nicht kommen. Wir warteten in der lautlosen Stille. Dann zuckte vor dem Fenster plötzlich Helle auf. Fernes Grummeln kündete Gewitter an. Blitz auf Blitz folgte. Donner rollten über den Himmel. Sturm kam auf und zwang uns, die Läden zu sichern; wir hörten, wie die Brandung an die Felsen klatschte. Dann setzte der erste Regen ein, strömte erlösend nieder. Stunde um Stunde rauschte es vor unseren Fenstern. Der Morgen dämmerte. Der Himmel war grau, das Meer von weißen Schaumköpfen übersät. Die Luft hatte sich abgekühlt. Das Jahr hatte sich gewendet, der Herbst war da. Aber das Licht leuchtete in uns nach.

In jedem wirklich wahrgenommenen Augenblick unseres Lebens ist Ewigkeit erfahrbar.

Ursula v. Mangoldt

Brot und Wein

Brot und Wein, vor mir auf dem Tisch,
Sinnbild des täglich gelebten Lebens,
Frucht der Erde und der menschlichen Arbeit,
Erfahrung von Geschenk, Hinnahme von Gegebenem,
uns überantwortet zur Mühe, zum Gestalten.

Brot des Alltags, Geschmack der Erde,
aus der die Ähren reifen in Sonne und Regen,
aus der Arbeit anderer zu uns gekommen,
Brot unserer Tage, das unser Leben erhält.

Wein der Freude, auf steinigem Grund gewachsen,
wurzelnd in der Tiefe, wo die Wasser sind,
sich ausstreckend zum wärmenden Licht der Sonne.
Du Kelch voll Leben, der des Menschen Herz erfreut.

Das ist Leben: Brot und Wein,
zusammengefügt, gekeltert in langen Jahren,
Mühe und Freude, eng miteinander verschmolzen.
Und aus allem reift am Ende der Dank.

Brot und Wein – gesegnet am Altar – Geheimnis:
Hingabe des liebenden Gottes – Erfahrung der Begegnung.
Gegessen und getrunken – unscheinbares Zeichen.
Ich empfange – gebe mich selbst hin in den Lebensdank.

Das alte Wort für »Abendmahl« ist Eucharistie = Danksagung. Darin: charis = Gnade, Geschenk, Anmut; chara = Freude, Hochzeit; chaire = freue dich, sei gegrüßt! Charisma = Gnadengabe, Begabung.

Wie langsam leuchten wir in Klarheit auf –

O nach wieviel Lichterjahren haben sich unsere
Hände gefaltet zur Bitte –
unsere Kniee sich gesenkt –
und aufgetan sich unsere Seele
zum Dank?

Nelly Sachs

Vom großen Lobgesang des Kosmos

Im Bewußtsein der Christenheit wird seit langem übersehen, daß im Anfang die Kirche (auch nach dem Alten Testament) immer kosmisch gedacht hat. Immer hörte der Mensch, wie es die Psalmen besingen, daß Himmel und Erde, Sterne und Meer, Tiere und Bäume in den großen Lobpreis des Schöpfers einstimmen: »Die Himmel rühmen des Allmächtigen Ehre!«

Die Ostkirche sagt, daß der Gottesdienst der Menschen nur ein Teil der großen Liturgie des Kosmos sei. Ein Widerhall davon klingt am Anfang jeder Eucharistie-Abendmahlsfeier auf: »Es ist in Wahrheit würdig und recht, Dir, himmlischer Vater, überall und allezeit Dank zu sagen ...« Es folgt die Aufforderung, einzustimmen in den Lobpreis aller Mächte und Engel: »Heilig, heilig, heilig ist der Herr aller Heerscharen, Himmel und Erde sind seiner Herrlichkeit voll!«

Davon berichtet auch Gottfried Voigt, Theologieprofessor in der DDR, wenn er schreibt, wie nach dem Bericht der Apokalypse am Ende der Zeit, nach langen Kämpfen und Katastrophen alle Kreatur das endgültige Heil feiert:

»Der Kosmos hat seinen Herrn entdeckt!
Die Natur beugt sich vor ihrem Schöpfer!
Liturgie (ist) nicht nur der gregorianische Gesang,
sondern das weltweite Gotteslob aller Kreaturen.
Liturgie ist das blinkende Licht der Sterne
und die lebenserhaltende Kraft der Sonne.
Liturgie sind Blitz und Donner.
Auch das Liebeslied der Vögel
und das Blühen der Bäume und Blumen.
Denn wenn die Welt wirklich mit Gott versöhnt ist,
also nicht gegen ihn lebt, sondern für ihn,
dann ist alles, was lebt und webt und schafft und wirkt,
was jubelt und sich freut,
ein Teil der großen Huldigung,
die die Geschöpfe ihrem Schöpfer darbringen.«

Hildegard von Bingen (1098–1179)

Die runde Fülle des Seins

»O Kraft der Weisheit,
du umkreist allen Kreislauf,
umfassend das All.«

Wie kann es dazu kommen, daß die Schriften einer Nonne, die vor über 800 Jahren starb, wieder beachtet werden, obwohl ihre bildhafte Sprache, ihre uns fremde Symbolik eine intensive Einfühlung erfordern? Wir erkennen heute, daß unser Umgang mit der Erde, der Zusammenhänge und Folgen nicht bedenkt, alles Leben gefährdet. Hildegard dagegen zeigt eine großartige Gesamtschau des Kosmos, die in runder Fülle Gottes Vollkommenheit widerspiegelt. Sie sieht alles, Sonne, Mond und Sterne, Erde, Mensch und alle Elemente, Steine, Pflanzen und Tiere, in wechselseitiger Zuordnung zueinander. Eins dient dem andern und ist von diesem abhängig. »Jedes gewährt jedem seine Speise durch sich selbst« und wird von der »Grünkraft des Lebens« durchströmt. Das naturgegebene Grün wird Sinnbild des Lebens, Zeichen göttlicher Wirksamkeit: das Lebensgrün »des Vaters, der nie verdorrt und vergeht«.

»O du grünende Lebenskraft aus Gottes Hand,
mit der Gott Seine Pflanzung gesetzt hat.«

Die Visionen Hildegards zeigen nicht nur das Werden von Weltall und Mensch, sondern auch das Drama der Weltgeschichte. Gott segnete am siebenten Tag sein Werk, »da in ihm die ganze Welt, zu runder Fülle geschaffen, lebendig ist. Seiner ursprünglichen Bestimmung nach ließ Gott diese Schöpfungsordnung sich im Werden entfalten, so daß nun aus ihr alles Weitere schöpferisch hervorgehen konnte. Er hatte dem Menschen den Vorzug eingeräumt, an der Schöpfung mitzuwirken.« Sie aber gab ihm, was er zum Leben brauchte, ohne sie konnte er nicht existieren. Aber der Mensch löste sich eigenmächtig aus diesem Wirkungs- und Begrenzungszusammenhang und störte damit die »Harmonie der

Elemente«. Die Grünkraft des Lebens wird geschwächt, »Bäume welken«, »das Feuchte verdorrt«. Der Mensch kränkt sich selbst und macht andere krank, er gerät in einen »Strudel von Sorge, Angst und Melancholie«. Der Friede zerbricht, Selbstsucht läßt den Menschen vereinsamen. Aber Gott, der die Welt in Liebe erschuf, »achtet darauf, daß er nicht ganz und gar zugrunde gehe«. Er gedenkt, von Urbeginn an, ihn durch Christus, der die wirkende Mitte des Kosmos ist, zu erlösen.

Aber die Störung der Schöpfung ist tief. Hildegard erfährt die Zeichen des Endes: »Ich hörte den wilden Schrei der Elemente: ›Wir können nicht mehr laufen und unsere Bahn nach des Meisters Bestimmung vollenden. Die Menschen kehren uns um mit ihren schlechten Taten, wie in einer Mühle. Wir stinken schon wie die Pest und vergehen vor Hunger nach Gerechtigkeit . . . Alle Winde sind voll Moder, die Luft speit Schmutz aus, so daß die Menschen nicht einmal ihren Mund aufzumachen wagen.‹« Alles wird erschüttert. »Feuer, Luft und Wasser brechen hervor und lassen die Erde ins Wanken geraten. Blitze und Donner krachen, Berge und Wälder stürzen.«

Da sieht Hildegard in den Wolken »den Menschensohn daherfahren mit dem gleichen Antlitz, das er auf Erden trug, und mit offenen Wunden . . . Alles, was an den Weltelementen vergänglich war, verschwand im Nu dahin. Und es trat eine große Ruhe ein. Alsbald leuchteten alle Elemente in klarster Heiterkeit. Das Feuer leuchtet golden. Die Luft ist ganz rein. Das Wasser steht durchsichtig und still. Die Erde zeigt sich ohne alle Mißgestaltung. Alles steht nun da: in einem höchsten Zustand an Ruhe und Schönheit. Auch Sonne, Mond und Sterne funkeln in voller Leuchtkraft wie der herrlichste Schmuck am Firmament. Es war nicht mehr Nacht. Es war Tag! . . . Alsbald werden aus der Fülle aller Freuden jubelnde Lobgesänge erklingen.«

»Und ich«, Hildegard, »hörte eine Stimme, die zu mir sprach: ›Der Mensch, der dies schaut und niederschreibt, trägt Gottes Wunderdinge nicht aus sich selbst hervor. Er ist vielmehr so davon ergriffen, wie eine Saite durch den Spieler ergriffen wird, um ihren Ton nicht aus sich, sondern aus dem Griff eines anderen wiederzugeben . . .!‹«

Schon in früher Kindheit erlebt Hildegard Visionen, in denen ihr Gott, »das helleuchtende, lebendige Licht«, begegnet. Im achten Lebensjahr wird sie dem Kloster Disibodenberg bei Mainz zur Erziehung und Bildung anvertraut. Als Äbtissin gründet sie zwei Frauenklöster. Sie gilt als erste bekannte Ärztin, zieht in ihrem Klostergarten Heilkräuter und schreibt theologische und medizinische Bücher. Zwischen ihrem 60. und 70. Lebensjahr unternimmt sie zu Pferde oder mit dem Schiff mehrmonatige Missionsreisen von Bamberg bis Metz, von Essen bis Hirsau und predigt, völlig unüblich, als Frau von Kanzeln und auf Marktplätzen. Ihre öffentliche Wirksamkeit zeigen ihre Begegnungen und ihr reicher Briefwechsel, zum Beispiel mit Kaiser Barbarossa und seinem Nachfolger, mit der Kaiserin von Byzanz, der Königin von Frankreich und dem Königspaar von England, mit vier Päpsten, mit Erzbischöfen, Nonnen und Priestern und zahlreichen »weltlichen« Zeitgenossen. Dabei spricht sie mutig und offen gerade den Mächtigen und Frommen gegenüber ihre Kritik aus. Ihre großen Visionen lassen die mittelalterliche Weltschau in großen Zusammenhängen, aber eigengeprägt vor uns aufleuchten. Diese Nonne begeistert sich für die Welt, weil sie von Gott begeistert ist. Leibfeindlichkeit und Weltverneinung sind ihr fremd. Sie besingt die Schönheit der Schöpfung, die Spiegel Gottes ist. Sie spricht offen und mit großem Wissen über Sexualität und Erotik und sieht darin ein Gleichnis der Dreifaltigkeit, der Schöpferkraft Gottes. Ihren Mut zum Handeln und zur Verkündigung findet sie, weil sie sich von Gott berufen weiß, obwohl ihr zarter Körper wie ein Seismograph auf psychische Spannungen mit Krankheiten reagiert. Sie wirkt in ihrer Zeit, die voller Kämpfe war, und überwindet alle Hindernisse, die Frauen von öffentlicher Wirksamkeit fernhalten.

»Solange ich dieses Licht schaue, wird alle Traurigkeit und Angst von mir genommen, so daß ich mich wie ein einfaches junges Mädchen fühle und nicht wie eine alte Frau.«

Wer hat mich so beschenkt?

Bald wird die Sonne den Jahreskreis durchwandert haben, und ihr Abschied ist zugleich wie eine Erfüllung. Die Farbenpracht des Oktobers klingt wie ein Loblied auf das Leben, ein Finale der Freude und des Dankes. Auch mit Stürmen, Kälte, Trockenheit und Überschwemmungen will sich das Jahr zu runder Fülle vollenden. Darin klingt eine Melodie auf wie lang verwehte Klänge, Worte des Anfangs: »Siehe, es war alles sehr gut!« Aber wer kann diese Botschaft noch vernehmen in den Zwängen des Alltags, in der Überfülle von Lärm, in den Angeboten und Informationen, den flimmernden Bildern einer künstlichen Welt?

Doch sind in ihr starke, heilende Kräfte verborgen, die helfen, das eigene Schicksal anzunehmen, unser Leben zu gestalten. Den Weg dahin weist das Kirchenjahr, das alte Weisheit aufbewahrt. Die Menschen haben immer Erntedankfeste gefeiert. Sie hatten erfahren, daß ihr Leben, der Erfolg ihrer Arbeit nicht in ihrer Hand liegt. Sie wußten sich abhängig – und beschenkt – und waren selbstverständlich in die Zusammenhänge alles Gewachsenen eingebunden. Sie sagten noch »Gott sei Dank« im vollen Klang des Wortes.

Für uns heute ist das traditionelle Erntedankfest in Frage gestellt. Die Bauern, in ihrer Existenz bedroht, müssen sich vor reicher Ernte fürchten. Diese gefährdet die armen Länder, wo Menschen verhungern, während wir nicht mehr Herr werden über den Überfluß. Und die meisten von uns leben nicht mehr in natürliche Gegebenheiten eingebunden, sondern in einer von Menschen geschaffenen technischen Umwelt.

Mit der Entwertung des Erntedankfestes ist eine wesentliche Lebenserfahrung gefährdet. Dankbarkeit ist ein Schlüssel zum gelingenden Leben. Wer dankt, denkt in Zusammenhängen; erinnert sich an das Ganze, das sein Leben ausmacht; erkennt, daß Wesentliches darin Gabe ist, die er empfangen hat. Damit gewinnt das eigene Leben tieferen Wert und einen Sinn, der über sich hinausweist. Wer dankend zurückblickt, für den fügt sich Stück für Stück seines Lebens zusammen; er gewinnt auch im Gegensätzlichen und Widrigen Zusammenhalt, Integration. So kann jeder Herbst helfen, ein Jahr unseres Lebens ein wenig abzurunden. Wem es im Herbst seines Lebens gelingt, auf sein Leben zurückzusehen und sich dankend einverstanden zu erklären, der gewinnt selbst runde Fülle, die »schöne Gestalt«.

Er wird im Alter leichter Stück für Stück zurückgeben, was ihm geliehen war. Er kann das, was ihm zunehmend nicht mehr möglich ist, loslassen, wie der Baum seine Blätter, und sich so auf die letzte Verwandlung einlassen. Er hätte dann zur Lebensreife gefunden.

Der Wanderer

Der Apfel ist nicht mein,
der Brunnen nicht vorm Haus,
noch Blume, Kind und Stein.
Ich geh nur ein und aus

mit brüderlichem Wind
in Dorf und Feld und Wald,
und alle Dinge sind
so heilig und uralt.

Mit Regen, Tau und Schnee
fällt Stern und Jahr vorbei
voll Falter, Korn und Reh
ins Lied, dran ich mich freu.

Ich schau die Sonne an:
o Armut, die nicht kränkt!
O, daß ich atmen kann!
Wer hat mich so beschenkt?

CHRISTINE BUSTA

November

Zum Leben reifen

Zum Leben reifen

Es ist November geworden. Ich stehe am Fenster, blicke nach draußen. Durch kahle Bäume und leichten Nebel sehe ich Licht in den Häusern, noch immer brennen die Lampen. Es ist kalt und grau. Novemberwetter! Ich spüre, wie sich eine Last auf mich legt.

Da gehe ich hinaus, einen kurzen Weg durch das kleine Wäldchen. Unter meinen Schuhen klebt Laub, die Luft ist feucht und kühl. Noch sind die Straßen leer. Ich höre kaum Autogeräusche, Geschenk der Festtagsruhe. Allmählich erfahre ich lösende Stille. Leiser Wind, der die Zweige bewegt, Gurren einer Taube, ein Meisenruf. Ich sehe silberne Tropfen am zarten, schwarzen Buchengeäst, an dem sich die neuen Knospen zeigen. Hinter den Bäumen zeichnen sich im Dunst die fernen, leicht geschwungenen blaugrauen Hügelrücken ab. Im Ausschreiten atme ich tief. Ich spüre, Bedrückung fällt ab. Graue Novembertage. Ich möchte nicht ausweichen, mich einlassen auf den Wandel des Jahres, ihn mit allen Sinnen wahrnehmen. Ob es so besser gelingt, der Dunkelheit nicht zu erliegen, ihr Geheimnis zu erfahren? Es ist wie ein Anhalten, ein zögernder Übergang des Jahres vorm Einbruch des Winters, vor der dunkelsten Nacht, vor dem steigenden Licht. Ringsum hat sich das Leben zurückgezogen, gesammelt ruht es in sich. Ich spüre Sehnsucht nach Stille, nach Zeiten des Besinnens, um mich tiefer zu gründen, um zum Leben zu reifen:

Den Aufschwung loslassen, bereit werden zum Abschied,
zum Nicht-mehr-Können, zur Dunkelheit,
Wandlung geschehen lassen.
Der Novembertag hat zu mir gesprochen.
Mir wird seine verborgene Schönheit offenbar,
wie ich sie noch nie erlebte.
Ein Wort, am Morgen gehört, steigt in mir auf:
»Nur was ich annehme, kann sich verwandeln.«

C. G. Jung

Späte Erfahrung

Seit ich ertaubt,
hör ich es singen.
Ist mir erlaubt,
ins Verschwiegene zu dringen.

Was mich umsummte,
läßt mich nun unverstört.
Seit ich verstummte,
werd ich erhört.

Was mich noch bindet,
bald soll's vergehn.
Seit ich erblindet,
werd ich gesehn.

Werner Bergengruen

Mit dem Fortschreiten der Jahre,
mit dem Spärlicherwerden
der greifbaren Geschenke,
an denen die Jugend so überreich war,
bin ich freudedurchlässiger geworden.
Empfindlicher für die sanften Winde
der Freude.
Der Atem der Jahreszeiten,
der Geschmack der Luft,
der Geruch der Stunden,
Erinnerung und Paradies
strömen über ihre Grenzen
und spielen auf mir,
dieser armen menschlichen Geigensaite,
die Melodie des Unsterblichen.

Luigi Santicci

Allerseelen

In der Dämmerung dieses frühen Abends steigt in mir eine Erinnerung auf. Als Kind bin ich am Vorabend von Allerseelen mit meinen Eltern einmal zum Friedhof gegangen, als an den Gräbern die Lichter entzündet wurden. Alles wird in mir wieder lebendig. Ich rieche die kühle Luft, den herben Geruch der Lebensbäume und Eiben. Die hohen Bäume ragen in die letzte Helligkeit des Himmels. Überall sehe ich Menschen mit roten Lichtern in den Händen, Familien mit Großeltern und Enkeln. Alles ist ein wenig festlich und wie froh gestimmt. Man hört lebendiges, gedämpftes Sprechen, leise Zurufe heller Kinderstimmen, hier und da ein kleiner Wettlauf zum nächsten Grab, um die leuchtenden Ampeln zu bewundern. Wie schön war das! Mir war bis dahin der Friedhof ein unheimlicher Ort, den ich ängstlich mied und nur zaghaft an der Hand der Mutter betrat. Heute merke ich, welch tiefe Lebensweisheit aus diesem alten Brauch spricht. Die Grenze zwischen Tod und Leben wird durchlässig. Die Toten sind nicht länger in ein fernes, dunkles Reich der Bedrückung oder des Vergessens abgeschoben, sondern treten wieder in Beziehung zu den Lebenden. Die Familien finden Zusammenhalt in der gemeinsamen Erinnerung an die Heimgegangenen, und die Kinder begegnen unbefangen der Tatsache Tod.

Mir fällt ein, daß auch meine Schwester an Weihnachten und an Geburtstagen zum Grab ihres Mannes geht, um dort ein Licht anzuzünden; nicht aus überlieferter kirchlicher Sitte, sondern aus einem in ihr selbst gewachsenen Bedürfnis heraus. Dabei kommen sicher wieder Gefühle der Trauer und des Alleinseins auf, aber sie finden eine Form, um sich auszudrücken, und können so leichter in eine neue Lebensgestalt einbezogen werden. Es wird zu einer Handlung des Trostes.

Ich stehe auf und ziehe den Mantel an. Ich möchte zum nahen Friedhof gehen und – auch als Protestant – wieder einmal dabeisein.

»Das Leben ist wie eine Reise, die heimwärts führt.«
HERMAN MELVILLE

Zu Hause sein

Abendstern,
alles bringst du wieder,
was die schimmernde Morgenröte zerstreute:
bringst wieder das Schaf,
bringst wieder die Ziege,
bringst wieder der Mutter das Kind.

Sappho (griechische Dichterin, um 600 v. Chr.)

Je unwirtlicher die Natur draußen wird, je dichter der Nebel sich über die Landschaft legt und uns den Blick nach draußen verwehrt, je früher die Dunkelheit den Tag beendet, um so mehr rücken wir drinnen in den Zimmern unserer Wohnungen zusammen. Die Familie gewinnt wieder etwas von ihrem Zusammengehörigkeitsgefühl zurück, wenn sie sich in die behaglich gewärmten vier Wände zurückzieht und einer auf den anderen angewiesen ist. Man erfährt wieder etwas voneinander. Fast muß man der Natur dafür dankbar sein, daß sie so wenig einladend ist. Es ist, als ob der November die in alle Winde Zerstreuten wieder zusammenführt unter einem Dach.

Elmar Gunsch

höhle

dunkel leuchtende höhle
wo wir
wärme suchen und zuflucht
bei feuer und freunden
schöne höhle du gott
in der wir
immer schon gingen
und wußten es nicht

Kurt Marti

Letzte Gartentage

Dieses Jahr sind die Blätter lange an den Bäumen geblieben. Schön war der Farbwandel nach den ersten kalten Nächten. Man konnte von Tag zu Tag beobachten, wie das Blattgrün vom Stamm aufgesogen wurde und nur gelbe und rote Farbtöne zurückblieben. Unbeschreiblich war die herbstliche Pracht, die in der Sonne unter klarblauem Himmel aufleuchtete.

Nun sind die Blätter gefallen und liegen wie ein brauner Teppich auf dem Grund. Die frische Erde riecht würzig nach Laub und kräftigem Erdgeruch, der aus den Gärten aufsteigt, wo die letzten Beete abgeerntet, gehackt und gemulcht sind. Meine Igel haben sich schon zum Winterschlaf in den Reisighaufen zurückgezogen. Ja, es ist Zeit, den Garten für den Winter fertigzumachen. Freude bringen diese Stunden mit sich, in denen die Arbeit draußen noch möglich ist! Berge von Laub, letzter Grasschnitt, abgeschnittene Stauden müssen kompostiert werden, Rosen gehäufelt, Beerensträucher gelichtet und der alte Komposthaufen muß noch einmal umgesetzt werden. Krümelig und locker ist die dunkle Erde, die sich aus dem Abfall des Jahres gebildet hat: Verwandlung von Abgestorbenem, Verbrauchtem in neue Lebensmöglichkeit. Nun ist der Garten bereit. Ich stehe, auf den Spaten gestützt, und sehe um mich.

Ich horche auf die Sprache des wandernden Jahres. Nach Sommerwärme und Ernte zieht sich das Leben zurück ins Verborgene. Das Land wartet auf die Winternacht. Ich gehöre hinein in diesen Strom des Lebens, bin Geschöpf unter Geschöpfen.

Warum ist es so schön, hier zu stehen, den würzigen Duft zu riechen, die beginnende Kühle am Gesicht zu spüren? Der Mensch ist eingefügt in den großen Kreislauf des Jahres, er erfährt rings um sich pulsierendes Leben und hat sich selbst einzubringen in dies Geschehen.

Der Mensch, »ein Hirt der Erde«, verantwortlich die Schöpfung zu bewahren wie einst im Garten Eden. Ich empfinde es wie eine Erlaubnis, mit meinem kleinen Tun der Erde – mir kommt das Wort demütig – zu dienen. Eine Weile setze ich mich auf die Bank, nehme das Land um mich wahr: Erde, Gras, Laub und

Baum, Vögel und ziehende Wolken. Ich spüre die Verbundenheit mit dem Erdboden, der mich trägt, der all das vielfältige Wachsen um mich herum möglich macht. Wieviel haben wir versäumt! Mensch, aus Erde gemacht; Mensch, zur Erde zurückkehrend, wie es die orthodoxe Liturgie sagt: »Jeder, der gelebt hat, wird eingehen in seine Mutter, die Erde ...«

Erde

Von Erde sind wir genommen.
O Erde, geliebteste Erde!
O Leben, unfaßliches Leben,
aus dieser Erde entglommen,
der Erde der Ähren und Reben,
der Bienen, Ströme und Pferde
und uns zu eigen gegeben!
Von Erde sind wir genommen.
Zu unserer getreulichen Erde
sollen wir abermals kommen.
Sie hält und kann sich nicht wenden
aus Gottes Händen.

WERNER BERGENGRUEN

Die Sprache der Völker bewahrt Erinnerungen: Adam, der Mensch, geformt aus Adama, der Erde. Humus, der fruchtbare Boden; human, menschlich sein; Homo, der Mensch. Das Wort Erde ist sprachverwandt mit dem iranischen Aremati = Erdmutter. Zu dem Wort Materie, dem Urstoff, aus dem alles kommt, gehört das Wort Mater = Mutter.

Graue Tage

Grau tropfender Regenvorhang
Kahle Zweige sprechen vom Tod
Kälte macht frösteln
Dunkel bleiben die Tage
Das Licht ist so fern

Sorgen fesseln den Einsamen
Sorgen um andere, die er liebt
Um die Welt in Gefahr
Um Kinder und Enkel
Eigene Sorge um künftige Tage

Der Atem geht schwer
Immer enger wird die Brust
Zusammengeduckt im Dunkeln
In Angst vor der Angst
Schwermut steigt auf

Wie soll ich leben in dieser Zeit
Zerrissen bis in die Tiefe
Ich will die Knospen sehen
Zeichen zukünftigen Lebens
Will hoffen auf Einsicht der Menschen

Tiefer bohrt sich die Frage
Wie soll alles enden
Finsternis lastet
Stunden vergehen
Fragen ohne Antwort

Aus der Tiefe rufe ich, Herr, zu dir! (Psalm 130)

Fünfter Stock, Hochhaus

Dunkler Morgen
drängender Verkehr
grelle Lampen
die Straßenbahn kommt
Mensch eng an Mensch gepreßt
graue, müde Gesichter

Der Aufzug steigt
zum fünften Stock
Wartezimmer des Arztes
Abgeschirmt durchs Buch
lesend vertieft
vor Gespräch, vor Lärm der Stadt

Plötzlich blicke ich auf
hinter Gardinen wird's hell
gebannt sehe ich: steigendes Licht
rötliche Wolken, lichtgrüner Himmel
goldener leuchtet es auf
Helligkeit strahlt: Wunder des Lichts

Da stehe ich auf
trete ans Fenster
ziehe Gardinen zurück
und hoch über den Häusern der Stadt
über Lärm und Lichtern der Tiefe
strahlt rotgolden die Sonne auf

Ich sage in den Raum:
Sehen Sie, die Sonne,
sie geht auf –
Gesichter werden hell

Gespräch im Herbst

Sie saßen zusammen, die weißhaarige Frau P. und Anne, die Studentin, an diesem Abend im Herbst. Noch zündeten sie kein Licht an, die Dämmerung half zum offenen Sprechen. Anne berichtete von nächtlichen Diskussionen in ihrem Freundeskreis. Es brach aus ihr heraus: »Was soll aus meiner Generation werden? Mein Bruder findet keine Anstellung, und ich, kann ich es je verantworten, Kinder zur Welt zu bringen?« Lange blieb es still. Dann fragte die Ältere: »Das macht dir auch im Studium zu schaffen?« – »Ja«, antwortete Anne, »vor kurzem bin ich während einer Predigt hinausgelaufen, als so fromme Worte von den Freuden der Ewigkeit und des Jenseits kamen. Was hilft uns das jetzt? Ist es nicht Selbstbetrug, Theologie zu studieren? Treibt nicht die Angst vor der Wahrheit zum Glauben? Welche Zukunft gibt es noch für uns?«

Nachdenklich meinte Frau P.: »Was soll ich darauf antworten? Oft macht mich selbst diese Frage stumm! Aber gibt es in dir etwas, was sich gegen die Verzweiflung wehrt?« – »Ja, ich will leben, ich will mich freuen können, und es gibt Augenblicke, da kann ich wieder glauben, daß die Welt gut, sehr gut geschaffen ist. Doch sogleich sehe ich die Gesichter von Hungernden vor mir und denke: Ich habe nicht das Recht, mich zu freuen!«

Frau P. sagt leise, auch zu sich selbst: »... und Leben und Lebensfreude sind nicht möglich ohne Hoffnung.« Scharf kommt es zurück: »Hoffnung worauf?« Die Weißhaarige antwortet: »Du weißt, ich alte Frau bin wieder zum Kirchentag gefahren. Ich brauche selbst Zeichen der Hoffnung. Es tat gut, zwischen den Jungen zu sitzen, ihre Lieder zu hören, ihrem Engagement zu begegnen. Es tat gut, mit ihnen Liturgie zu feiern und Brot und Saft zu teilen. Ich kam ins Gespräch mit jungen Eltern, die ihre kleinen Kinder abwechselnd im Arm trugen. Da spürte ich etwas vom Ja zum Leben, vom Dennoch.« – »Von uns waren auch welche da, die kamen angetan zurück. Aber ist es nicht Massensuggestion?« Frau P. denkt nach: »Sicher, das gibt es. Aber nur, wenn es viele sind, die erkennen, was heute nötig ist, kann sich etwas zum Besseren ändern. Ich jedenfalls bin angerührt worden. Ich sehe noch das Gesicht des farbigen Südafrikaners Allan Boesak vor mir. Er sprach zum Abschluß im Stadion über die große Endvision der Apokalypse: von der neuen Erde, vom neuen Himmel. Er stellte das Bild einer Welt vor Augen, in der Frieden und Gerechtigkeit wohnen, wo Schwerter zu Pflugscharen umgeschmiedet werden, wo das Leid aufhört und die Tränen getrocknet werden und Gott unter den Menschen weilt. Er wiederholte das Wort Christi: »Siehe, ich mache alles neu!« Noch nie ist diese biblische Schau für mich so aktuell, so gegenwärtig geworden wie in diesem Augenblick. Ich spürte, hier tritt dem Zustand unserer Welt ein anderer Maßstab entgegen. Von daher dürfen wir uns nicht mit dem Unrecht abfinden. Diese große Vision spiegelte sich im Antlitz des Afrikaners wider. Ich las darin, hier lebt ein Mensch in der Wirrnis der Zeit, empfängt von diesem Bilde her Hoffnung. Deshalb resigniert er nicht, sondern setzt sich weiterhin mit Mut und Ausdauer für eine Veränderung ein!«

Nach einer Weile sagte Anne: »Allan Boesak hat diesen starken Glauben – aber ich?«

Aufblicken aus drängender Not
meines Lebens, dieser Welt.
Aufblicken zu dem, was größer ist
als wir selbst.
Aufblicken aus Hoffnungslosigkeit zu dem,
der Hoffnung ist.
Aufblicken zu dem, der uns anruft,
zu wirken in dieser Zeit.
Aufblicken zu dem, der Frieden gibt,
über unser Begreifen.

Die Müdigkeit des Alters

Man wird müde nicht nur am Abend des Tages, sondern auch am Abend des Lebens. Diese Müdigkeit ist weithin körperlich bedingt: als Ergebnis physischer Abnutzung durch Jahrzehnte hindurch. Indessen ist die Altersmüdigkeit einer entsprechenden inneren Verfassung verschwistert. Der Mensch hat erlebt, was es zu erleben gibt (er kann nicht alles erleben), seine Sinne sind übersättigt. Ist es nicht so, als ob die Sinnlichkeit selbst der Reizung durch die Außenwelt zu entgehen trachtet, indem sich das Auge trübt, das Gehör verschließt? Was man »Alterserscheinungen« heißt, sind wohl Schutzmaßnahmen; langsam werden die Jalousien heruntergelassen. Ich bezweifle, daß der alte Mensch, der sich in sich selbst zurückzieht, sich dem Leben gegenüber wirklich abgewandt hat. Die »Fülle der Gesichte« ist in ihm, er besitzt einen einverwandelten Vorrat an Welt, der vielleicht noch für die Ewigkeit ausreicht.

Wer eine gewisse Zeit an der Tafel der Welt zugebracht hat, wird satt und müde. Diese Sattheit hat nichts mit Resignation zu tun. Wahrscheinlich erfolgt jetzt die Umsetzung der Erfahrung in reine Erkenntnis, die nicht mehr mitgeteilt werden kann, erfolgt die Destillation dessen, was man erlitten hat, und nichts war umsonst ...

Die Müdigkeit des Alters geht dem Tod voraus wie die Dämmerung der Nacht. In der Tat, der Abschied von der Welt wird vorbereitet. Die Taue, die das Schiff im Hafen festhalten, werden leise gelöst, eines um das andere; die letzten Freunde sind über die Laufplanken an Land gegangen, Gespräche verstummen, Musik verweht.

HANS-JÜRGEN BADEN

»Laß mich eingehen zur ewigen Ruhe, dorthin, wo der Widerhall der Freudenlieder nimmer ruht und endlose Wonne die erfüllt, die die unaussprechliche Wonne deines Angesichts schauen; denn du bist die wahre Sehnsucht und die unsagbare Freude derer, die dich lieben, Christus, dir singt Lob jedes Geschöpf in Ewigkeit. Amen.«

GEBET AUS DER OSTKIRCHE

Erfahrungen

Vereinsamt
erfahre ich Nähe.
Atemlos getrieben
Ruhe von Ewigkeiten.
Im fallenden Dunkel
steigenden Glanz.

Im Lärm der Welt
die Stimme eines verschwebenden Schweigens.
In der Finsternis
der Lichtschein eines neuen Morgens.
In schmerzenden Fesseln
ein Angerührtsein von Befreiung.
In lähmender Erstarrung
ein lösender Atemstrom.
In selbstzerstörendem Streit
Gehaltensein im Frieden, ohne zu verstehen.
In ausweglosen Rätseln
die Ahnung eines tieferen Sinns.
In unaufhaltsamen Tränen
Abwischen mit sanfter Hand.
In der Angst vor dem Untergang
Hoffen auf das Wirken einer anderen Hand.
In Sterben und Tod
die Geburt in eine Welt aus Licht.

»Gott ist die Heimat aller Menschen.
Er ist unsere tiefste Sehnsucht.«

Ernesto Cardenal

Hanns Lilje (1899–1977)

Begegnung mit dem Tod

Hanns Lilje war ein Theologe mit ökumenischer Weite. Früh fand er zum Christlichen Studentenweltbund und wurde 1935 Generalsekretär des Lutherischen Weltbundes. Wegen dieser ökumenischen Verbindungen und Beziehungen zu Männern des Attentates auf Hitler wurde er im August 1944 verhaftet. Später war er als Bischof in Hannover und Mitglied im Weltrat der Kirchen allgemein bekannt. Mir selbst ist er in Erinnerung durch einen Vortrag im Winter 1942 in der Thomaskirche in Leipzig, in seinem persönlichen Mut zur Offenheit. Zu Anfang sang, für mich unerwartet, von der Empore der Thomanerchor. Ich suchte in meinen Gedanken meine Brüder irgendwo an der Front oder im Lazarett. Später erlebte ich ihn in persönlichen Gesprächen und war durch seine wache, einfühlsame Art beeindruckt.

Bericht aus der Haft:

»Jene wundersamen Tage, da uns in den kargen Freistunden auf dem Gefängnishof zu Tegel ein Spätherbst ohnegleichen grüßte, waren auch die Tage der größten Todesnähe. Ich hielt es für richtig, mich auf die letzte Möglichkeit (der Hinrichtung) einzurichten. Darum sind mir diese Tegeler Tage unvergeßlich; sie stehen mit einem eigentümlich verhaltenen Glanze in meiner Erinnerung. Denn hier bin ich – spürbarer und bewußter denn je sonst in meinem Leben – vor das Angesicht Gottes getreten. Und das konnte hier besonders gut geschehen. Die Zelle ist kleiner als in der Lehrter Straße. Aber wenn in diesen lichten Herbsttagen die Sonne hereinfällt, liegt etwas von der kargen, klaren Schönheit einer Mönchszelle über ihr. Je deutlicher mein Schicksalsweg wird, desto stiller wird es um mich und in mir. Die Welt versinkt, die Stimmen des Tages schweigen. Kein Telefon schrillt durch die Stille, keine Besprechungen, Sitzungen, Verabredungen, Verrichtungen erfüllen den Tag mit Hast. Selbst die Gitterstäbe und die Fesseln haben keine unmittelbare Bedeutung mehr. Löffel und Napf, Tisch und Pritsche – es sind ganz wenige, einfache Dinge, die um mich geblieben sind.

Mein Geist ist frei für die wesentlichen Eindrücke. Der Strom der Zeit zieht in ruhiger, mächtiger Bahn frei und gelöst auf Gott zu. Eigentlich tut er das immer; aber mir sind hier in der Stille die Organe zuteil geworden, es deutlicher zu erkennen.

Mir ist erlaubt, jenen Streifen Landes am Strande der Zeit zu betreten, auf den schon ein Schein der anderen Welt fällt. Ich habe nicht gewußt, daß ein Dasein, das noch ganz irdisch und menschlich ist, schon so offen sein kann für die Welt Gottes. Gesegnete Stille. Gesegnete Einsamkeit. Gesegnete Haft.

Ich habe nicht gewußt, daß in der Todesnähe die eigene Vergangenheit mit solcher Anschaulichkeit vor unser Auge treten kann. Welche Erinnerungen ergibt das, wenn wir im Angesicht der Ewigkeit unseren bisherigen Weg überschauen! Es ist ein Gefühl völliger Wehrlosigkeit gegenüber der eigenen Vergangenheit; nichts, keinen Handschlag kann ich mehr an ihr ändern. Mit der gleichen Wehrlosigkeit stehe ich meinen Sorgen gegenüber. Was soll aus meinen Angehörigen werden, wenn jetzt mein Leben zu Ende geht? Meine Fesseln werden zum Symbol; ich kann keine Hand rühren, um ihnen zu helfen.

In der gleichen Tiefe vollzieht sich auch das Ringen um die Überwindung der Todesfurcht. Es ist die gleiche Wehrlosigkeit – was kann ich tun, wenn Gottes Plan das Ende meines Lebens bestimmt hat? Wo bleiben die Pläne und Wünsche, das Bewußtsein um unvollendete Aufgaben, die ich schuldig geblieben bin?

Es gibt nur einen einzigen Weg zu Gottes Erbarmen, – daß ich ihn an der Stelle suche, wo er sich mir zeigen will, hier, da er sich als der erweist, der meinem Leben ein Ziel setzt. Von nun an schaue ich auf den Gottessohn, der sich unter den Willen Gottes gebeugt und dadurch der Todesfurcht die Macht genommen hat. Von ihm lerne ich, wie man über Zittern und Zagen hin zu diesem Gotteswillen ja sagt.«

Einkehr in die Stille

Silbergrauer Nebel
Du umhüllst mich wie ein Mantel
Ringsum ist es still

Silbergrauer Nebel
Gedämpft die Schritte, die Farben
Weich Konturen und Übergänge

Silbergrauer Nebel
Verschleiert ist die Ferne
Darin eines Baumes vollendete Gestalt

Silbergrauer Nebel
Ein buntes Blatt noch am Zweig
Knospen erwarten das Licht

Silbergrauer Nebel
Wie ein Tor die Bäume im Wald
Hoch vom schwarzen Stamm ein Meisenruf

Silbergrauer Nebel
Das Vielerlei versinkt und schweigt
Nahes erzählt von Unendlichkeit

Silbergrauer Nebel
Rückkehr in das bergende Haus
In mir ist Stille

Silbergrauer Nebel
Ein Kerzenlicht brennt
Einkehr in den Frieden

Aus dem Schweigen heraus ein Singen

Es ist ein grauer, nebliger Nachmittag. Die Temperaturen schwanken um Null. Ein wenig Schnee liegt auf dem Rasen. Fröstelnd gehe ich hinaus, um Reste zum Kompost zu bringen. Vom Verkehr der Stadt ist kaum etwas zu hören, der leichte Ostwind trägt den Lärm davon. So umfängt mich spätherbstliche Stille. Plötzlich höre ich ein paar leise Töne. Ich bleibe stehen. Ich horche. Singt da nicht ein Rotkehlchen, jetzt? Das Lied kommt wie tropfend, vielfältig in den Tonfolgen. Mal erklingt ein leises, zartes Trillern, es folgt eine kurze, flötende Strophe, eine klare Melodie, einzelne dunkle, gequetschte Töne und immer wieder Innehalten, Pausen. Ich verharre wie gebannt. Dies Singen klingt so, als ob Perle für Perle auf eine dunkle Schnur gezogen würde. Aus immer neuem Schweigen heraus erwächst ein nachdenkliches Lied.

Meine Augen suchen den Vogel und finden ihn in der grünen, niedrigen Eibe: dies kleine graue Geschöpf mit warmroter Brust und den großen aufmerksamen Augen. Wir sehen uns an, der Vogel und ich. Wieder beginnt er. Sein Singen spricht zu mir. Ich fühle, wie es in mir still wird, wie mich Schweigen umfängt. Dieses Lied am grauen Herbsttag dringt tief in mich ein wie eine Botschaft aus einer unsichtbaren Welt. Von »Seinsfühlung« würde Graf Dürckheim sprechen, der »russische Pilger« hörte darin den Klang Gottes: »Die Stimme eines verschwebenden Schweigens.«

Tief atme ich auf. Ich spüre mich eins mit mir selbst, im Gleichgewicht mit aller Schöpfung um mich herum. Wenn dieser Vogel es wagt, in die Stille hinein ganz für sich sein Lied zu singen, so kann auch in mir – mitten in allen Fragen – das Ja zum Dasein erklingen.

Danke, kleiner Vogel, daß du mich daran erinnert hast.

Heimkehr ins Licht

Das Rad der Jahreszeiten hat wieder ein großes Rund durchwandert. Es neigt sich der Tiefe zu, dem Geheimnis der Verwandlung. In diesen dunklen Wochen wird der Zusammenklang zwischen dem kosmischen Jahr, unserer inneren Lebensgeschichte und dem Kirchenjahr in besonderer Weise erfahrbar. Ringsum zeigt sich Vergehen, Blätter fallen, Nebel macht den Wandernden einsam, Kälte treibt ihn ins Haus, führt zu Nachdenken und Stille. Der Baum wird zum Gleichnis: Wenn er seine Blätter losläßt, wird seine ihm bestimmte »königliche« Gestalt sichtbar, Licht durchströmt ihn. So wird ein Mensch, der seine Jahre durchwandert, der keine Lebensstufe festhalten will, reif werden zu der ihm zugedachten Lebensgestalt. Wer das eigene Sterben in sein Leben aufnimmt, erfährt die Kostbarkeit jeden Tages und ahnt den Glanz kommenden Lichtes.

Doch tief verstört erleben wir, wenn plötzlicher oder qualvoll langsamer Tod einen Menschen zu »früh« oder zu »spät« aus dem Leben herausreißt. Die Gedenktage des November: Allerseelen, Bußtag, Volkstrauertag (heute Friedenssonntag), Totensonntag fragen uns nach dem, was unser Leben trägt, ihm Sinn und Hoffnung gibt angesichts aller Vergänglichkeit. Jahr für Jahr wiederholt sich dieser Anruf, mit dem Lebensalter sich ändernd, immer unausweichlicher. Kein Mensch wird immer neu den Jahreskreis der Natur erleben. Einmal wird es das letzte Mal sein. Unsere Zeit neigt dazu, der Unumkehrbarkeit dieser Wahrheit auszuweichen. Überkommene Antworten können wir nicht einfach übernehmen, jeder muß um die eigene ringen.

Vergangene Generationen begingen am Ende jedes Jahres den »Totensonntag«. Er war ein Teil ihres Lebens. Heute wird er »Ewigkeitssonntag« genannt. Statt der schwarzen Behänge leuchtet in den Kirchen helles Weiß. Warum?

Hilde Domin befragt in einem Gedicht den »letzten Tag«: »Werden wir als Staunende wieder herausgehen unter einem währenden Licht?«

Unser Blick wird frei über den irdischen Tod hinaus. Seit Ostern ist er keine endgültige schwarze Wand.

»Tod ist Durchgang zu Gott. Der letzte entscheidende Weg des Menschen führt aus dem Dunkel in Gottes ewiges Licht!« (Hans Küng) So ist der Tod vergleichbar mit der Geburt, dem Durchbruch in eine andere Existenzform: Wir erwachen in Gottes Licht. Gott ist immer im Bild des Lichtes erfahren worden, gerade auch von Sterbenden. Darum ist Weiß Symbol der Ewigkeit, der großen Freude. Ewigkeit ist keine Zeitbestimmung, sondern sagt, daß unser Dasein hier und jetzt, das auf das uns Sichtbare begrenzt erscheint, von einer größeren Wirklichkeit umfangen und durchleuchtet wird. »Ewigkeit ist währendes Licht.« So wollen Dunkelheit, Stille und die verborgene Schönheit der Novembertage helfen, uns willig in das Geheimnis, das sich im Sterben vollzieht, hineinzugeben. Begrenzungen und Schmerzen des Alters, der Krankheiten sind dann wie ein Vorbereiten auf die letzte große Verwandlung, in die wir hineinreifen: »Eure Trauer soll in Freude verwandelt werden!«

Die Lesungen des Ewigkeitssonntags sprechen von der himmlischen Friedensstadt, die im Lichtglanz aufstrahlt. »Denn Gott ist ihr Licht.« Das ist ein stammelndes Bild für Ewigkeit. Und wir hören in aller Trauer und Angst dieser Erde die tröstende Verheißung: Gott selbst wird alle Tränen, die wir weinten, abwischen. Der Tod wird nicht mehr sein, noch Leid, noch Schmerz! All das sagt: Wir werden zu Gott hin erwachen!

Dieses Bild erneuerter, kommender Welt leuchtet schon jetzt auf in unserer Zeit, da, wo geliebt und getröstet wird, wo helfend einer neben den anderen tritt, wo Friede wird auf dieser Erde, wo Hoffnung ist, die Gott wirkt!

»Für den, der glaubt,
wird das letzte Wunder
größer als das erste sein.«

DAG HAMMARSKJÖLD

Weg mit dem wandernden Jahr

Wir sind den Weg durch das wandernde Jahr gegangen und haben den großen Kreislauf durchschritten. Manches mag dabei wieder bewußt geworden sein, was wir selbst schon erlebten. Vielleicht ist Freude geweckt, sich dem Jahresrhythmus neu zu öffnen. Wohl weiß ich, daß ich dabei zu den Bevorzugten gehöre, die noch am Stadtrand leben, wo der Blick nicht nur auf Häusermauern fällt und Lärm und Staub der Straßen zwingt, die Fenster geschlossen zu halten. Aber ich kenne auch das.

Mir ist in den vergangenen Monaten dieser Reichtum des Jahres wie neu begegnet. Ich habe so viel Schönes, so viel bisher Verborgenes erlebt! Ohne es vorher zu ahnen, wuchs in mir ein vertieftes Lebensgefühl. Ich erfuhr, wie sehr ich selbst in das Leben um mich herum verwoben bin. Im eigenen Atmen gehöre ich untrennbar mit den Pflanzen zusammen. All meine Nahrung ist Gabe der Erde. Das Wasser, das meinen Leib erfrischt, auf das ich nicht länger als drei Tage verzichten kann, ist einmal als Regen aus den Wolken zu mir herabgekommen. Rings um mich ist Leben in unaufhörlichem Zusammenklang. Ich erlebte mich als Glied der Schöpfung, die nicht »Umwelt« ist. Ich kann nur *mit ihr* und *in ihr* leben, auch heute in der Welt der Technik.

Von den »tausend Facetten« des Jahres konnte ich nur wenige nachzeichnen – wie arm sind unsere Worte! Wie kann ich beschreiben, wie der Wind »singt«, wenn er durch kahle Zweige, durch erstes zartes Grün, durch das volle Sommerlaub oder die harten Blätter des Frühherbstes weht? So sei es im Bilde gesagt: Ein Jahr lang spürte ich den großen Atem der Erde, wie er im Sommer ausströmt, der Höhe entgegen, wie er langsam sich senkt zur Stille des Winters.

»Gott möge mir die Gabe verleihen, stets wie berauscht
die unermeßliche Musik der Dinge zu hören
und sie anderen hörbar zu machen.«

Pierre Teilhard de Chardin

»Geborgenheit im Ring der Zeit: Gegen das Chaos und die Unüberschaubarkeit der menschlichen Geschichte setzt Gott die ewige Ordnung des Kreislaufs der Natur, um auf diese Weise dem Menschen die Chance eines Überlebens einzuräumen. Sich im Gang der Zeit tragen lassen, das heißt ein Stück Paradies zu erinnern. Das Kirchenjahr, der Ritus sind die letzten Fragmente des zerbrochenen Rings der Zeit mit seinem Schutz und seiner Schönheit.«

EUGEN DREWERMANN

Der Weg durch das wandernde Jahr kann uns an ursprüngliche, tragende Ordnung erinnern. Im Rad des Jahres schimmert noch die tragende Mitte durch, die diese Ordnung einmal setzte: »Der unsichtbare Gott hat, als er sich sichtbar machen wollte, einen sichtbaren Kreis um sich gemacht, nämlich diese Welt« (J. A. Comenius, 1562–1670). In den Kreislauf des natürlichen Jahres ist der Festkreis des Kirchenjahres hineinverwoben. Darin kann uns unbehausten Menschen von heute Geborgenheit begegnen.

Wenn wir uns diesen Festen öffnen, erfahren wir noch eine tiefere Dimension. Wir alle spüren inneres Ungenügen, die Fehlsamkeit des Menschen, heute in besonderem Maß. Verstehen wir nicht neu die Aussage: Der Mensch ist der Erlösung bedürftig? Wir brauchen Tröstung, ja Vergebung, um am neuen Tag neu anfangen zu können. Wir bedürfen der Ahnung eines »unbegriffenen Sinns« für unser eigenes Leben, für unsere Zeit. Daraus kann Zuversicht wachsen, die hilft, unsere Verantwortung zu erkennen. Es tritt uns die Gestalt Jesu entgegen, heute oft der Unbekannte, der weltfremde Träumer. Aber in ihm gewinnen wir Maßstäbe für den nötigen Wandel. Zugleich begegnet uns in ihm – nach der Aussage des Glaubens – das dem Menschen zugewandte Antlitz Gottes, der den Erlösungsbedürftigen nicht allein läßt – Einbruch der Hoffnung, die allen Kreislauf der Jahre sprengt, über unser Begreifen hinaus.

»Zum ersten Mal in der Geschichte hängt das physische Überleben der Menschheit von einer radikalen seelischen Veränderung des Menschen ab.«

Erich Fromm

Gerade wenn wir wieder neu die Musik der Dinge hören, sind wir schmerzlich berührt, zu sehen, wie kurzsichtig der Mensch, nur um des heutigen Vorteils willen, weiterhin seine Lebensgrundlagen verbraucht und zerstört. Wir fühlen uns als einzelne demgegenüber oft sehr hilflos. Und doch können wir mitwirken an der »seelischen Veränderung«, wenn wir uns in unserer Abhängigkeit, der Zugehörigkeit zum Ganzen erkennen und dabei erfahren, wie neue Lebensströme in uns lebendig werden. So können wir vertrauen, daß die Schöpfung nicht ein einmaliger, vergangener Akt ist, sondern daß Gott weiter wirkt, auch in uns Menschen, so daß wir Gefahren erkennen und lernen, verantwortlich zu handeln.

Ich habe vielen Menschen zu danken, die mir geholfen haben, weiter zu hoffen. Tief berührte es mich, wie eine Biologin darauf hinwies, daß der Ruf der Kinder und Enkel an die jetzige Generation die stärkste Kraft sei, um aus Liebe und Fürsorge neues Handeln wachsen zu lassen. Auch der Philosoph Hans Jonas zeigt in seinem Buch »Prinzip Verantwortung« am Sein des Säuglings das Wesen der »Verantwortung für die Zukunft« auf. Ehrfurcht wäre wieder zu lernen und Staunen, damit auch für zukünftige Generationen noch ein Leben in Menschlichkeit, das heißt auch in »Ebenbildlichkeit« möglich sei.

»Es braust und zündet der Geist durch das All
und will bis an den letzten Tag seine grünende Antwort.
Es wird das Antlitz der Erde erneuert werden ...
Der horchende Mensch ist lebendige Antwort
auf den Ruf des Geistes,
und ein jeder, der wachsam
die Grünkraft des Blühens behütet,
ist ein Freund des lebendigen Gottes.«

Hildegard von Bingen

Dies Buch, in einigen Jahreskreisen entstanden, ist als »Begleitung« durch das Jahr gedacht. Immer wieder einmal, in Stunden der Besinnung, der Entspannung, könnte man einige Seiten lesen. Viele Texte greifen über den jeweiligen Monat hinaus und sind so auch zu anderen Zeiten zu bedenken.

Ich danke herzlich allen, die zum Entstehen des Manuskriptes beitrugen in vielen persönlichen Gesprächen, auch in Gesprächskreisen, besonders mit jungen Menschen und Menschen in Krisen.

Dank für den Lebenskreis, zu dem ich gehöre, für alle »guten Freunde und getreuen Nachbarn«, die selbstlos mit Rat und Kritik, mit viel Arbeit beim Schreiben, Formulieren und Korrigieren halfen. Ich kann alle Namen hier nicht nennen. So sei für alle nur Frau Klara Braun und Frau Rosemarie Rohr gedankt.

Quellennachweis

Vorbemerkung: Trotz intensiven Nachforschens war es nicht möglich, von allen zitierten Texten die Quelle ausfindig zu machen. Wir danken allen Autoren und Verlagen für die freundlicherweise erteilten Abdruckgenehmigungen.

S. 1 Ulrich Schaffer, aus: Neues umarmen, Kreuz Verlag, Stuttgart (1984) 1989[7].

S. 12 Dietrich Bonhoeffer, aus: Werke, hrsg. von Eberhard Bethge u.a., Chr. Kaiser Verlag, München.

S. 13 Ingeborg Bachmann, aus: Werke, Bd. 1, Gedichte, R. Piper & Co. Verlag, München 1978.

S. 17 Rainer Maria Rilke, aus: Werke in drei Bänden, Band 1, S. 9, © Insel Verlag, Frankfurt am Main 1966.

S. 21 Dagmar Nick, aus: Fluchtlinien. Gedichte seit 1945, Delp'sche Verlagsbuchhandlung, München 1978.

S. 23 Christine Busta, »Lebensbericht«, aus: Unterwegs zu älteren Feuern, Otto Müller Verlag, Salzburg 1978.

S. 31 Siegbert Stehmann, »Ein Gruß«, aus: Brennende Jahre. Gedichte und Tagebücher, Eckart-Verlag, Witten und Berlin. Rechte beim Luther-Verlag, Bielefeld.

S. 31 Käthe Kamossa, aus: Es, Bläschke Verlag, Darmstadt 1978.

S. 34/35 H.-W. Smolik, aus: Tausend Wunder auf stillen Wegen, Union Verlag GmbH, Stuttgart 1956, S. 10. Rechte bei Anneliese Smolik.

S. 37 Christy Brown, aus: Mein linker Fuß, K. H. Henssel Verlag, Berlin.

S. 40 Nelly Sachs, Ausschnitt aus »Wir Mütter«, aus: Sternenverdunklung, S. 139, © Suhrkamp Verlag, Frankfurt am Main 1965.

S. 43/44 Hildegard Hamm-Brücher, aus: Ursula Salentin, Hildegard Hamm-Brücher, Herder Taschenbuch 1315, Freiburg/Br. 1987.

S. 46 Walter Bauer, aus: Und alle wunderten sich, hrsg. von Horst Nitschke, J.F. Steinkopf Verlag, Stuttgart 1964.

S. 46 Paul Tillich, aus: In der Tiefe ist Wahrheit, Evangelisches Verlagswerk/ Walter de Gruyter & Co., Berlin, S. 131.

S. 54 Christine Busta, »Der Stern«, aus: Scheune der Vögel, Otto Müller Verlag, Salzburg 1968.

S. 64/65 Manfred Hausmann, aus: Martin, Isabel, Andreas, © 1973 C. Bertelsmann Verlag GmbH, München.

S. 67-69 Johannes Kepler, aus: Walther Gerlach und Martha List, Johannes Kepler, Leben und Werk, R. Piper & Co. Verlag, München 1987[3] und Bernd Otto Küppers (Hrsg.), Ordnung aus dem Chaos. Prinzipien der Selbstorganisation und Evolution des Lebens, R. Piper & Co. Verlag, München 1987, besonders S. 175.

S. 75 Rainer Maria Rilke, aus: Werke in drei Bänden, Band 1, S. 492, © Insel Verlag, Frankfurt am Main 1966.

S. 76 Erich Kästner, aus: Gesammelte Schriften für Erwachsene, Atrium Verlag, Zürich 1969, © Copyright by Erich Kästner Erben, München.

S. 79 Hyakken, aus: Haiku – Japanische Dreizeiler von Jan Ulenbrook, Wilhelm Heyne Verlag, München 1979.
S. 80 Basho, aus: Japanische Jahreszeiten von G. Coudenhove, Manesse Verlag, Zürich 1963.
S. 82 Entnommen aus Herden-Veen, Unsere Bäume im Winter, mit freundlicher Genehmigung des Franckh Kosmos Verlags, Stuttgart.
S. 84/85 Gertrud Bäumer, aus: Im Licht der Erinnerung, R. Wunderlich Verlag, Reinbek 1953. Rechte bei der Deutschen Verlags-Anstalt GmbH, Stuttgart.
S. 90 Marie Luise Kaschnitz, aus: Steht noch dahin, © Insel Verlag, Frankfurt am Main 1972.
S. 91 Rudolf Otto Wiemer, aus: Ernstfall, J. F. Steinkopf Verlag, Stuttgart (1969) 1973^3.
S. 100 Max Dauthendey, aus: Das Herz singt auf zum Reigen, © by Albert Langen Georg Müller Verlag in der F.A. Herbig Verlagsbuchhandlung GmbH, München.
S. 102 Rudolf Alexander Schröder, aus: Gesammelte Werke, Band 1, S. 392, © Suhrkamp Verlag, Frankfurt am Main 1952.
S. 103 Anton Wildgans, aus: Musik der Kindheit, © 1976, 1981 by Kremayr & Scheriau, Wien.
S. 103/104 Dag Hammarskjöld, aus: Zeichen am Weg, © Droemer Knaur Verlag, München 1965.
S. 106 Wolfdietrich Schnurre, aus: Kassiber. Neue Gedichte, Suhrkamp Verlag, Frankfurt am Main. Rechte bei Wolfdietrich Schnurre.
S. 111 Walter Dirks, aus: Gottesglaube und Ideologiekritik, abgedruckt in: »Die Zeit«, 11. 10. 1968. Rechte bei Walter Dirks.
S. 112 Käthe Kamossa, a.a.O.
S. 115,118 Dag Hammarskjöld, a.a.O.
S. 119/120 Eduard Thurneysen, aus: Zwingli-Kalender 1930, Abdruck mit freundlicher Genehmigung des Friedrich Reinhardt Verlages, Basel.
S. 121-123 Dag Hammarskjöld, a.a.O.
S. 124 Bertolt Brecht, aus: Gesammelte Werke, © Suhrkamp Verlag, Frankfurt am Main 1967.
S. 126 Rudolf Alexander Schröder, a.a.O., S. 401.
S. 127 Peter Huchel, aus: Gesammelte Werke, Band 1, Die Gedichte, S. 70, © Suhrkamp Verlag, Frankfurt am Main 1984.
S. 128 Christine Busta, aus: Der Regenbaum, Otto Müller Verlag, Salzburg 1977.
S.130 Rose Ausländer, aus: Gesammelte Werke, Band 5. Ich höre das Herz des Oleanders. Gedichte 1977-1979, © 1984 S. Fischer Verlag GmbH, Frankfurt am Main.
S. 132/133 Lindolfo Weingärtner, aus: Das Netz der Hoffnung, Verlag der Ev.-Luth. Mission, Erlangen 1980.
S. 134 Gertrud Bäumer, a.a.o.
S. 141 Schalom Ben-Chorin, aus: Frieden ist kein Sterbenswort, DS-Forum Lyrik, hrsg. Glossner, Lutherisches Verlagshaus, Hannover 1981. Rechte bei Schalom Ben-Chorin.

S. 144/145 Rudolf Alexander Schröder, aus: K. Ihlenfeld, Auferstehung, Eckart-Verlag, Witten und Berlin 1940. Rechte bei Anni Ihlenfeld. Und aus: Gesammelte Werke, Band II, © Suhrkamp Verlag, Frankfurt am Main 1965.
S. 145 Pierre Teilhard de Chardin, aus: P. Leroy, Das Ja zur Erde, Herold Verlag, Wien 1960.
S. 148 Cyrus Atabay, »An die Freude«, aus: Meditation am Webstuhl, Carl Hanser Verlag, München 1960. Rechte bei Cyrus Atabay.
S. 150 J. Lehmann, aus: Detlev Block (Hrsg.), Nichts und doch alles haben, Herbert Reich Evangelischer Verlag GmbH, Hamburg 1977, S. 113.
S. 154 Herbert Berger, aus: So mancher wacht, Evangelische Verlagsanstalt, Berlin 1979.
S. 154 Hans Ulrich Treichel, abgedruckt in der »Frankfurter Allgemeinen Zeitung« vom 31. 10. 1986. Rechte bei Hans Ulrich Treichel.
S. 155 Rosa Luxemburg, aus: Ich umarme Sie in großer Sehnsucht. Briefe aus dem Gefängnis 1915-1918. Bonn: J. H. W. Dietz Nachf. 1986[3].
S.158/159 Iwan Schmeljow, aus: Wanja im heiligen Moskau, Herder Verlag, Freiburg 1974, S. 115ff.
S. 160 Hildegard von Bingen, aus: Heinrich Schipperges, Hildegard von Bingen, © Walter-Verlag AG, Olten 1978.
S. 172 »Sonne, Regen und Erde«, aus: Manfred Wester, Einübung ins Glück. In Irland entdeckt, Burckhardthaus-Laetare Verlag, Offenbach/Main 1986, S. 52.
S. 180 Anna Kamiénska, aus: Eine Handschrift gefunden im Schlaf. Gedichte. Aus dem Poln. von Karin Wolff, Neukirchener Verlag, Neukirchen-Vluyn 1985.
S. 182 Marie Luise Kaschnitz, letzte Strophe von »Die Ewigkeit«, © 1947 by Claassen Verlag GmbH, Hamburg, aus: Überallnie. Ausgewählte Gedichte, © 1965 Claassen Verlag GmbH, Hamburg.
S. 183 Fjodor M. Dostojewski, aus: Die Brüder Karamasow, Gütersloh 1961, S. 425f.
S. 185 Hermann Claudius, aus: Der Rosenbusch, Eugen Salzer Verlag, Heilbronn 1961.
S. 186 Otto Lohss, aus: Doch alles bleibt zu sagen, Ellenbach Verlag, Köln.
S. 190 Hildegard von Bingen, a.a.O.
S. 190 Christine Busta, »Versuch einer Definition«, aus: Inmitten aller Vergänglichkeit, Otto Müller Verlag, Salzburg 1985.
S. 191 Hildegard Stegmann, Rechte bei der Autorin, die dieses Gedicht für Atmende Erde schrieb.
S. 192 Albert Schweitzer, aus: Die Ehrfurcht vor dem Leben, C.H. Beck'sche Verlagsbuchhandlung, München 1984[4].
S. 195 Jacques Monod, aus: Zufall und Notwendigkeit, R. Piper & Co. Verlag, München 1971, S. 151ff.
S. 195 Theodor Fontane, aus: Der ewige Brunnen, C.H. Beck Verlag, München 1955, S. 649.
S. 196 Karl Rahner, aus: Kleines Kirchenjahr, Herder Verlag, Freiburg/Br. 1981, S. 901. Rechte: Oberdeutsche Provinz SJ Körperschaft des öffentlichen Rechts.

S. 197 Robert Jungk, abgedruckt in der Zeitschrift »natur«, Heft 1/1986. Rechte bei Robert Jungk.
S. 198 Günter Grass, Rechte beim Autor.
S. 198 Marie Luise Kaschnitz, Ausschnitt aus: »Fürchtet euch nicht«, aus: Zukunftsmusik, in: Überallnie, © 1965 Claassen Verlag GmbH, Hamburg.
S. 202 Viktor E. Frankl, aus: Ärztliche Seelsorge, Franz Deuticke Verlagsgesellschaft mbH, Wien 1982, S. 61.
S. 206 Hilde Domin, aus: Gesammelte Gedichte, © 1987 S. Fischer Verlag GmbH, Frankfurt am Main.
S. 207 Hermann Hesse, aus: Die Gedichte, © Suhrkamp Verlag, Frankfurt am Main 1977.
S. 209 Ludwig Fels, aus: Der Anfang der Vergangenheit, R. Piper GmbH & Co. KG Verlag, München 1984.
S. 212 Bruno Dörig, aus: Schenk dir einen Wüstentag, Verlag am Eschbach, Eschbach 1984.
S. 213 Anthony de Mello, aus: Warum der Vogel singt, Herder Verlag, Freiburg/Br. 1984, S. 85f.
S. 214 Heinrich Lersch, aus: Hammerschläge, erschienen im Eugen Diederichs Verlag, München.
S. 215/216, 218/219 Hilde Domin, a.a.O.
S. 223 Hans Günter Saul, aus: Am dritten Ufer. Gedichte, Lahn-Verlag, Limburg 1983.
S. 224/225 Iwan Schmeljow, a.a.O., S. 131ff.
S. 227 Bertolt Brecht, »Vom Sprengen des Gartens«, a.a.O.
S. 228 Marie-Luise Kreuter, aus: Der Bio-Garten, BLV Verlagsgesellschaft, München 1984, S. 258.
S. 229 Carl Zuckmayer, aus: Gedichte, © 1977 S. Fischer Verlag GmbH, Frankfurt am Main.
S. 234 Marie Luise Kaschnitz, aus: Tage, Tage, Jahre, S. 267/268, © Insel Verlag, Frankfurt am Main 1968.
S. 235 Nach Erika Markus, »Bericht der Mutter eines schwerstbehinderten Kindes«, aus: Erika Schuchardt (Hrsg.), Jede Krise ist ein neuer Anfang, Patmos Verlag, Düsseldorf 1988[4], S. 38ff.
S. 238 Marga Bührig, aus: Spät habe ich gelernt, gerne Frau zu sein. Eine feministische Autobiographie, Kreuz Verlag, Stuttgart (1987) 1988[4].
S. 239 Erich Kästner, a.a.O.
S. 246 Japanischer Dreizeiler, aus: Japanische Jahreszeiten, a.a.O.
S. 247 Selma Lagerlöf, aus: Die wunderbare Reise des kleinen Nils Holgersson mit den Wildgänsen, © by Nymphenburger Verlagshandlung in der F. A. Herbig Verlagsbuchhandlung GmbH München, S. 61f.
S. 253 Johann Wolfgang von Goethe, aus: Faust. Der Tragödie erster Teil.
S. 253 Ernesto Cardenal, aus: Das Buch von der Liebe. Das poetische Werk, Band 4, Peter Hammer Verlag, Wuppertal 1985.
S. 258 Manfred Hausmann, aus: Jahre des Lebens. Gedichte, Neukirchener Verlag, Neukirchen-Vluyn 1974.

S. 258 Buson, aus: Japanische Jahreszeiten, a.a.O.

S. 260 P. Kristudas, aus: Das Reh mit dem Rüssel, J. Pfeiffer Verlag, München 1982. Rechte bei P. Kristudas.

S. 260 Hilde Domin, a.a.O.

S. 262 Karl Krolow, abgedruckt in der »Frankfurter Allgemeinen Zeitung« Ende November/Anfang Dezember 1986. Rechte bei Karl Krolow.

S. 263 Hermann Claudius, aus: Das Wolkenbüchlein, Rudolf Schneider Verlag, München 1960.

S. 265 Walter Bauer, aus: Die Luftschaukel, hrsg. von Wilmont Haacke, Frundsberg Verlag, Berlin 1939. Rechte: Publizistisches Büro Marianne Bölzle, Dusslingen.

S. 268 Albert Schweitzer, a.a.O.

S. 269 Jürgen Moltmann, Rechte beim Chr. Kaiser Verlag, München.

S. 269 Paul Tillich, aus: Gesammelte Werke, Band 11, Evangelisches Verlagswerk/Walter de Gruyter, Berlin 1969.

S. 269 Michail Gorbatschow, aus: Perestroika, © Droemer Knaur Verlag, München 1987.

S. 269 Wernher von Braun, gefunden in: Gerhard Kiefel, Hoffnung für heute und morgen, Schriftenmissionsverlag Gladbeck/Verlag Katholisches Bibelwerk Stuttgart 1969, Kiefel Verlag, Wuppertal, S. 51.

S. 269 Hans Spemann, aus: Experimentelle Beiträge zu einer Theorie der Entwicklung, Springer-Verlag, Berlin – Heidelberg 1968.

S. 270/271 Carl Friedrich von Weizsäcker, abgedruckt in: »Die Zeit« vom 22.11.1985. Rechte bei Carl Friedrich von Weizsäcker.

S. 277 Ferdinand von Saar, »Herbst«, aus: Der tausendjährige Rosenstrauch, hrsg. von Felix Braun, © Paul Zsolnay Verlag, Wien/Hamburg 1973.

S. 278 Marie Luise Kaschnitz, aus: Tage, Tage, Jahre. Aufzeichnungen, © Insel Verlag, Frankfurt am Main 1968.

S. 281 Hans Graf von Lehndorff, aus: Ostpreußisches Tagebuch, Biederstein Verlag, München 1980[18].

S. 281 Viktor E. Frankl, a.a.O., S. 47.

S. 286 Rose Ausländer, aus: Gesammelte Werke, Band 6. Wieder ein Tag aus Glut und Wind. Gedichte 1980-1982, © 1986 S. Fischer Verlag GmbH, Frankfurt am Main.

S. 291 Nelly Sachs, aus: Sternenverdunklung, © Suhrkamp Verlag, Frankfurt am Main 1965.

S. 293-295 Hildegard von Bingen, a.a.O.

S. 297 Christine Busta, aus: Der Regenbaum, Otto Müller Verlag, Salzburg 1977.

S. 301 Werner Bergengruen, a.a.O.

S. 303 Elmar Gunsch, aus: Donnerwetter. Vertröstliches, © Hoffmann und Campe Verlag, Hamburg 1984.

S. 303 Kurt Marti, aus: Meergedichte Alpengedichte, © Wolfgang Fietkau Verlag, Berlin.

S. 305 Werner Bergengruen, a.a.O.

S. 312 Ernesto Cardenal, a.a.O., S.37.

S. 313/314 Hanns Lilje, aus: Im finsteren Tal, Lätare Verlag, 1948, S. 77f. Rechte: Bayerischer Mütterdienst, Stein/Mittelfranken.
S. 318 Dag Hammarskjöld, a.a.O.
S. 321 Pierre Teilhard de Chardin, a.a.O.
S. 322 Eugen Drewermann, aus: Psychoanalyse und Moraltheologie. An den Grenzen des Lebens, Matthias-Grünewald-Verlag, Mainz 1984, S. 27f.
S. 323 Hildegard von Bingen, a.a.O.

Literaturhinweise

Zum Kirchenjahr:
Wilhelm Stählin, Jesus Christus, der Herr der Zeit: Das Kirchenjahr, Agentur des Rauhen Hauses, Hamburg 1939, S. 41: Bemerkung über den Atemrhythmus der Erde.
A. Grün und M. Reepen, Heilendes Kirchenjahr, Vier-Türme-Verlag, Münsterschwarzach 1985
Johannes Schlosser, Urbilder, Schlüssel zum Kirchenjahr, Verlag Pustet, Regensburg 1980
K.H. Bieritz, Das Kirchenjahr, Union-Verlag, Berlin 1986, C.H. Beck, München 1987

Zu den übrigen Themen:
Vor allem Literatur von C.F. Weizsäcker, Paul Tillich, Jürgen Moltmann, Günter Altner
Außerdem:
Hans Jonas, Das Prinzip Verantwortung, Frankfurt 1979
Jürgen Hübner, Die neue Verantwortung für das Leben, München 1986
Neil Postman, Wir amüsieren uns zu Tode, Frankfurt 1985
Gabriel Marcel, Philosophie der Hoffnung, München 1964
Hans Schmiedehausen, Den Kirschbaum blühen sehen, Stuttgart 1988

Hans Schmiedehausen
Den Kirschbaum blühen sehen
Wache Sinne für Gottes Schöpfung

96 Seiten, gebunden
ISBN 3 7831 0911 6

Der Autor macht bewußt, wie stark der heutige Mensch in seinem Alltag abgeschirmt ist von Sonnenauf- und Sonnenuntergang und allen elementaren Naturerscheinungen. Die Sprache der Bibel aber nimmt ihre Gleichnisse aus der Schöpfung und lehrt durch sie den Sinn und die Weisheit des Lebens. Das lebensnahe, in einfacher Sprache verfaßte Buch ermutigt durch praktische Ratschläge dazu, über die Umweltzerstörung nicht nur zu klagen, sondern im eigenen Leben der Schöpfung mehr Raum zu geben.

Jörg Zink
Erde, Feuer, Luft und Wasser
Der Gesang der Schöpfung und das Lied des Menschen

180 Seiten, gebunden
ISBN 3 7831 0824 1

Die vier Elemente, ein uraltes Bild für die Ordnung, Ganzheit und Harmonie der Welt, finden sich in den Aussagen der Bibel über Gott und Geist und ebenso in den Gleichnissen Jesu wieder. Jedem dieser vier Elemente widmet Jörg Zink ein Kapitel, in welchem er von der Erfahrung ausgeht und bei der Verklärung des Elementaren im schöpferischen Geist, im auferstandenen Christus endet.

Kreuz Verlag

Liese Hoefer
Zu jeder Stunde
Begleitung durch Nacht und Tag

320 Seiten, gebunden
ISBN 3 7831 0714 8

»Das Buch möchte Menschen von heute begleiten, die sich fragen, wie sie ihr tägliches Leben zuversichtlich, besonnen und freundlicher leben können. Mit Meditationen, Geschichten aus alter und neuer Zeit begleitet es in 24 Kapiteln durch alle Stunden der Nacht und des Tages. Jede Stunde spricht auf ihre Weise. Wo wir auf ihre Eigenart hören, kann unser Leben erfüllter und hoffnungsvoller werden.«
Diakonie

Laß uns gemeinsam gehen
Ein Wegbegleiter an den Grenzen unseres Lebens
Herausgegeben von der Westfälischen Diakonissenanstalt Sarepta und der Evangelischen Kirche in Deutschland

217 Seiten, gebunden
ISBN 3 7831 0607 9

An den Grenzen unseres Lebens, bei Krankheit und Behinderung, im Alter und im Sterben, kann die Kraft des Evangeliums in besonderer Weise wirksam werden. Dazu trägt auch die Gemeinsamkeit des Glaubens bei. Wer Gebrechlichkeit und Todesnähe erfährt und wer Menschen in Stunden der Anfechtung und Angst tröstend und helfend zur Seite stehen will, findet in diesem Buch eine Fülle von Gedanken, Gebeten und meditativen Texten für sehr konkrete Situationen.

Kreuz Verlag